Sag Du es Deinem Kinde!

Ich widme dieses Buch in Dankbarkeit
meinen Eltern Ulf und Luitgard Derschmidt
und meiner Tochter Anna Vera Derschmidt.

Friedemann Derschmidt

Sag Du es Deinem Kinde!
Nationalsozialismus in der eigenen Familie

mit Beiträgen von

Armin Bajraktarevic
Robert Brown
Brigitte Brown
Carl Friedrich Classen
Bernhard Derschmidt
Eckhart Derschmidt
Walther Derschmidt
Wiltrud Derschmidt
Wolfgang Freidl
Mathilde Furtenbach
Ambros Gruber
Tal Gur
Cordula Hutter
Anton Jiresch
Irmgard Jiresch
Herbert W. Rabl
Margit Reiter
Klaus Schönberger
Martin Schönmayr
Agnes Suda
Luise Wascher
Simon Wascher
Dietmar Weixler

LÖCKER

Kapitel

Einführung

und

Kontextualisierung

Vorwort zur zweiten Auflage

2015 ist die erste Auflage dieses Buches erschienen und es war bereits im darauffolgenden Jahr vergriffen. Seither habe ich sehr viele Anfragen bekommen, ob das Buch nachgedruckt wird, und nun liegt die neue und überarbeitete Ausgabe vor. Die erste Auflage hat viele inhaltliche Rückmeldungen bekommen – einige der interessantesten Reaktionen habe ich der zweiten Auflage hinzugefügt.

Der in New York lebende israelische Komponist, Musiker und Musiktherapeut Tal Gur hat für diese Ausgabe einen berührenden Text verfasst, für den ich ihm sehr dankbar bin. Er war mit seinem multimedialen Performance-Projekt „Mind Crossing", das er mit der israelischen Tänzerin und Choreografin Jasmin Avissar entwickelt hat, einer von sechs Künstlerinnen und Künstlern, die an der von mir für den Kunstpavillon im Alten Botanischen Garten in München kuratierten Ausstellung „Family Archives" teilgenommen haben. An das Ende des Buches habe ich noch zwei eng miteinander verknüpfte neue Projekte gestellt.

Ich habe sie für die Ausstellung „Dos Archivos Familiares" im Centro Cultural Kirchner in Buenos Aires entwickelt und dort erstmals gezeigt. Sie zeigen gut auf, in welche Richtung mich die Beschäftigung mit dem Thema weiterführt.

„In gesellschaftlicher Hinsicht ist zu beachten: Wer immer am Trauma beteiligt ist, ob als Opfer, Vollstrecker, Zuschauer oder auch als entfernt historische/r Zeuge bzw. Zeugin, wie es beispielsweise Kinder sind, ist dadurch betroffen, wenn auch in je unterschiedlicher Weise.

[…] Das Trauma schließt ein Wissen über sich selbst aus. Das Trauma nicht zu kennen oder allenfalls die Erfahrung zu machen, sich auf distanzierte Art daran erinnern zu können, bedeutet nicht lediglich ein passives Verschließen vor Wahrnehmung oder Erinnerung. Nicht zu wissen ist vielmehr eine aktive, beharrliche, gewalttätige Weigerung, eine Art Auslöschung, eine Zerstörung von Form und Repräsentation. Nicht-Wissen ist ein aktiver Prozess der Destruktion."[1]

1 Laub, Dori. Erinnerungsprozesse bei Überlebenden und Tätern. In: Huhnke, Brigitta/Krondorfer, Björn (Hg.). Das Vermächtnis annehmen. Kulturelle und biographische Zugänge zum Holocaust — Beiträge aus den USA und Deutschland (S. 251–275). Gießen: Psychosozial-Verlag, 2002, S. 263.

Reichel komplex — Intro

Friedemann Derschmidt

BILDSTÖRUNG 1

Als etwa acht- oder neunjähriges Kind stand ich vor der Stammtafel (Abb. 1) in der Wohnung meiner Großeltern. Mir fiel natürlich als Besonderheit auf, dass da meine Großmutter und ihre acht Geschwister in sehr eigentümlicher Weise abgebildet waren. Jede Person war einmal von vorne, einmal im Profil und einmal im Halbprofil dargestellt. Das war erstaunlich — vor allem aber bemerkte ich, dass bei einem, nämlich dem Zwillingsbruder meiner Großmutter, nur eines dieser drei Bilder vorhanden war. Das regte mich an zu fragen:

„Großmutti, warum haben hier alle drei Bilder, nur der hier hat nur eines?" „Weißt du, die anderen beiden Bilder haben wir abgenommen, das war nach dem Krieg zu gefährlich." „... aber warum gefährlich?" „Da hatte mein Bruder eine SS-Uniform an." „Aha ..." (Damals wusste ich nicht, was das bedeutete.) „... aber warum kenn' ich den nicht? Die anderen kenn' ich ja mehr oder weniger." „Weißt du, der ist damals in Russland erschossen worden", und nach einer kurzen Pause: „Das war wahrscheinlich auch besser so."

In den späten 1960er- und den frühen 1970er-Jahren wurde ich in einer bekannten oberösterreichischen Großfamilie in dem Bewusstsein erzogen, etwas „Besonderes" zu sein. Worin diese Besonderheit bestehen sollte, war unklar.

Über die Jahre und nicht ohne die Hilfe einiger kritischer Mitglieder der Familie fand ich heraus, dass in der Großfamilie ein sehr komplexes Gespinst aus Mythen, Legenden und Lügen über die Vergangenheit und die Generationen der Großeltern und Urgroßeltern gewoben worden war. Ich erkannte, dass auch Menschen, die mir emotional sehr nahestanden, aktiv an dieser Selbstverherrlichung der Großfamilie teilhatten und teilweise daran bis heute festhalten. Innerhalb dieses Kokons aus Geschichten wurde mir schrittweise immer klarer, dass nicht wenige Familienmitglieder aktive und begeisterte Nazis gewesen waren. Von diesen waren viele NSDAP-Mitglieder, einige sogar Offiziere bei SS und SA gewesen und manche hatten während des Dritten Reiches durchaus einflussreiche Positionen in allen Sparten der Gesellschaft bekleidet.

Ich begann, Interviews mit Verwandten zu führen und eine ungeheure Fülle an Material zu sammeln. Das war der Zeitpunkt, der mich zu einer Art Familienchronisten machte. Dennoch hatte ich vorläufig nicht die geringste Ahnung, was ich mit all der Information anstellen sollte.

In dem, was ich als „das System der Familie" bezeichne, spielte mein Urgroßvater offensichtlich eine zentrale Rolle. Er war Arzt und Universitätsprofessor und ein nicht unbekannter Vertreter der Eugenik in Österreich. Seinen Studierenden bläute er ein, dass Familien- und Ahnenforschung ein wichtiges Werkzeug der — wie es damals hieß — „Rassenforschung" sei und dass es von großer Wichtigkeit sei, viele Kinder zu zeugen und aufzuziehen. Er war Gründungsmitglied des „Reichsbundes der Kinderreichen" und ging selbst mit bestem Beispiel voran.

Dies wurde in der Folge zum Angelpunkt meines Projektes. Selbst heute noch fühlt sich eine Mehrzahl meiner Verwandten auf die eine oder andere Weise der Idee der Großfamilie verpflichtet.

Gemeinsam mit meinem Cousin Eckhart Derschmidt veröffentlichte ich im Oktober 2010 eine Internetplattform auf der Basis von Web 2.0 und forderte die Familienmitglieder auf, sich daran zu beteiligen. Der Text der Startseite war zugegeben sehr provokant formuliert und verfehlte daher nicht seine Wirkung. Er lautete sinngemäß so: „Hat der Eugeniker Dr. Heinrich Reichel zu Beginn des 20. Jahrhunderts sein ganz persönliches Vererbungsexperiment gestartet? Schließlich hat er neun Kinder, 36 Enkelkinder und über 80 Urenkel usw. Sind wir das Ergebnis eines genetischen Versuches? Lasst uns dieses Experiment evaluieren ..."

Ich versprach den Familienmitgliedern[1], die Internetseite zwei Jahre lang geschlossen zu führen (2010–2012). Von der Gesamtzahl aller Familienmitglieder (kleine Kinder und alte Leute, die keinen Computer benützen, mitgezählt) traten im Zuge eines sehr schwierigen und schmerzhaften Prozesses bis dato etwa ein Drittel als User bei.

Ironischerweise wurde ich zu einer Art Gegenspieler meines Urgroßvaters. Wie in einer Spiegelung tue ich eigentlich jetzt genau das, was er

1 Ich bin dabei von meinem Urgroßvater und seinen beiden Brüdern Carl Anton und Friedrich ausgegangen. Berücksichtigt man deren unmittelbare Nachfahren inklusive ihrer PartnerInnen, sprechen wir von etwa 350 Personen.

verlangte: nämlich Familienforschung. Im Gegensatz zu ihm interessiert mich die genetische Weitergabe innerhalb des von den Eugenikern so genannten „Erbstroms“ nicht im Geringsten. Ich versuche hingegen, die Weitergabe von Weltanschauungen, Ideologie und politischen Haltungen über sechs Generationen in dieser bürgerlichen Großfamilie zu thematisieren.

Daraufhin begann ich, HistorikerInnen, SoziologInnen, PsychologInnen und andere ExpertInnen zu kontaktieren. Ich lud sie ein, unserem Projektbeirat beizutreten. In der Folge wurde die Projektdatenbank durch eine Vielzahl von Dokumenten aus Archiven, theoretischen Texten und anderen Materialien angereichert.

Im Zusammenhang mit einem anderen meiner Projekte war ich im Jahr 2011 zu einem Vortrag nach Leipzig eingeladen. Beim Spaziergang durch die Stadt sprang mir bei der Gedenkstätte für die Große Synagoge folgende Inschrift ins Auge: „Hier wurde am 9. November 1938 die große Synagoge der israelitischen Religionsgemeinde zu Leipzig durch Brandstiftung faschistischer Horden zerstört. Vergesst es nicht.“ Ich fragte meinen Begleiter, wo denn diese „faschistischen Horden“ hergekommen und wohin sie danach wieder verschwunden seien. Für mich war diese Inschrift insofern sehr erhellend, weil sie etwas Grundlegendes über den Umgang mit den Verbrechen des Nationalsozialismus in vielen Bereichen und über sehr lange Zeit aussagt.

Für dieses Projekt ist es von großer Wichtigkeit zu verstehen, dass die Nazis nicht wie eine Horde Wahnsinniger aus dem Nichts kamen und wieder darin verschwanden. Sie waren auch keine von außen auftauchenden „Anderen“, sondern kamen aus der Mitte der Gesellschaft: Die eigenen Väter und Mütter, Großeltern, Tanten und Onkel waren „die Nazis“. Wenn man einen Schritt zurücktut und mit diesem größeren Blickwinkel auch das 19. Jahrhundert mitbetrachtet, kann man am konkreten Beispiel dieser bürgerlichen Großfamilie gut aufzeigen, wie sich die vielen, oft sehr unseligen Wechselwirkungen zwischen Nationalismus, Jugendbewegung, Erneuerungs- und Reinheitsfantasien und nicht zuletzt moderner Wissenschaft usw. ergeben haben müssen. Diese spezifische Familie ist diesbezüglich alles andere als besonders oder einzigartig. Das Projekt „Reichel komplex“ kann vielmehr als Modell für viele österreichische, deutsche und andere europäische Familien dienen, die in den Holocaust verwickelt waren.

Für die jetzt lebenden Generationen geht es vermutlich weniger um Schuld als um Scham. Die Scham muss sich auch nicht notwendigerweise auf die (möglichen) Taten der eigenen Eltern oder Großeltern beziehen. Ich habe mittlerweile den Eindruck gewonnen, dass es sehr oft auch um die Frage geht, wie es sein kann, dass „mensch" ein ganzes Leben lang nicht gefragt hat und nicht wissen wollte; oder dass sogenannte „Werte" unhinterfragt weitergetragen und gepflegt wurden, die man dem österreichischen Nachkriegsnarrativ[2] konform in ihrer ideologischen Verfänglichkeit bagatellisierte oder für harmlos hielt und teilweise immer noch hält. Auch wenn ich in meine mütterliche Herkunftsfamilie blicke, finde ich dort weder NS-Opfer noch Widerstand, auch dort finden sich Fotos mit HJ-Uniformen, NSDAP-Mitgliedschaften, ein Gemisch aus völkisch-jugendbewegten Ideen, in diesem Fall kombiniert mit ausgeprägtem Katholizismus. Ja, selbst einen Wissenschafter hat die Familie Klebel zu bieten: Dr. Ernst Klebel[3], einen Historiker, der — man forsche nach — aus irgendeinem Grund nach 1945 einen Karriereknick gewärtigen musste. Der Briefbomber Franz Fuchs zitierte in seinen Bekennerbriefen ausführlich aus dessen Forschungen zu den „Bajuwaren".

Ich selbst werde mir immer dessen bewusst sein, dass ich in meiner Persönlichkeit auch ein Produkt all dieser Zusammenhänge bin, denn „ob wir den Vorgaben und Lebensentscheidungen unserer Eltern folgen oder uns gegen diese wenden — wir können uns dem Einfluss unserer Familiengeschichte nicht entziehen. Persönliche Erinnerungen, innerfamiliäre Narrative und die Handlungen unserer Vorfahren, unabhängig davon, ob wir sie als immaterielles Familienerbe auffassen oder als eine Last der Vergangenheit begreifen, werden zu einem wesentlichen Faktor, der unsere Identität bestimmt."[4] Es ist mir wichtig, zu betonen, dass es bei diesem Projekt nicht um das Vergangene an sich geht, sondern vielmehr darum, wie dieses Vergangene unsere Gegenwart und Zukunft determiniert, es sei denn, wir finden geeignete Wege, uns diesen „Geistern des Vergangenen" zu stellen und sie unschädlich zu machen.

---

2 Siehe Margit Reiters Beitrag „*Framework*. Postnationalsozialistische Familien(re)konstruktionen im österreichischen Kontext" in diesem Buch.

3 Vgl. Ziegler, Wolfram. Ernst Klebel (1896–1961) — Facetten einer österreichischen Historikerkarriere. In: Hruza, Karel (Hg.). Österreichische Historiker — Lebensläufe und Karrieren 1900–1945, Band 2 (S. 489–522). Wien, Köln, Weimar: Böhlau, 2012.

4 Aus dem Abstract zur Forschungsprojekt-Einreichung „Family Archives" von Friedemann Derschmidt, Shimon Lev, Monika Bernold, Jo Schmeiser, Jerome Segal, Sophie Thun, Nikolaus Wildner, Lizl Stein

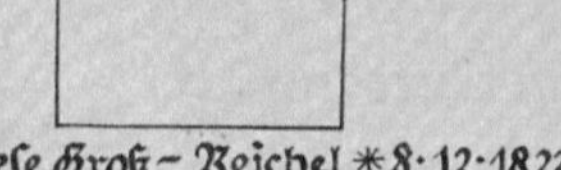

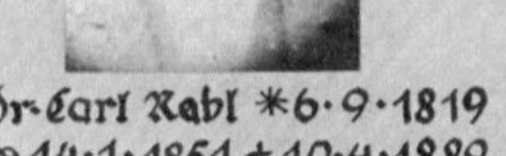

on Reichel ∗ 19·1·1815
1842 + 22·2·1889

Therese Groß – Reichel ∗ 8·12·1822
∞ 1842 + 30·9·1864

Dr. Carl Rabl ∗ 6·9·1819
∞ 14·1·1851 + 10·4·1889

Franziska Neubitschka – Rabl ∗4
1830 ∞ 14·1·1851 + 25·7·19

Anton Reichel ∗ 21·3·1843 ∞ 21·5·
1873 + 31·8·1884

Caroline Rabl – Reichel ∗ 21·10·1851
∞ 21·5·1873 + 1918·1914

Dr. Heinrich Reichel ∗ 15·10·1876 ∞ 25·2·1906
+ 31.3.1942

Hedwig Reichel ∗ 26

Ing. Herbert Walter Reichel ∗ 11·6·1908

Erwin Heinrich Reichel ∗ 12·3·1911 ∞ 20·6·1936
✠ 16.2.1941.

Abb. 1: Stammtafel Heinrich und Cäcilie Reichel geb. Rosenauer (ca. 1936)

Michael Rosenauer * 2·1· 1828 ∞ 1853 + 28·2·1857 Anna Jungwirt-Rosenauer * 24·12·1829 ∞ 1853 + 19·2·1891 Josef v. Kretschmayer * 1819 ∞ 4·9·1854 + 1856 Julie Schachner v. Kretschmayer * 26·1·1826 ∞ 4·9·1854 +

Franz Rosenauer * 24·10·1854 ∞ 21·6·1879 + 21·9·1926

Julie v. Kretschmayer Rosenauer * 1·11·1854 ∞ 21·6·1879 + 10·12·1888

Cäcilie Rosenauer-Reichel * 19·7·1881 25·2·1906
+ 20.11. 1964.

1906 ∞ Weitzler 1937. + 23.4. 1939

Hertha Reichel-Wascher * 11·6·1908 ∞ 15·8·1934

Ottilie Reichel-Herschmidt * 12·3·1911 ∞ 10·7·1932

A

Framework

Postnationalsozialistische Familien(re)konstruktionen im österreichischen Kontext

18

Margit Reiter

Margit Reiter

Der Nationalsozialismus ist in Deutschland und Österreich Teil jeder Familiengeschichte. Dieser angesichts der historischen Fakten so selbstverständlich anmutende Sachverhalt scheint jedoch vor allem in Österreich lange nicht in das kollektive Bewusstsein vorgedrungen zu sein. Wie war es möglich, dass die vielfältigen NS-Involvierungen nicht nur von den Betroffenen selbst erfolgreich ausgeblendet wurden, sondern auch die nachfolgenden Generationen — die Kinder und Enkelkinder — die belastete Familiengeschichte gar nicht oder erst spät kritisch hinterfragt haben? Die Gründe dafür sind sowohl in der österreichischen Vergangenheitspolitik als auch im Familiengedächtnis und den individuellen Abwehrmechanismen in den nachfolgenden Generationen zu suchen.

OPFER-METAMORPHOSEN

Nach 1945 hat sich das offizielle Österreich vom Nationalsozialismus distanziert und sich erfolgreich als „erstes Opfer Hitlers" präsentiert. Der Nationalsozialismus wurde nach außen, auf „die Deutschen" verlagert und somit externalisiert. Den originären österreichischen Beitrag zum Nationalsozialismus und die vielen Facetten der Mittäterschaft hat man hingegen wohlweislich jahrzehntelang ausgeblendet. Diese Opferthese war nicht nur auf der offiziellen Ebene wirksam, auch die breite Bevölkerung griff nur allzu gerne zu dieser politisch günstigen und moralisch entlastenden Formel. Man fühlte und präsentierte sich nach 1945 als Opfer Hitlers, als Opfer des Krieges und der Bomben und schließlich als Opfer der Besatzungsmächte und der Nachkriegsnot, sodass sich letztendlich (fast) alle in das österreichische Opfer- und Unschuldskollektiv einreihen konnten.

Es existierten allerdings auch dazu konkurrenzierende Gegengedächtnisse. Zum einen gab es das Gegengedächtnis der WiderstandskämpferInnen, KZ-Überlebenden und Vertriebenen, die mit ihren schmerzhaften Erinnerungen nach 1945 wenig Gehör fanden und schon bald wieder gesellschaftlich und politisch marginalisiert waren. Zum anderen existierte aber auch ein Gegengedächtnis der ehemaligen NationalsozialistInnen, die die Opferthese als entlastendes Angebot des offiziellen Österreich nicht annahmen, da sie mit ihren Erfahrungen und Überzeugungen nicht übereinstimmte. Sie hatten den „Anschluss" von 1938 keineswegs als Zwang erlebt und fühlten sich durchaus nicht als dessen Opfer, hatten viele von ihnen doch bereits als illegale NSDAP-Mitglieder auf den politischen Umsturz hingearbeitet, die NS-Ideologie geteilt, das NS-Regime aktiv unterstützt und teilweise auch davon profitiert. Für sie war das Kriegsende keine Befreiung, sondern ein „Zusammenbruch", da es den Verlust ihrer Positionen, kurzfristige Berufsverbote und soziale Deklassierung, manchmal auch Internierung und Anklagen vor Gericht bedeutete.

Diese „Ehemaligen" bewegten sich in einem abgeschotteten Erinnerungsmilieu, das von einem Doublespeak gekennzeichnet war. Während man nach innen („unter sich") selbstbewusst Prinzipientreue propagierte, den verlorenen Machtpositionen nachtrauerte und in vergangenen Heldentaten schwelgte, strapazierte man in der Öffentlichkeit, nicht zuletzt zur Erreichung von politischen Zielen (NS-Amnestie, Rehabilitierung usw.), stärker die Opferversion. Ihre Selbstviktimisierung bezog sich vor allem auf die unmittelbare Nachkriegszeit, indem sie sich als Opfer der Entnazifizierung (Stichwort „Umerziehung" und „Siegerjustiz") stilisierten. Damit klinkten sich selbst unbelehrbare „Ehemalige" allmählich in den allgemeinen Opferdiskurs ein. Die hegemoniale Opferthese wurde zum *master narrative* der Zweiten Republik, das tief im kollektiven Gedächtnis verankert war.

Schon bald wurde die Entnazifizierung durch großzügige Amnestien abgeschwächt bzw. rückgängig gemacht und der politischen und beruflichen Reintegration der Ex-Nazis stand nichts mehr im Wege. Ein Teil der „Ehemaligen" passte sich (zumindest vordergründig) den neuen Gegebenheiten an und fand in den Großparteien seine politische Heimat, ein anderer Teil begann sich selbst wieder politisch zu organisieren. So schlossen sich 1948 die ehemaligen „Ariseure" im *Verband der Rückstellungsbetroffenen* zusammen und der 1949 gegründete *Verband der Unabhängigen* (VdU), ebenfalls ein Sammelbecken ehemaliger NationalsozialistInnen, war seit den Wahlen 1949 im Parlament vertreten. Politisches Ziel des VdU (und deren Nachfolgepartei FPÖ) war die vollständige Rehabilitierung der NationalsozialistInnen und — als Kehrseite davon — der Kampf gegen eine „Wiedergutmachung" für jüdische NS-Opfer. Die informellen Netzwerke und alten Seilschaften der Ex-Nazis funktionierten nach wie vor, sodass sie die kurzfristig unterbrochenen Karrieren fortsetzen und bald wieder Führungspositionen, z. B. im akademischen Bereich, einnehmen konnten. Die alte Ordnung war, so schien es, weitgehend wiederhergestellt.

Margit Reiter

DER NATIONALSOZIALISMUS IM FAMILIENGEDÄCHTNIS

Die Klage über das jahrzehntelange Schweigen über die NS-Vergangenheit ist weit verbreitet und sowohl auf der gesellschaftlichen als auch auf der persönlichen Ebene wirksam. Im familiären Bereich äußert sich diese Klage im Vorwurf an die Eltern, dass diese über den Nationalsozialismus und ihren eigenen Anteil daran immer geschwiegen hätten und somit für das Unwissen der Kinder und Enkelkinder verantwortlich seien. Dieser hartnäckige Mythos vom allumfassenden Schweigen über den Nationalsozialismus muss gründlich hinterfragt werden.

In den österreichischen Nachkriegsfamilien wurde nämlich sehr wohl erinnert und erzählt, wenn auch nicht immer das, was die Nachkommen hören wollten.[1] In erster Linie handelte es sich um Opfergeschichten, die um das eigene Leid kreisten und letztendlich auf eine nachträgliche Rechtfertigung hinausliefen. Die Palette der Rechtfertigungsmuster war breit: Man habe nichts gewusst, wäre nur ein kleines Rädchen im Getriebe gewesen, es habe Diktatur und Zwang geherrscht, dem man sich nicht widersetzen konnte, und vieles andere mehr. Die Verantwortung für den Nationalsozialismus wurde häufig auf einige wenige dämonisierte Täter (Hitler, Göring, Eichmann) und Organisationen (SS und die Gestapo) verlagert, von denen man sich nach 1945 abgrenzte und mit denen man nichts (mehr) zu tun haben wollte. Trotz aller vordergründigen Distanzierungen brachen manchmal aber auch die positiven Erinnerungen an den Nationalsozialismus und die frühere Faszination dafür durch. So etwa wenn von den vermeintlich guten Seiten des Nationalsozialismus (z. B. Ordnung, Disziplin, Beseitigung der Arbeitslosigkeit) und von der Kameradschaft und den schönen Erlebnissen in der Hitlerjugend (HJ) oder im Bund Deutscher Mädel (BDM) geschwärmt wurde. Gleichzeitig kursieren beinahe in jeder österreichischen Familie vielfältige Familienlegenden, meist Anekdoten über angeblich nonkonformes Verhalten bzw. Widerstandshandlungen,

1 Ausführlich dazu: Welzer, Harald/Montau, Robert/Plaß, Christine. „Was wir für böse Menschen sind!". Der Nationalsozialismus im Gespräch zwischen den Generationen. Tübingen: Edition Diskord, 1997. Reiter, Margit. „Tischgespräche". Intergenerationelle Kommunikation über den Nationalsozialismus. In: Lappin, Eleonore/Schneider, Bernhard (Hg.). Die Lebendigkeit der Geschichte. (Dis)Kontinuitäten in Diskursen über den Nationalsozialismus. St. Ingbert: Röhrig Universitätsverlag, 2001, S. 308–323.

durch die man sich größter Gefahr ausgesetzt hätte und woraus nachträglich eine Distanz gegenüber dem NS-System abgeleitet wird. Die Palette dieser privaten „Widerstands"-Legenden reicht vom Hören eines Fremdsenders, dem Verweigern des Hitlergrußes, dem Erzählen von Hitlerwitzen bis hin zu behaupteten Hilfestellungen für die verfolgten Juden und es würde sich lohnen, sie kritisch zu hinterfragen.

Wie auch immer in österreichischen Nachkriegsfamilien geredet wurde, die Konsequenzen bleiben letztendlich gleich: Man selbst sei kein Nazi gewesen (das waren immer „die anderen"), und wenn dieser Umstand nicht zu leugnen war, dann zumindest ein „anständiger Nazi", dessen Idealismus missbraucht worden sei. Bemerkenswert ist, dass solche persönlichen Externalisierungen selbst in eindeutigen Täterfamilien funktionierten und auch von den Nachkommen lange unhinterfragt fortgeschrieben wurden.

Der Nationalsozialismus war in den Nachkriegsfamilien aber auch jenseits der Sprache, in materialisierter Form präsent, vor allem durch kompromittierende Fotos, in Form von NS-Orden und Verdienstkreuzen, NS-Dokumenten (Ariernachweis) oder einschlägiger NS-Literatur im elterlichen Bücherschrank, darunter etwa Johanna Haarers *Die deutsche Mutter und ihr erstes Kind* und nicht selten auch Hitlers *Mein Kampf*. In vielen Nachkriegsfamilien wurden bestimmte Werte wie Disziplin, Gehorsam und Härte propagiert, die im Milieu der „Ehemaligen" ideologisch aufgeladen waren und sich oft fatal auf die Erziehung auswirkten. Auch vordergründig harmlose Vorlieben für Sport, gesunde Ernährung, Brauchtum und Naturverbundenheit trugen in diesem Milieu häufig ideologische Züge. Nicht selten widerspiegelte sich die politische Orientierung auch in einem starken Elitebewusstsein und Standesdünkel, der sowohl aus einer „rassischen Überlegenheit" als auch aus früheren exponierten Positionen und Leistungen (z. B. im akademischen Bereich) abgeleitet wurde und auf frappierende Weise über Generationen hinweg wirksam sein konnte.

DER „PAKT DES SCHWEIGENS"

Die Kinder sind aber keineswegs nur Opfer ihrer familiären Prägungen, sondern haben selbst einen maßgeblichen Anteil am Familiengedächtnis. Die meisten Söhne und Töchter haben es verabsäumt, näher nachzufragen und die diversen Familienlegenden kritisch zu hinterfragen. Diese Scheu zu fragen, hat verschiedene Ursachen; eine davon liegt in der Beschaffenheit des Familiengedächtnisses begründet: Geschichten über die NS-Zeit sind oft vage, bruchstückhaft und unvollständig, es fehlen meist konkrete Orts- und Zeitangaben und sie entsprechen nicht immer einer äußeren Logik und auch nicht immer der Wahrheit. Es handelt sich um ein Puzzle, das zusammengefügt werden muss, wobei entscheidend ist, welche Bruchstücke die Nachkommen aufgreifen und in welche Gesamterzählung sie diese schließlich einfügen.

Da sie nicht nachgefragt haben, ist das Wissen der Nachkommen über die eigene Familiengeschichte meist sehr gering. Sie sind daher auf Vermutungen und Phantasien über die Rolle ihrer (Groß-)Eltern im Nationalsozialismus angewiesen, die sowohl be- als auch entlastend sein können.[2] Die Nachkommen müssen die wenigen Fakten deuten und die bestehenden Leerstellen nach eigenem Belieben auffüllen, wobei in der Regel genau jene Bestandteile der Geschichte aufgegriffen werden, die ihnen am ehesten plausibel erscheinen und vor allem *zugunsten* der (Groß-)Eltern gedeutet werden können. Der Wunsch nach Entlastung ist groß. Nicht selten werden die Geschichten sogar „umgeschrieben", d. h. von den Kindern/Enkelkindern so verändert, dass sie am Ende einen vollständigen Deutungswandel erfahren: Aus ehemaligen Nazis werden solcherart Widerstandskämpfer und aus Antisemiten sogar Judenbeschützer.[3]

Das heißt: Viele Nachkommen wissen sehr wenig über ihre belastete Familiengeschichte und viele *wollen* auch nicht mehr wissen. Es bedarf einer emotionalen Bereitschaft, die durchaus vorhandenen Andeutungen und Hinweise aufzugreifen und sie nicht — wie es oft der Fall ist — zu überhören und auszublenden, was häufig aus Angst vor unliebsamen Entdeckungen und aus einem Schonverhalten sich und seinen (Groß-)Eltern gegenüber geschieht. Darüber hinaus ist auch ein historisches Hintergrundwissen nötig, um bestehende Ungereimtheiten aufdecken und das familiäre Puzzle zusammenfügen zu können. Der Mechanismus des

2 Viele Beispiele dazu finden sich in meinem Buch: Reiter, Margit. Die Generation danach. Der Nationalsozialismus im Familiengedächtnis. Innsbruck, Wien, Bozen: Studienverlag, 2006.

3 Welzer, Harald/Moller, Sabine/Tschuggnall, Karoline. „Opa war kein Nazi". Nationalsozialismus und Holocaust im deutschen Familiengedächtnis. Frankfurt/Main: Fischer, 2002.

Nicht-wissen-Wollens und Nicht-Fragens wird als intergenerationeller „Pakt des Schweigens“[4] bezeichnet, der meist über Jahrzehnte aufrechterhalten wurde.

Nur wenige Kinder und Enkelkinder haben den Versuch unternommen, der eigenen Familiengeschichte nachzuspüren, diese zu rekonstruieren und sich somit Gewissheit über die tatsächliche Verantwortung ihrer Familienangehörigen zu verschaffen. Gerade in einer Erinnerungskultur wie in Österreich, in der der Konsens zwischen den gesellschaftlichen und familiären Narrativen und der offiziellen Selbstdarstellung als Opfer so groß war, bedurfte es eines Anstoßes von außen, damit es zu einer kritischen Überprüfung des Familiengedächtnisses kam. Für viele Nachkommen waren es beispielsweise antifaschistische Bücher und Filme, Begegnungen mit NS-Opfern sowie vergangenheitspolitische Debatten, die als Korrektiv wirkten und oft andere, gänzlich neue Perspektiven auf die NS-Familiengeschichte ermöglichten.

Das Spannungsverhältnis zwischen familiärer Tradierung und den vielfältigen Formen des kulturellen Gedächtnisses lässt sich durch ein sehr treffendes Sprachbild veranschaulichen: dem *Album* und dem *Lexikon*.[5] Demzufolge gibt es auf der einen Seite ein „Lexikon“ des Nationalsozialismus, das die historischen Fakten zur NS-Vergangenheit und das *kognitive* Wissen darüber umfasst und im Wesentlichen von „ExpertInnen“ verfasst wird. Auf der anderen Seite existiert aber auch noch ein anderes, emotional bedeutenderes Referenzsystem für die Deutungen der NS-Vergangenheit, das „Familienalbum“. Dieses stammt von den Eltern, Großeltern, Verwandten und enthält die von ihnen tradierten persönlichen Erfahrungen und Geschichten, aus denen sich das *emotionale* Wissen über den Nationalsozialismus der nachkommenden Generationen speist. Jede deutsche und österreichische Familie hat also — im übertragenen Sinne — sowohl ein Album als auch ein Lexikon im Wohnzimmerregal stehen. Die „Kinder der Täter“ stehen somit vor der schwierigen Aufgabe, diese zwei verschiedenen, ja einander oft widersprechenden Ebenen der Vergangenheitsdeutung in Deckung zu bringen.

4 Schneider, Christian. Schuld als Generationenproblem. In: Mittelweg 36, 4/1998, S. 28–40.

5 Vgl. dazu Welzer/Moller/Tschuggnall. „Opa war kein Nazi“, S. 10.

Margit Reiter

ERSTE RISSE

Im Laufe der 1960er-Jahre kam es erstmals zu kritischen Auseinandersetzungen mit der NS-Vergangenheit, an der sich auch bereits die Nachfolgegeneration beteiligte. Auslöser dafür waren unter anderem Prozesse gegen österreichische NS-TäterInnen, die oft mit niedrigen Freiheitsstrafen oder gar Freisprüchen endeten. Vor allem der Freispruch von Franz Murer, dem „Schlächter von Wilna", und die skandalösen Begleitumstände des Prozesses 1963 in Graz (die jüdischen ZeugInnen wurden verhöhnt, der Freispruch triumphal gefeiert), stieß in Teilen der Öffentlichkeit erstmals auf sichtbaren Widerstand. Ein weiteres Signal eines politischen Aufbruchs waren die Anfang der 1960er-Jahre einsetzenden Proteste linksgerichteter Studierender gegen den offen antisemitischen Universitätsprofessor und ehemaligen Nationalsozialisten Taras Borodajkewycz. Die sich 1965 zuspitzende „Borodajkewycz-Affäre" kann als Auftakt der studentischen Protestbewegung von 1968 gewertet werden, die etwas verspätet und in abgeschwächter Form auch Österreich erreichte.

„1968" wird im Rückblick oft als der entscheidende Bruch, als allgemeiner Aufstand gegen die Väter als Täter gedeutet. Dies trifft jedoch nur bedingt zu. Antifaschismus war zwar in der linken Protestbewegung ein zentraler politischer Schlüsselbegriff, dieser richtete sich aber hauptsächlich auf den Faschismus der Gegenwart und weniger auf die konkrete NS-Vergangenheit. Trotz aller antifaschistischen Rhetorik setzten sich die österreichischen „68er" beispielsweise kaum mit den ideologischen und personellen NS-Kontinuitäten an den österreichischen Universitäten auseinander (dies wurde erst in den letzten Jahren zum Gegenstand kritischer Aufarbeitung) und nur selten wurde ein Bezug zur eigenen Familiengeschichte hergestellt. Die Auseinandersetzung der „68er" mit dem (pauschal erweiterten) Faschismus blieb bestenfalls eine theoretisch-abstrakte, was als eine Form der Abwehr- und Vermeidungsstrategie gedeutet werden kann. Dieses Versäumnis zeigt, dass selbst viele kritische Nachkommen den Nationalsozialismus gedanklich/persönlich externalisiert hatten und ihr Bewusstsein, „Kinder der Täter" zu sein, äußerst gering war.

Für viele österreichische Nachgeborene erfolgte die Konfrontation mit der belasteten Familiengeschichte erst viel später — Mitte der 1980er-Jahre im Rahmen der Waldheim-Affäre und der damit einhergehenden vergangenheitspolitischen Debatten. Die Diskussionen um Kurt Waldheim wurden von vielen als wesentliche Zäsur und als Befreiungsschlag in ihrer Auseinandersetzung mit dem Nationalsozialismus und der eigenen Familie erlebt. Viele NS-Nachkommen erkannten in Äußerungen von Waldheim und seinen VerteidigerInnen die elterlichen Rechtfertigungen und Abwehrmuster wieder und lehnten sich dagegen auf. Auch die ein Jahrzehnt später einsetzenden Debatten um die Ausstellung über die Verbrechen der Wehrmacht hatten eine ähnliche kathartische Wirkung.[6] Die Zerstörung der hartnäckigen Legende von der „sauberen Wehrmacht“ führte ins Epizentrum der Gesellschaft, da fast jede Familie davon betroffen war. Die bis dahin auch von den Nachgeborenen bereitwillig übernommene Entlastungsformel, dass der eigene Vater ja „nur“ bei der Wehrmacht gewesen und somit per se „unschuldig“ sei, hatte nun ihre Wirkungsmacht verloren. Während viele Söhne und Töchter die Elterngeneration nach wie vor reflexartig verteidigten, kündigten andere den „Pakt des Schweigens“ endgültig auf und begannen mit konkreten Fragen und Recherchen — oft allerdings zu spät, da die eigenen Väter und Mütter mittlerweile verstorben waren.

SPURENSUCHEN

Die Nachträglichkeit scheint ein Grundzug vieler familiärer „Spurensuchen“ zu sein. Schon ab Mitte der 1970er-Jahre setzten sich vereinzelt Söhne und Töchter literarisch und autobiographisch mit ihren von Nationalsozialismus und Krieg beschädigten Vätern auseinander. Der Tenor dieser frühen „Vaterbücher“[7] changierte zwischen selbstgerechter Anklage und Verständnis, wobei die affirmative, um Liebe und Versöhnung ringende Haltung eindeutig überwog — in Anlehnung an einen der Buchtitel könnte man von „nachgetragenen Lieben“ sprechen. Letztendlich ging es darin weniger um die Frage, was der Vater tatsächlich im Nationalsozialismus gemacht hatte, als um die Befindlichkeiten der von den Vätern geprägten Nachkriegsgeneration.[8] Einen gänzlich anderen, radikalen Zugang zur Familienaufarbeitung

6 Hamburger Institut für Sozialforschung (Hg.). Besucher einer Ausstellung. Die Ausstellung „Vernichtungskrieg. Verbrechen der Wehrmacht 1941 bis 1944“ in Interview und Gespräch. Hamburg: Hamburger Edition, 1998.

7 Vgl. exemplarisch einige „Vaterbücher“ mit vielsagenden Titeln: Gauch, Sigfrid. Vaterspuren (1979); Rebmann, Ruth. Der Mann auf der Kanzel — Fragen an einen Vater (1979); Meckel, Christoph. Suchbild. Über meinen Vater (1980); Henisch, Peter. Die kleine Figur meines Vaters (1975); Schwaiger, Brigitte. Lange Abwesenheit (1980).

8 Reiter, Margit. Spurensuchen. Autobiographische und literarische Auseinandersetzungen mit der familiären

wählte Niklas Frank mit seiner unerbittlichen „Abrechnung" mit seinem prominenten Vater Hans Frank, dem Generalgouverneur im besetzten Polen, der beim Nürnberger Prozess als Kriegsverbrecher zum Tode verurteilt und hingerichtet worden war.[9]

Lange Zeit wurden die Auseinandersetzungen mit dem familiären NS-Erbe vor allem über die Väter ausgetragen, wohingegen die Mütter weitgehend verschont blieben.[10] Die Ergebnisse der feministischen NS-Forschung, wonach Frauen nicht nur Opfer oder passive Mitläuferinnen, sondern auch überzeugte Nationalsozialistinnen, d. h. Täterinnen sein konnten, haben im allgemeinen politischen Bewusstsein kaum Eingang gefunden.[11] Vielmehr wurden die (Groß-)Mütter meist als unpolitisch wahrgenommen und bereitwillig von jeder historischen Mitschuld entlastet. Auch ihre zentrale Rolle im Familiengedächtnis — etwa als Verharmloserinnen des Nationalsozialismus, als Schützerinnen des (abwesenden) Vaters — wird von den Söhnen und Töchtern bis heute kaum kritisch hinterfragt.[12]

In den letzten zwei Jahrzehnten ist eine Tendenz zur Privatisierung des Nationalsozialismus und zur „Familiarisierung des Schuldproblems"[13] festzustellen. In unzähligen Familien- und Generationenromanen machen sich neben den in die Jahre gekommenen Kindern nun vermehrt auch die EnkelInnen und UrenkelInnen an die Aufarbeitung ihrer Familiengeschichte.[14] Auch im öffentlichen Diskurs, in TV-Filmen, Dokumentationen und Talkshows haben NS-Familiengeschichten Hochkonjunktur. Neben fragwürdigen Fortschreibungen der Opfergeschichten finden sich darunter

NS-Involvierung in der zweiten Generation. In: Zeitgeschichte 5, 2005, S. 399–418; Mauelshagen, Claudia. Der Schatten des Vaters. Deutschsprachige Väterliteratur der siebziger und achtziger Jahre. Frankfurt/Main: Peter Lang, 1995.

9 Frank, Niklas. Der Vater. Eine Abrechnung. München: Bertelsmann, 1987.

10 Zwei Ausnahmen sollen hier genannt werden: Frank, Niklas. Meine deutsche Mutter. München: Bertelsmann, 2005; Behr, Hans Georg. Fast eine Kindheit. Frankfurt/Main: Eichborn, 2002.

11 Vgl. Forschungsüberblick von: Sachse, Carola. Frauenforschung zum Nationalsozialismus. Debatten, Topoi und Ergebnisse seit 1976. In: Mittelweg 36, April/Mai 1997, S. 24–33; Weckel, Ulrike/Wolfrum, Edgar (Hg.). „Bestien" und „Befehlsempfänger". Frauen und Männer in NS-Prozessen nach 1945. Göttingen: Vandenhoeck & Ruprecht, 2003; Kraus, Marita (Hg.). Sie waren dabei. Mitläuferinnen, Nutznießerinnen, Täterinnen im Nationalsozialismus. Dachauer Symposien zur Zeitgeschichte. Bd. 8. Göttingen: Wallstein, 2008.

12 Reiter, Margit. Vaterbilder und Mutterbilder. Geschlechtsspezifische Zuschreibungen von Täterschaft und Schuld in der NS-Nachfolgegeneration. In: Figge, Maja/Hanitzsch, Konstanze/Teuber, Nadine (Hg.). Scham und Schuld. Geschlechter(sub)texte der Shoah. Bielefeld: transcript, 2010, S. 61–79.

13 Schneider, Christian. Schuld als Generationenproblem. In: Mittelweg 36, 4/1998, S. 28–40.

14 Welzer, Harald. Schön unscharf. Über die Konjunktur der Familien- und Generationenromane. In: Mittelweg 36, 1/2004, S. 53–64; Hanitzsch, Konstanze. Deutsche Scham. Gender, Medien, „Täterkinder". Eine Analyse der Auseinandersetzungen von Niklas Frank, Beate Niemann und Malte Ludin. Berlin: Metropol, 2013.

auch nüchterne Rekonstruktionen der Familiengeschichte, die auf umfangreichen Recherchen beruhen und weder Anklage noch Entlastung sein wollen. Das Buch von Martin Pollack *Der Tote im Bunker* (2004) oder die akribische Recherche des Spiegel-Journalisten Cordt Schnibben *Mein Vater, ein Werwolf*[15] sind nur zwei Beispiele dafür. Der 2011 erschienene österreichische Dokumentarfilm *Liebe Geschichte* von Klub Zwei (Jo Schmeiser und Simone Bader), der einen dezidiert weiblichen Blick auf die familiären Tradierungen unternimmt, zeigt ebenfalls überaus reflektierte Auseinandersetzungen von Töchtern mit ihren Vätern und Müttern. Die zunehmende zeitliche und emotionale Distanz, so scheint es, ermöglicht eine weniger von Anklage, Schuldabwehr oder Affirmation getragene Auseinandersetzung mit der belasteten Familiengeschichte.

Parallel dazu hat sich auch die NS-Täterforschung intensiviert und damit die Vorstellungen von Täterschaft erheblich ausdifferenziert.[16] Sie zeigt, dass es „Unschuld“ in einem derart totalitären System wie dem Nationalsozialismus nicht gibt. Zunehmend rücken auch die bisher weniger beachteten Formen einer Teilhabe und Mittäterschaft am NS-System in das allgemeine Bewusstsein: Die vielen ProfiteurInnen der NS-Sozialpolitik und der „Arisierungen“, die Bürokraten und Techniker des Todes, die Weltanschauungskrieger und Experten, die der NS-Ideologie die wissenschaftliche Grundlagen geliefert haben — sie alle haben zum Funktionieren des NS-Systems maßgeblich beigetragen und ihre Überzeugungen und „Kompetenzen“ auf die eine oder andere Weise auch in das demokratische System nach 1945 eingebracht. Im Idealfall werden diese beiden gegenläufigen Entwicklungen — Privatisierung einerseits und wissenschaftliche Erkenntnisse andererseits — produktiv verschränkt.

ZUM REICHEL KOMPLEX

In diesen größeren erinnerungspolitischen Kontext ist auch das Projekt *Reichel komplex* einzuordnen, das in mehrfacher Hinsicht bemerkenswert, ja einzigartig ist: Zum einen von seiner *Anlage* her, denn es ist disziplinen-

15 Schnibben, Cordt. Mein Vater, ein Werwolf. In: Der Spiegel 16/2014. Online: http://www.spiegel.de/politik/deutschland/nazi-werwolf-spiegel-reporter-schnibben-ueber-seinen-vater-moerder-a-963465 (26.02.2015).

16 Paul, Gerhard (Hg.). Die Täter der Shoah. Fanatische Nationalsozialisten oder ganz normale Deutsche? Göttingen: Wallstein, 2002.

überschreitend und bewegt sich im weiten Feld zwischen Wissenschaft, Kunst und persönlicher Biographie. Zum zweiten von seiner *Komplexität* her, sowohl was die erforschte Familiengeschichte mit ihren vielfältigen NS-Involvierungen selbst betrifft als auch in Hinblick auf die Komplexität der Auseinandersetzung damit. Und schließlich in der *Konsequenz*, mit der sich Friedemann Derschmidt seit nunmehr 25 Jahren mit seiner Familiengeschichte beschäftigt: Er *will* wissen, er recherchiert akribisch, fast obsessiv, und stößt dabei auf eine Überfülle an Material.

Anders als in vielen anderen Familien herrscht in diesem Fall kein Mangel an Quellen, Überlieferungen und Hinweisen, die die vielfältigen Verstrickungen einzelner Familienmitglieder des Reichel-Clans eindeutig belegen und wenig Spielraum für entlastende Deutungen zulassen. Für gewöhnlich haben die Nachkommen wenig konkretes Material zur Hand, was von ihnen bereitwillig als „Beweis" für eine fehlende NS-Involvierung gedeutet wird. Oft ist es erst die berühmte „Kiste am Dachboden", entdeckt nach dem Tod der Eltern, die diese Annahme als Trugschluss erscheinen lässt und eine posthume Revision der bisherigen Familienerzählung erzwingt. Die Überfülle an Material im Reichel-Projekt zeigt den offenbar stark ausgeprägten Wunsch nach Dokumentation und Überlieferung, sprich: nach Weiterleben — ein impliziter Auftrag, der paradoxerweise durch die Nachforschungen der Nachkommen erfüllt wird. In gewisser Weise setzt

> In den letzten zwei Jahrzehnten ist eine Tendenz zur Privatisierung des Nationalsozialismus und zur „Familiarisierung des Schuldproblems" festzustellen.

sich die Maßlosigkeit, ja Monstrosität der Familiengeschichte im ebenfalls maß- und uferlosen Familien-Aufarbeitungsprojekt *Reichel komplex* fort und erfährt somit eine — wohl unbeabsichtigte — doppelte Spiegelung.

Bemerkenswert ist auch die breit angelegte Perspektive des Familienprojekts, das nicht nur die unmittelbare Kernfamilie, sondern den gesamten Reichel-Clan mit all seinen Seitenlinien in den Blick nimmt. Durch diese Ausweitung wird die lineare Tradierungslinie Großeltern-Eltern-Kind aufgeweicht und das großfamiliäre Geflecht von geteilten Überzeugungen, ideologischen Kontinuitäten und kommunikativen Netzwerken sichtbar gemacht. Auch die Aufarbeitung der Familiengeschichte ist ein generationenübergreifender, interaktiver Prozess: Es handelt sich nicht um die Recherche eines Einzelnen, der gleichsam stellvertretend für alle anderen Geschwister die Historiker- und Anklägerrolle übernimmt, vielmehr sollen so viele Familienmitglieder wie möglich in den Recherche- und Reflexionsprozess eingebunden werden. Für gewöhnlich gibt es innerhalb einer Familie/einer Generation individuelle Arten, sich der eigenen Familiengeschichte zu nähern — je nach Alter, Geschlecht, Geschwisterfolge, persönlichen Erfahrungen und politischen Einstellungen entsteht ein jeweils anderer Blick auf die Familiengeschichte. Das Reichel-Projekt versucht diese Multiperspektivität produktiv zu nutzen, geht aber durch die begleitende Recherche historischer Fakten über die familiären Tradierungen und individuellen Wahrnehmungen hinaus. Die Trennung zwischen historischen Fakten *(Lexikon)* und der Familiengeschichte *(Album)* wird bewusst aufgehoben, und durch ihre Zusammenführung entsteht — trotz aller nach wie vor bestehenden Lücken — ein gemeinsam verfasster, wenn auch niemals abgeschlossener, neuer Familienroman.

Kapitel

Methodik, Experiment und Prozess

B

Zur Methodik, über den Experimentcharakter und zum Prozess

Friedemann Derschmidt

Als ich zu Beginn von „Reichel komplex" die provokante Behauptung aufstellte, mein Urgroßvater habe sein ganz persönliches Vererbungsexperiment gestartet, indem er neun Kinder zeugte und diese anhielt, ihm nachfolgend ebenfalls viele Kinder zu zeugen, was diese auch in beeindruckender Weise mehrheitlich taten,[1] geschah dies aus einer Intuition heraus. Mein Projekt basiert im Weiteren auf einer Mindmap (Abb. 4), die ich ganz am Anfang bereits als ein Grundstruktur gebendes Gerüst dem Projekt zugrunde legte. Diese Mindmap entstand in ganz kurzer Zeit (innerhalb weniger Stunden) und war einem Brainstorming-Prozess entsprungen, in dem ich mich fragte, welche Komponenten für die Großfamilie charakterisierende Konstanten darstellten beziehungsweise diese prägten. Von Alkoholabstinenz über Ernährung zu Jugendbewegung, Turnen und Volkstanzen bis zur Esoterik und dem Alpinismus kamen mir alle möglichen Aspekte in den Sinn. In der Folge legte ich nicht nur Dossiers über die ProtagonistInnen der Familie von meiner Großelterngeneration beginnend zurück in die Vergangenheit an, sondern begann auch thematisch Material zu sammeln. Zum Beispiel wurde ein Hinweis auf eine antisemitische Äußerung einer Person nicht nur dieser persönlich zugeordnet, sondern auch automatisch in der Sammlung aller Hinweise zu Antisemitismus in der Gesamtgruppe gelistet. Bis heute folge ich diesem Prinzip in der Reihenfolge, in der ich Material finde oder dieses generiere. Die Fülle der gefundenen familieninternen Materialien ist erdrückend und ich bin selbst überrascht, wie gut sich diese anfängliche Skizze immer noch als Grundgerüst eignet. Auch wenn ich die von mir bereits vor mehr als 20 Jahren geführten Interviews transkribiere und analysiere, bin ich oft richtiggehend verblüfft, wie sehr mein diffuses Gefühl vom Anfang den historischen Tatsachen nahekommt.

Da die Menge der zu bewältigenden Informationen allerdings immer mehr anwächst, überkommt mich nicht selten ein Gefühl der Überforderung. Außerdem ist der Umstand, dass es bei den verhandelten Personen um Menschen geht, zu denen ich selbst in lebender Beziehung stand oder stehe, extrem belastend. Dies betrifft auch jene Personen, die ich selbst nicht kennenlernte, zu denen aber Menschen, die ich liebe, in Beziehung standen.

1 Wie bereits angeführt, umfasst die erweiterte Reichel-Familie 36 Enkel, über 80 Urenkel und so fort.

Ich werde später im Buch noch einige Beispiele für das bringen, was ich ironisch „Vererbungslehre" der Ideologie nenne. Vorweg möchte ich nur zur anfänglichen Behauptung in Bezug auf das Vererbungsexperiment meines Urgroßvaters Belege vorlegen. Dr. Heinrich Reichel war wie die meisten EugenikerInnen davon überzeugt, dass „durch den Schutz des Staates für die Armen, Kranken und Schwachen […] sich die ‚natürliche Auslese' nicht mehr durchsetzen [habe] können, und es sei zum Gegenteil, zu einer ‚Gegenauslese' gekommen. […] Da die erblich ‚Minderwertigen' angeblich mehr Kinder hatten als die erblich ‚Wertvollen', verschlechterte sich nach Ansicht der Rassenhygieniker das ‚deutsche Volk' bzw. die ‚arische Rasse' immer mehr. Diese ‚Gegenauslese', manchmal auch ‚Kontraselektion' genannt, sollte durch eine ‚Gegen-Gegen-Auslese' durch staatliche Eingriffe bekämpft werden. Die ‚Wertvollen' sollten zu mehr Geburten angeregt, die ‚Minderwertigen' sterilisiert werden."[2] Formulierungen dieser Art konnte ich in der Familie bis vor wenigen Jahren noch selbst hören, allerdings ohne den Aspekt der Zwangssterilisation. Heinrich Reichel war beim „Reichsbund der Kinderreichen" engagiert und propagierte offensiv die Vielkinderfamilie, während er Maßnahmen „gegen die hemmungslose Fortpflanzung Minderwertiger, zumal der Schwachsinnigen"[3] forderte.

Ich gehe natürlich nicht davon aus, dass er seinen eigenen Kindern Übles wollte. Im Gegenteil, er wäre wohl ein Schuft gewesen, wenn er das, was er für richtig hielt, seinem eigenen Nachwuchs vorenthalten hätte. So kaufte er auch einen Bauernhof am Land als den bestmöglichen Rahmen zur Aufzucht seines Nachwuchses.[4] Und es ging ihm auch um die wissenschaftliche Erkenntnis im Sinne einer Optimierung: Im Text „Familien und Erbforschung" (Abb. 5) fordert er zum einen, möglichst bald mit Ahnenforschung zu beginnen, um mehr Informationen über die menschlichen (Erb-) Eigenschaften herauszufinden. Seiner Ansicht nach würde dieses Vorhaben Jahrhunderte dauern, „ein früheres Ergebnis als diese höchst dringlich zu

2 Bock, Gisela. Zwangssterilisation im Nationalsozialismus. Studien zur Rassenpolitik und Frauenpolitik. Opladen 1986, S. 452, zit. nach Weyrather, Irmgard. Muttertag und Mutterkreuz — Der Kult um die „deutsche Mutter" im Nationalsozialismus. Fischer, 1993, S. 10.

3 Reichel, Heinrich. Gesunder Nachwuchs. In: Wien Klin Wochenschr 48(27), 1935, 887–890 (S. 887).

4 Vgl. Reichel, Heinrich. Die Männerstadt. Ein Beitrag zum Großstadt- und Familienproblem. Separatdruck aus der Wiener klinischen Wochenschrift — Organ der k. k. Gesellschaft der Aerzte in Wien; Wien und Leipzig: Wilhelm Braumüller, 1918, S. 8.

Abb. 2: Ottilie Derschmidt geb. Reichel, Hertha Wascher geb. Reichel (ca. 1936)

beginnende Ahnenforschung verspricht aber die vergleichende biologische Erforschung der Geschwister (Abb. 2 u. 3). Die Erbmasse eines Menschen, wie eines jeden Lebewesens, kann bis heute in der Hauptsache nur aus den Merkmalen seiner Nachkommen erkannt werden. Je mehr Nachkommen vorliegen, desto lösbarer die Aufgabe."[5] Auch die vergleichende biologische (biometrische) Erforschung der Geschwister betrieb er offenkundig.[6] Selbst der Verfasser des Nachrufes auf Reichel in der Welser Zeitung weiß über dieses „Forschen am eigenen (Kollektiv)Leib" Bescheid:

> „Heinrich Reichel, der bahnbrechende Hygieniker [...] hat nicht nur Wissenschaft gelehrt, er hat sie auch gelebt. [...] Sein akademischer Unterricht zeichnete sich durch vorzügliche Darstellung und größte Anschaulichkeit aus, seine Worte hatten Überzeugungskraft, da jeder Zuhörer merkte, Reichel spricht nicht nur, er hält das Gesagte auch unbedingt im eigenen Lebenskreis. [...] Eine blühende neunköpfige Kinderschar hat wohl ein Neunfaches an Sorgen, aber noch mehr Sonnenschein in sein arbeitsreiches Leben gebracht. Ein Sohn Erwin, SS-Sturmbannführer und Ritterkreuzträger, fiel kürzlich, 32-jährig an der Ostfront. Der mustergültig geführte Jägerhof in Thalheim bei Wels, auf dem

5 Reichel, Heinrich. Familien- und Erbforschung. In: Wien Klin Wochenschr 19, 1925, 1095–1097 (S. 1096).

6 Vgl. Abbildung Stammtafel bzw. Studien dazu.

> der Verstorbene selbst mit seinen Kindern im Sommer wirtschaftete und Studien betrieb[!], zeigt die bäuerliche Verbundenheit des Wissenschaftlers mit der deutschen Heimaterde."[7]

Die im Buch beschriebenen familienhistorischen Beispiele sind von mir ebenfalls intuitiv ausgewählt. Manche, weil der Stellenwert der mit ihnen verknüpften Geschichten in der Familie für mich sehr groß erscheint, andere, weil sie ein gutes Beispiel dafür sind, was gewusst werden kann, wenn man sich die Arbeit macht und aktiv nach Informationen sucht, und wie sehr das Familiennarrativ oftmals im Widerspruch zu den Fakten steht. In solchen Fällen finde ich besonders interessant, was genau dieser Widerspruch wiederum erzählt. Ich mäandere also auch zwischen historischer und psychologischer oder soziologischer Sichtweise hin und her.

Es ist sehr wichtig zu verstehen, dass ich in diesem Projekt unterschiedliche Rollen habe. Ich bin in erster Linie Künstler und damit einem subjektiven Zugang und einer assoziativen Arbeitsweise verpflichtet. Andererseits arbeite ich mit den Methoden klassischer Forschung, wobei ich präzise sein und mich an die Regeln der jeweiligen Disziplin halten muss. Letztendlich bin ich aber auch ein Kind aus dieser Familie und stehe in emotionaler Beziehung zu vielen ihrer Mitglieder. Ich hoffe, es gelingt mir, in den folgenden Beiträgen diese unterschiedlichen Positionen sichtbar zu halten.

ZUM PROZESS

In den letzten vier Jahren des Projektes „Reichel komplex" gab es sehr unterschiedliche und kontroverse Prozesse mit den adressierten Familienangehörigen. Anfangs wurde ich schwer attackiert. Nur ganz wenige haben mein Vorhaben von Beginn an unterstützt. Die meisten fühlten sich massiv persönlich angegriffen und zeigten sich verletzt und zornig. Mir ist es in dieser Phase nicht gelungen klarzumachen, dass es mir um die größere Struktur und nicht um einen persönlichen Rachefeldzug gegen meine Herkunftsfamilie geht. Von Anfang an habe ich mein Projekt als Angebot und Einladung zu gemeinsamer (Trauer-)Arbeit kommuniziert, was man

7 Puchta, Otto. Nachruf auf Heinrich Reichel. In: Welser Zeitung, 10. 4. 1943.

Abb. 3: Ottilie Derschmidt geb. Reichel, Hertha Wascher geb. Reichel (ca. 1936)

aber nicht verstanden hat oder verstehen wollte oder was man zwar verstanden hat, aber nicht annehmen wollte. Mit der Zeit stießen aber immer mehr Familienangehörige zum Projekt und dabei kamen ungeheure Geschichten zum Vorschein. Es wäre in der Folge natürlich auch interessant, den Prozess näher zu untersuchen, wie in einem derartigen Vorgang des Sichaustauschens Informationen regeneriert werden können, die den Einzelnen gar nicht (mehr) im Bewusstsein waren. Im Folgenden nur zwei kurze Beispiele:

Im August 2013 organisierte ich ein kleines Waldcamp mit meiner Tochter und FreundInnen. Erstaunlicherweise tauchte mein ältester Onkel Walther dort mit seinem Enkel auf. Ich freute mich sehr darüber. Als er dann mit mir am Feuer stand und die Kinder zum Bach gegangen waren, eröffnete er mir, dass auch er einer von den Kindern[8] war, die den Mauthausener Todesmarsch gesehen hätten. Ich hatte kurz zuvor begonnen, in der Familie danach zu fragen, um Interviews darüber zu machen.[9] Er sei damals in Kremsmünster am Auhof gewesen, gemeinsam mit anderen Kindern der DJ,[10] da sei diese „Karawane" von schlecht aussehenden Menschen an ihnen vorbeimarschiert,[11]

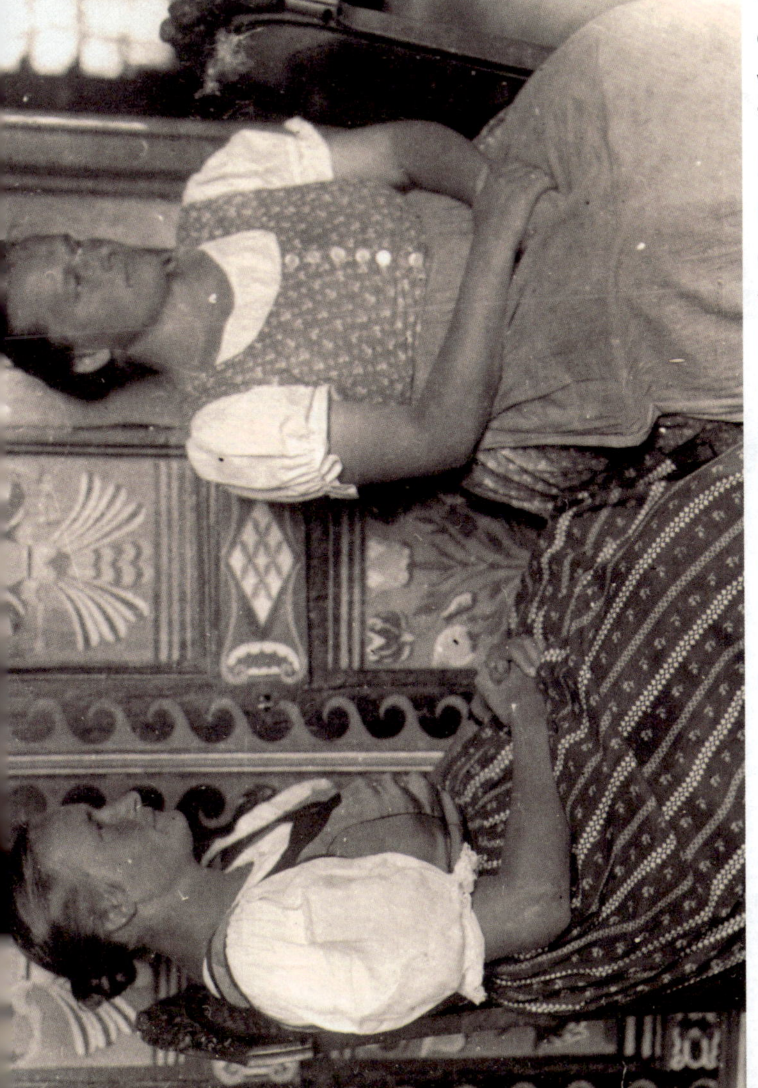

8 Er selbst war damals elf Jahre alt.

9 Ich weiß mittlerweile von fünf Personen, die damals zwischen fünf und elf Jahre alt waren.

10 Deutsches Jungvolk, Teil der Hitlerjugend für die noch nicht 14-Jährigen.

11 Ich vermute, es handelt sich um einen der Todesmärsche ungarischer Juden von Ungarn nach Mauthausen, die bei Eleonore Lappin beschrieben werden: http://www.ejournal.at/Essay/todmarsch.html.

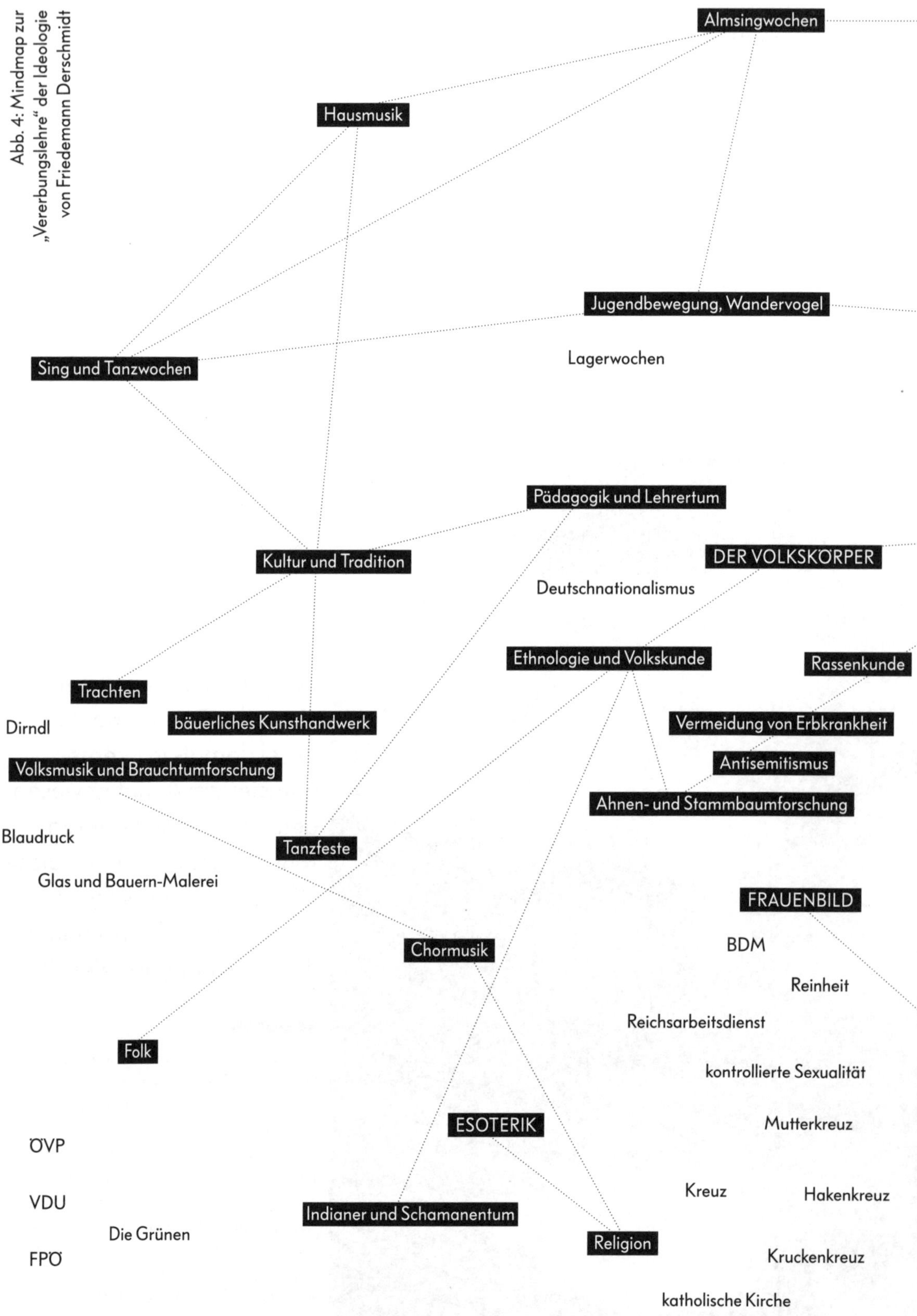

Abb. 4: Mindmap zur „Vererbungslehre“ der Ideologie von Friedemann Derschmidt

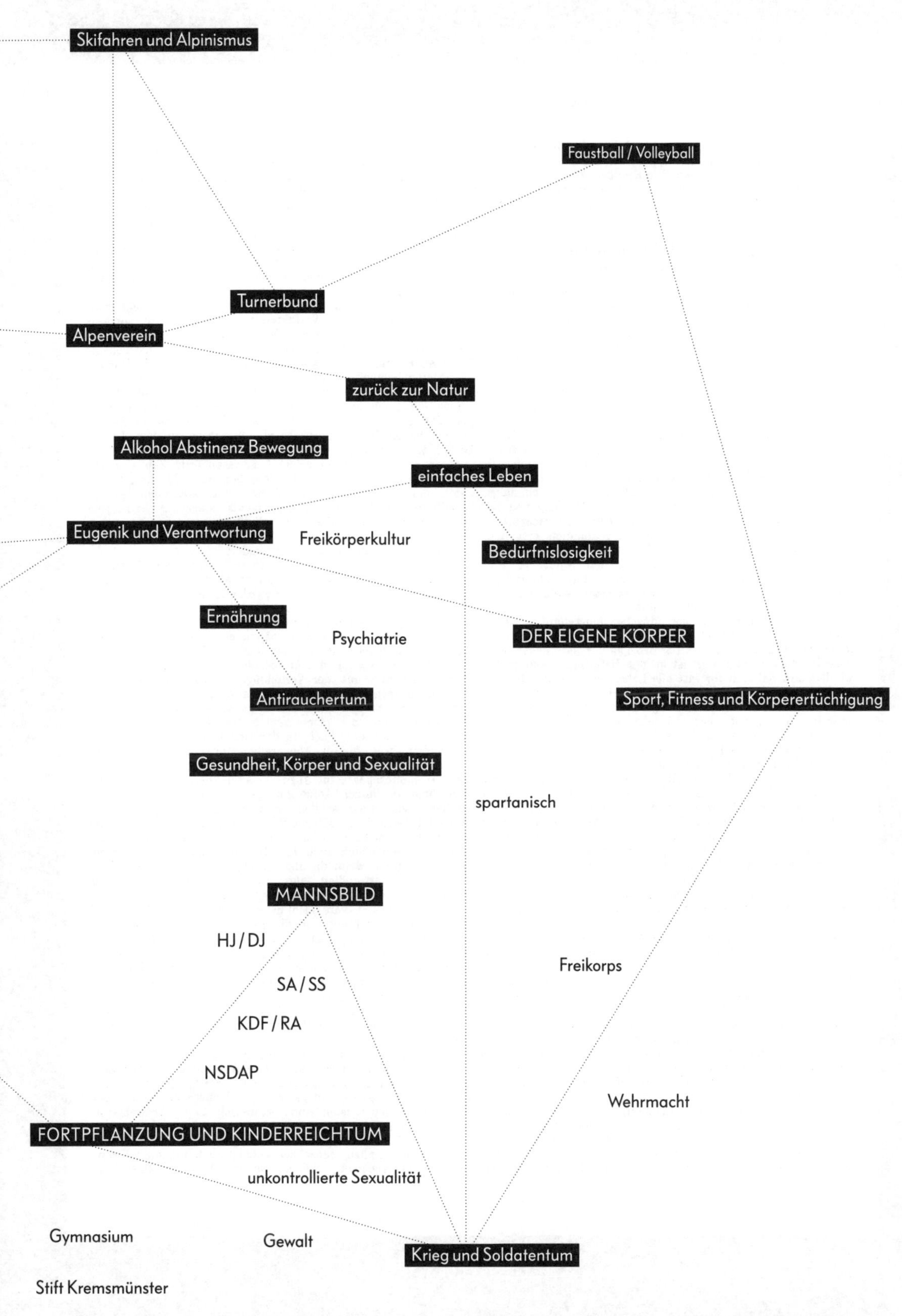

Skifahren und Alpinismus
Faustball / Volleyball
Turnerbund
Alpenverein
zurück zur Natur
Alkohol Abstinenz Bewegung
einfaches Leben
Eugenik und Verantwortung
Freikörperkultur
Bedürfnislosigkeit
Ernährung
Psychiatrie
DER EIGENE KÖRPER
Sport, Fitness und Körperertüchtigung
Antiraucherturm
Gesundheit, Körper und Sexualität
spartanisch
MANNSBILD
HJ / DJ
SA / SS
Freikorps
KDF / RA
NSDAP
Wehrmacht
FORTPFLANZUNG UND KINDERREICHTUM
unkontrollierte Sexualität
Gymnasium
Gewalt
Krieg und Soldatentum
Stift Kremsmünster

Aber die Bedeutung einer Regelung der Blutspenderfrage auf dieser Grundlage für die Gesamtheit der Krankenanstalten kann nicht übersehen werden. Die Kranken können daraus nur Nutzen ziehen. Darum sollte die Blutspenderfrage nunmehr auch in dieser Form bei uns durchdacht und überlegt werden.

Familien- und Erbforschung.

Von Professor Dr. HEINRICH REICHEL.

Die ehrfurchtsvolle Betrachtung der lebendigen Familienzusammenhänge ist so alt als die Menschheit, denn die ältesten Spuren dieser sind Zeichen von Totenverehrung, die doch letzten Endes nichts anderes als eine Verehrung des Stammes ist, aus dem das eigene Leben erwächst. Die ersten und immer die wichtigsten Rechtsordnungen sind solche der Familie, der Blutsverwandtschaft. Die Erfassung dieser Zusammenhänge war begreiflicherweise immer eine sehr unvollkommene. Nur so weit als eben die erst vom Menschen geschaffenen sozialen Ordnungen sich durchsetzen: soweit zum Beispiel die Verwandtschaft für den Erbgang der Besitztümer und der Rechte entscheidend wird, gerade so weit wird sie notdürftig erforscht und bekannt gehalten. Als eine Kunde des tatsächlich Geschehenen unter Menschen wird Familienkunde zunächst zu einer historischen, einer Kulturwissenschaft, die mit dem einmaligen Sachverhalt zu tun hat und sich mit der Erfragung und Darstellung dieses begnügt, ohne allgemeine Gesetze vorauszusetzen oder zu suchen. Erst spät, ja genau genommen erst heute unter unseren Augen, wird die für den Menschen allerwichtigste Naturbetrachtung, die seiner eigenen Natur, zu einer naturwissenschaftlichen, die aber die ältere kulturwissenschaftliche Betrachtung nicht etwa ersetzen kann oder verdrängen soll, sondern ergänzen muß.

Durch die Forschung der jüngsten Jahrzehnte ist in der Lehre von der Vererbung ein überraschend großer Erkenntnisfortschritt gemacht worden: Der Erbgang der natürlichen Merkmale bei Pflanze und Tier ist in der Hauptsache klar gestellt worden und hat sich für fast alle Lebewesen als grundsätzlich übereinstimmend ergeben. Wenn es auch die Gesetze des Zufalls sind, die sich hier als die geltenden erwiesen haben, so gestatten doch gerade diese oft sehr weitgehende Schlüsse und Voraussagen. Vor allem hat sich gezeigt, daß es ein so gut wie unveränderliches Etwas, das vererbt wird, gibt; man hat es in Hinblick darauf, daß die Masse für unsere Wissenschaft durch lange Zeit als das Mindestveränderliche, ja als das schlechthin Beharrende gegolten hat als Erbmasse bezeichnet. Sie ist aber kein Ganzes für das Einzelwesen, sondern sie baut sich wie ein Mosaikbild aus Einheiten oder Elementen auf, die voneinander unabhängig vererbt werden. Jede Zeugung gibt eine vollständige Reihe solcher Elemente und das von zwei Eltern erzeugte Lebewesen besitzt zwei solche Reihen von Anlagen oder eine Reihe von Anlagepaarlingen. Von diesen Paarlingen bestimmt aber zumeist nur der eine das Merkmal des Lebewesens, doch ist ganz dem Zufall überlassen, welcher von den beiden bei einer neuen Zeugung auf den Nachkommen übergeht und welcher dabei für immer verschwindet.

Diese Gesetzmäßigkeiten geben, richtig betrachtet, eine Fülle von neuen Einblicken auch für menschliche Vererbungsfragen, ja es erscheint eben erst jetzt nach ihrer Gewinnung möglich, die bisherige historische Genealogie auch zu einer biologisch vertieften Menschenkunde zu entwickeln. Wir verstehen nun die Ähnlichkeit der Blutsverwandten aus der weitgehenden Gleichheit der Anlageelemente, ihre Unähnlichkeit sowie das sprunghafte Auftreten von Merkmalen in Familien aus dem fast genau großen Anteil beider Eltern bei jeder einzelnen Zeugung, aus der Neuzusammenfügung der Elemente in jedem neuen Leben und aus dem Vorherrschen des einen, Verborgenbleiben des anderen Elementpaarlings. Es liegt nahe, schon daraus Regeln und Forderungen ableiten zu wollen und wirklich ergibt sich auch daraus schon das eine oder andere. Die Hauptarbeit kann aber nun erst beginnen. Jetzt gilt es vor allem, den erst bloß grundsätzlich geklärten Erbgang menschlicher Merkmale durch emsige Beschreibung und Sammlung von Tatsachen ähnlich zu erfassen, wie das für manche Tiere und Pflanzen bei etwas einfacherer Sachlage geschehen ist. Hier ist jede Beschreibung, Abbildung oder sonstige Kennzeichnung von Menschen, deren Verwandtschaftsverhältnisse bekannt sind von Wert und jeder Familienvater kann und soll unschätzbaren wertvollen Rohstoff späterer Wissenschaft aufhäufen, indem er für eine klare Festhaltung mindestens der nächsten verwandtschaftlichen Beziehungen seiner Familie und zugleich für ein gewisses Mindestmaß von Kennzeichnung der Familienmitglieder sorgt.

Wir wissen aber nun auch, daß der Einzelne nicht etwa das ganze Erbgut seiner Vorfahren in verdünnter Form, sondern daß er einen entsprechenden Teil davon ganz besitzt. Dieser Anteil ist den Eltern gegenüber immer die Hälfte und scheinbare Ausnahmen dieses Gesetzes sind durch das für die Weitervererbung belanglose Vorschlagen bestimmter Merkmale eines Elterns zu erklären. Schon bei den Großeltern wird der Anteil eines jeden nur im Durchschnitt vieler Fälle ein Viertel sein, bei den Urgroßeltern ein Achtel usw. In den oberen Ahnenreihen haben dann keineswegs alle Vorfahren an dem Aufbau des Einzelmenschen teil, sondern nur eine eng begrenzte Zahl von ihnen, eben die bei jedem Lebewesen feste Zahl der Erbelemente im Einzelwesen, bei Menschen wohl 24. Es gilt nun unter den historisch erfaßten Ahnen eines Menschen jene zu ermitteln, welche auch biologisch als solche zu betrachten sind, eine Aufgabe, die erst voll lösbar werden wird, wenn eine lange Reihe von biologisch wohlbeschriebenen Generationen vorliegen wird, also erst in Jahrhunderten.

Ein früheres Ergebnis als diese höchst dringlich zu beginnende Ahnenforschung verspricht aber die vergleichende biologische Erforschung der Geschwister. Die Erbmasse eines Menschen, wie eines jeden Lebewesens, kann bis heute in der Hauptsache nur aus den Merkmalen seiner Nachkommen erkannt werden. Je mehr Nachkommen vorliegen, desto lösbarer die Aufgabe: denn jedes einzelne Merkmal auch nur eines Kindes beweist die Anwesenheit der Anlage bei einem der Eltern und aus der Verteilung der selteneren Merkmale über nahe verwandte Geschwisterschaften kann so schon recht viel auf den Erbbau ihrer Eltern geschlossen werden. Diese Menschenreihen: die gemeinsamen Nachkommen bestimmter Vorfahren sind uns auch in der Gegenwart faßbar und beschreibbar, was für die Ahnenreihen nur sehr lückenhaft zutrifft. Wollte nur jedermann wenigstens die Nachkommen seiner zwei Großelternpaare im Auge behalten, deren Schicksal und Merkmale in kurzen Aufzeichnungen, in Bildern und Schriftproben festzuhalten suchen, so wäre schon viel getan. Das Auftreten besonderer Fähigkeiten, Neigungen, Krankheiten beim Einzelmenschen kann in seiner Bedeutung vom Erzieher, vom Arzte und schließlich auch vom Historiker nur dann recht gewürdigt werden, wenn die Betrachtung derselben Beziehungen bei den Blutsverwandten lehrt, was davon auf Anlage, was vielleicht auf den Umweltbedingungen beruht.

Der Einwand wäre nicht gerechtfertigt, daß solch liebevoll eingehende Betrachtung nur für große, außerordentliche Menschen sich gezieme, daß es an Zeit und Arbeitskraft fehle, solche Sammeltätigkeit aufzubringen. Die eigene Familienforschung ist ja für jeden Einzelnen, der durch sein Bildungsmaß dazu nur einigermaßen befähigt ist — und das sind sehr viele —, nicht harte Fronarbeit, sondern edelste Mußearbeit, Arbeit an sich selbst und — nicht erst durch die Ergebnisse, sondern eben durch den Weg der Arbeit — Quelle reinster Freuden:

„Wohl dem, der seiner Eltern gern gedenkt!"

Für jeden Einzelnen ist seine Abstammung, sein Erbgut, seine Blutsverwandtschaft wichtig genug, jeder hat alle Ursache, die eigene Anlage wie ein heiliges übernommenes Gut und als den tiefsten Grund seines Schicksals ehrfurchtsvoll zu betrachten.

Freilich droht auf der einen Seite dünkelhafte Überhebung, weil wir allzu menschlich geneigt sind, erkannte Eigenwerte zu überschätzen, auf der anderen Seite trostlose Vermit jeweils einem Bewacher alle 20 Meter. Just in dem Moment habe mein Onkel gesehen, wie sich einer der Häftlinge hinter ein Wohnhaus verdrückte. „Selbstverständlich“ habe er sofort Meldung gemacht. Bis heute denke er immer wieder darüber nach, was für ein Glück er hatte, dass der Bewacher offensichtlich kein Nazi war: „Blöder Bub, kümmere dich um deine eigenen Angelegenheiten.“

Derselbe Onkel machte sich nach unserem Videogespräch[12] auf, die Geschichte der ersten Wohnung der Familie nach 1938 in Gmunden zu ergründen. Es lasse ihm keine Ruhe, aber er vermute, es sei eine arisierte Wohnung gewesen.[13]

Eine zweite Episode datiert auf fast ein Jahr davor: In einem kurzen E-Mail erzählte mir Mathilde Furtenbach am 12. Oktober 2012 von einer schauerlichen Entdeckung ihrerseits. In Ö1[14] war kurz zuvor ein Bericht über die Gräueltaten des nationalsozialistischen Gynäkologen Karl Ehrhardt gelaufen, der eine Methode zur Abbildung von Föten im Mutterleib mittels starker Röntgenstrahlen entwickelt hatte. Den teilweise hochschwangeren Müttern würde dabei eine starke radioaktive Substanz injiziert, welche den Fötus tötete. Die Mütter starben oder trugen lebenslange Schäden davon.[15] Diese Verbrechen wurden an über 400 Zwangsarbeiterinnen verübt. Mathilde war nun eingefallen, dass die Töchter Heinrich Reichels auf dessen Aufforderung hin danach trachteten, ihre Kinder in eben dieser gynäkologischen Abteilung zur Welt zu bringen, seit Reichel dort seine ordentliche Professur (1936) hatte. Mein Vater und viele seiner Cousins und Cousinen wurden bis 1945 in Graz in denselben Räumlichkeiten geboren, in denen diese schrecklichen Verbrechen begangen wurden. Natürlich steht auch das wiederum in Bezug zur Eugenik: Die, die leben sollen, und die, die es nicht dürfen.

12 Videogespräch mit Walter Derschmidt, 30.09.2012, in Fallsbach bei Gunskirchen.

13 Ein Ergebnis steht noch aus.

14 Radiosender des Österreichischen Rundfunks.

15 Scheiblechner, Petra: „... politisch ist er einwandfrei ...“. Kurzbiographien der an der Medizinischen Fakultät der Universität Graz in der Zeit von 1938 bis 1945 tätigen WissenschafterInnen (= Publikationen aus dem Archiv der Universität Graz, Bd. 39). Graz, 2002.

Abb. 5: Faksimile „Wiener Medizinische Wochenschrift“ Nr. 19 (1925)

Kapitel

Innen- und

Außensicht

und das Dazwischen

C

Das Projekt „Reichel komplex“

Ein innovatives und selbstreflexives Modell zur Aufarbeitung von NS-Vergangenheit

Wolfgang Freidl

„In den späteren 1960er und den frühen 1970er-Jahren bin ich in einer bekannten oberösterreichischen Großfamilie in dem Bewusstsein erzogen worden, etwas ‚Besonderes' zu sein. Worin diese Besonderheit bestehen sollte, war unklar. Über die Jahre und nicht ohne die Hilfe einiger kritischer Mitglieder der Familie habe ich herausgefunden, dass in der Großfamilie ein sehr komplexes Gespinst aus Mythen, Legenden und Lügen über die Vergangenheit und die Generationen der Großeltern und Urgroßeltern gewoben worden war. Ich erkannte, dass auch Menschen, die mir emotional sehr nahe standen, aktiv an dieser Selbstverherrlichung der Großfamilie Teil hatten und teilweise daran bis heute festhalten. Innerhalb dieses Kokons aus Geschichten wurde mir schrittweise immer klarer, dass nicht wenige Familienmitglieder aktive und begeisterte Nazis [...] viele in der NSDAP, einige sogar hohe Offiziere bei SS und SA, gewesen waren und manche durchaus einflussreiche Positionen in allen Sparten der Gesellschaft während des Dritten Reiches innehatten", schreibt Friedemann Derschmidt auf der Website zum gemeinsam mit Shimon Lev entwickelten und verwirklichten Projekt „Two Family Archives".[1]

Er begann, Interviews mit Verwandten zu führen und eine enorme Menge an Material zu sammeln. In seiner Großfamilie spielte der Urgroßvater eine zentrale Rolle. Dieser war Arzt und Universitätsprofessor und ein Vorkämpfer der Rassenhygiene in Österreich — Heinrich Reichel. Derschmidt etablierte mit seinem Cousin eine Internetplattform und forderte seine Familienmitglieder auf, sich daran zu beteiligen. Der Text der Startseite war provokant formuliert und verfehlte daher nicht seine Wirkung. Er lautete sinngemäß so: „Hat der Eugeniker Dr. Heinrich Reichel zu Beginn des 20. Jahrhunderts sein ganz persönliches Vererbungsexperiment gestartet? Schließlich hat er neun Kinder, 36 Enkelkinder und über 80 Urenkel. Sind wir das Ergebnis eines genetischen Versuches? Lasst uns dieses Experiment evaluieren ...".[2]

Später wurden zusätzlich zu den Familienangehörigen HistorikerInnen, SoziologInnen, PsychologInnen und andere ExpertInnen einbezogen. Gleichzeitig wurde die Projektdatenbank durch eine Vielzahl von Dokumenten aus Archiven, theoretischen Texten und anderen Materialien

1 http://www.twofamilyarchives.com/de/reichel-komplex-friedemann-derschmidt/ (abgerufen am 1. 6. 2015).

2 http://memscreen.info/de/2014/10/13/two-family-archives----shimon-lev-friedemann-derschmidt/ (abgerufen am 1. 6. 2015).

angereichert. Derschmidt versucht, die Weitergabe von Weltanschauungen, Ideologie und politischen Haltungen über Generationen in dieser bürgerlichen Großfamilie zu thematisieren und zu analysieren.

„Für das Projekt ist es von großer Wichtigkeit, zu verstehen, dass die Nazis nicht wie eine Horde Wahnsinniger aus dem Nichts kamen und wieder verschwunden sind. Sie waren auch keine von außen kommenden ‚Anderen', sondern kamen aus der Mitte der Gesellschaft: Die eigenen Väter und Mütter, Großeltern, Tanten und Onkel waren ‚die Nazis'. Wenn man einen Schritt zurück tut und mit diesem größeren Blickwinkel auch das 19. Jahrhundert mitbetrachtet, kann man am konkreten Beispiel dieser bürgerlichen Großfamilie gut aufzeigen, wie sich die vielen oft sehr unseligen Wechselwirkungen zwischen Nationalismus, Jugendbewegung, Erneuerungs- und Reinheitsphantasien und nicht zuletzt moderner Wissenschaft ergeben haben müssen. Diese spezifische Familie ist diesbezüglich alles andere als einzigartig. Das Projekt ‚Reichel komplex' kann vielmehr als Modell für viele österreichische, deutsche und andere europäische Familien dienen", führt Derschmidt auf der familieninternen Internetplattform aus.[3]

Er dokumentiert, sammelt Briefe, medizinische Unterlagen und offizielle Akten und führt Interviews mit Familienmitgliedern — die Ergebnisse werden in einen künstlerischen Kontext gestellt, wie beispielsweise in der Ausstellung „Sag Du es Deinem Kinde". Dieser innovative Ansatz ist in einem Forschungsprojekt an der Akademie der Bildenden Künste „Programm zur Erforschung und Erschließung der Künste" angesiedelt. Es handelt sich dabei um die noch relativ unbekannten Begriffe der „kunstbasierten Forschung" bzw. „forschungsbasierten Kunst". Damit sollen Kunst und Wissenschaft dialogisierend und einander befruchtend eine spezielle Qualität von Wissen generieren.[4]

Der berühmte österreichische Rassenhygieniker und Derschmidts Urgroßvater Heinrich Reichel steht im Zentrum des Projektes. Von ihm aus werden die komplexen Verflechtungen aufgespannt.

3 http://memscreen.info/de/2014/10/13/two-family-archives---shimon-lev-friedemann-derschmidt/ (abgerufen am 1. 6. 2015).

4 http://memscreen.info/de/2015/03/22/tell-it-to-your-child-nationalsozialism-in-the-own-family/ (abgerufen am 1. 6. 2015); http://steiermark.orf.at/radio/stories/2698353/ (abgerufen am 1. 6. 2015); http://wien.orf.at/radio/stories/2576580/ (abgerufen am 1. 6. 2015).

WHW
KINDER-
SPIELZEUG
4. REICHS-
STRASSEN-
SAMMLUNG
19.–20. DEZ.
1942

Die Rassenhygiene verstand sich als ein Konzept der ‚rassischen Ausmerze'. Sie war ein Programm der Aussonderung, Sterilisierung und führte schlussendlich zur Ermordung der Träger ‚minderwertiger Erblinien'. Dies wurde durch die Rassen- und Erbgesundheitsgesetzgebung eingeleitet und schließlich durch die systematische Vernichtung von ‚Geisteskranken', ‚Juden' und ‚Zigeunern' umgesetzt.[5] Bei Fritz Lenz, einem der Hauptvertreter dieser pseudowissenschaftlichen Konstruktion, kann man lesen: „Die moderne Umwelt enthält gewisse Bestandteile, an die die ererbten Instinkte der Rasse nicht angepaßt sind. Das führt dazu, daß gerade hochgeartete Menschen in der Fortpflanzung beeinträchtigt werden und daß die Fortpflanzung der europäischen Kulturvölker hauptsächlich weniger hochgearteten Menschen zufällt [...]."[6] Und an späterer Stelle: „Erst mit der nationalsozialistischen Revolution sind weite Kreise darauf aufmerksam geworden, daß die wichtigste Aufgabe der Staatsführung die Sorge für die Gesundung und Erhaltung der Rasse ist [...], und in der Lebensordnung des nationalsozialistischen Staates sind bereits mancherlei rassenhygienische Gesichtspunkte berücksichtigt."[7] Zahlreiche Vertreter der deutschen Rassenhygiene waren nicht bloß Mitdenker und Wegbereiter, sondern auch Mittäter des NS-Regimes.[8]

An der Universität in der ‚Stadt der Volkserhebung' Graz agierten ‚wissenschaftliche' Vordenker der Rassenhygiene und Mittäter. Die sogenannten ‚Sachverständigen' der Reichsstelle für Sippenforschung zur Erstellung erbbiologischer Abstammungsgutachten waren für die Klärung der Rassenzugehörigkeit in Zweifelsfällen zuständig und autorisiert. Für die Reichsstelle für Sippenforschung waren auch zwei Grazer Professoren aktiv, nämlich Rudolf Polland und Heinrich Reichel. Sie waren unter den Grazer Medizinern die bedeutendsten Propagandisten des akademischen Rassismus und publizierten demgemäß schon ab den 1920er-Jahren umfassend auf diesem Gebiet.[9] Heinrich Reichel wurde 1933 als Ordinarius

5 Mindler, Ursula/Sauer, Werner. Akademischer Rassismus in Graz. In: Freidl, Wolfgang/Sauer, Werner (Hg.). NS-Wissenschaft als Vernichtungsintrument. Rassenhygiene, Zwangssterilisation, Menschenversuche und NS-Euthanasie in der Steiermark (S. 113–128). Wien: Facultas, 2004. Klee, Ernst. Sichten und Vernichten. In: Freidl, Wolfgang/Kernbauer, Alois/Noack, Richard H./Sauer, Werner (Hg.). Medizin und Nationalsozialismus in der Steiermark (S. 10—26). Innsbruck: Studien-Verlag, 2001.

6 Lenz, Fritz. Gedanken zur Rassenhygiene (Eugenik). In: Archiv für Rassen- und Gesellschaftsbiologie 37, 1943, S. 87f.

7 Ebd., S. 109.

8 Mindler/Sauer. Akademischer Rassismus in Graz.

9 Ebd.

für Hygiene nach Graz berufen. Er war ebenfalls schon lange in der rassenhygienischen Bewegung aktiv gewesen und seit vielen Jahren ein aktiver und engagierter Fürsprecher der Rassenhygiene in Österreich, wie man zu seinem 60. Geburtstag beteuerte.[10] Alfred Ploetz, der Begründer der deutschen Rassenhygiene, würdigte Reichel anlässlich dieses Geburtstages mit der bemerkenswerten Aussage: „Für die rassenhygienischen Bestrebungen war Reichel ein unermüdlicher Vorkämpfer, und so kann man doch sagen, daß die eigentliche österreichische Rassenhygiene in der Hauptsache das Werk Reichels ist."[11] Reichel war 1925 Gründungsmitglied der „Wiener Gesellschaft für Rassenhygiene", und als im März 1927 die Landesstelle Wien des „Arbeitsbundes für österreichische Familienkunde" begründet wurde, schien sein Name auf der ersten publizierten Mitgliederliste auf. Er hielt bereits in den 1920er-Jahren an der Wiener Universität Lehrveranstaltungen zum Thema Rassenhygiene. An der Grazer Universität lehrte er das Thema ab dem Jahr 1935, aber nicht mehr während der NS-Zeit. Er veröffentlichte umfangreich in medizinischen Fachjournalen.[12]

Der Grazer Rassenhygieniker Reichel hielt im Frühjahr 1933 vor Mittelschülern einen Vortrag und betonte hierbei, dass „die Bewahrung des lebendigen Erbgutes" eine der wichtigsten Aufgaben der heranwachsenden Jugend sei. „Dieser Stamm, aus dem wir gewachsen sind und aus dem auch unsere Nachkommen wieder wachsen sollen, das Keimgut unserer Ahnen vom Anfang allen Lebens und Seins her, ist mit Recht zum Gegenstand ehrfürchtiger Achtung gemacht und als eine heilige Flamme betrachtet worden, die einer dem anderen weiterreicht und die nimmer erlöschen darf. Das wirkliche Dasein dieses durch die aufeinanderfolgenden Geschlechter fast unabänderlich hindurchgehenden Erbgutes hat uns die neue Vererbungslehre mit der Wiederentdeckung der Mendel'schen Gesetze und ihrer Bestätigung durch die Keimzellenlehre endgültig erwiesen."[13] Und weiter: „Aber nicht das eigene Wohlergehen, auch nicht die Wohlfahrt des Einzelmenschen überhaupt kann das letzte Ziel gemeinsamer Bestrebungen bilden, sondern nur die Reinheit und Kraft des alle Einzelwesen durchflutenden

10 Mindler/Sauer. Akademischer Rassismus in Graz.

11 Ploetz, Alfred. Lebensbild von Dr. Heinrich Reichel. In: Archiv für Rassen- und Gesellschaftsbiologie 30, 1936, S. 523.

12 Mindler/Sauer. Akademischer Rassismus in Graz.

13 Reichel, Heinrich. Meine lieben jungen Freunde! Ein Vortrag für Mittelschulabgänger über Rassenhygiene (Eugenik). In: Wiener Klinische Wochenschrift 18, 1936, S. 554.

und tragenden Lebensstromes, den wir heute wissenschaftlich als *Rasse* … bezeichnen."[14] „Das zu schützende Gut", so formuliert er, „ist nicht die Wohlfahrt des Einzelwesens, sondern die einer größeren Lebenseinheit."[15]

Reichel wertet das „Erbgut" als den bedeutendsten lebensbestimmenden Einflussfaktor und scheint sogar eine ehrerbietende Grundeinstellung diesem gegenüber einzufordern. Einflüsse durch die soziale Umgebung bzw. durch das Milieu haben dabei praktisch keinen Stellenwert. Die Wohlfahrt gilt nach rassenhygienischer Lehre als gesichert, wenn das Kollektiv zahlreich ist und sich gegen seine soziale Umwelt durchsetzt. Reproduktion und Nachkommenschaft stehen im Zentrum der rassenhygienischen Anstrengungen. Die politisch-gesellschaftliche Gestaltungskraft richtet sich auf die nach rassenhygienischen Vorstellungen gesunde und zahlreiche Nachkommenschaft — also auf die Zukunft. Die Bedeutung der Gegenwart wird in den Hintergrund gedrängt. „Das Hauptgewicht muß also immer bei den positiven Maßregeln der Förderung liegen, wenn auch auf die negativen des Abwehrkampfes nicht verzichtet werden darf. Dies gilt ebensowohl von der allgemeinen Hebung der Fruchtbarkeit, als von der eugenischen Sorge um das kommende Geschlecht, als auch endlich von der pfleglichen Aufzucht des Kindes, also in jedem Sinne unseres Losungswortes: ‚Gesunder Nachwuchs!'."[16]

Unter der Patronanz dieser Theorien wurden in Folge Zwangssterilisationen, Zwangsabtreibungen und später — unter dem beschönigenden Terminus „Euthanasie" — Mordhandlungen durchgeführt, um die Fortpflanzung von ‚Kranken' zu unterbinden.[17] Reichel beschäftigte sich in seinen Veröffentlichungen mit der demographischen Rückläufigkeit in Österreich. Eine abnehmende Bevölkerung war für die internationale Rassenhygiene im Allgemeinen ein zentrales Thema. Ein geringes, fehlendes oder gar rückläufiges Bevölkerungswachstum wurde mit einem ‚kranken Volkskörper' kausal in Verbindung gebracht.[18]

---

14 Reichel, Heinrich. Meine lieben jungen Freunde! Ein Vortrag für Mittelschulabgänger über Rassenhygiene (Eugenik). In: Wiener Klinische Wochenschrift 18, 1936, S. 554.

15 Ebd.

16 Reichel, Heinrich. Gesunder Nachwuchs. In: Wiener Klinische Wochenschrift 48, 1935, S. 890. Hödl, Klaus. Die Konturen der „Grazer Rassenhygiene". In: Freidl, Wolfgang/Sauer, Werner (Hg.). NS-Wissenschaft als Vernichtungsinstrument. (S. 139–176). Wien: Facultas, 2004.

17 Mindler/Sauer. „Akademischer Rassismus in Graz". In: Freidl/Sauer. NS-Wissenschaft als Vernichtungsinstrument. Klee. Sichten und Vernichten. Hödl. Die Konturen der „Grazer Rassenhygiene".

18 Hödl. Die Konturen der „Grazer Rassenhygiene".

Mit der Person Reichel kann nachvollzogen werden, wie das rassenhygienische Programm, auch wenn es ursprünglich nicht mit politischen Ideologien verbunden war, in den Sog des Nationalsozialismus geriet, durch den diese Theorien zur politischen Verwirklichung und Umsetzung gelangten. Reichel nimmt 1931 zu einer sozialen Demokratie nicht ablehnend Stellung,[19] spricht aber schon bald nach der ‚Machtergreifung' in Deutschland wohlwollend vom „Ereignis der deutschen Revolution, die in ihr [der Rassenhygiene] *eine*, wenn nicht *die* geistige Grundlage besitzt". „Diese Forderungen können kurz durch die folgenden Schlagworte gekennzeichnet werden: 1. Nichtmischung, 2. Bewahrung vor Keimschäden, 3. Ausmerzung, 4. Anreicherung und 5. Bevölkerungspolitik."[20] Die Reichel'schen Maßnahmen von Eheverboten, Asylierung und Sterilisierung — von ihm bereits Jahre vor der ‚Machtergreifung' der Nationalsozialisten gefordert, um „die vorhandene Last krankhafter Anlagen […] zu vermindern"[21] — wurde mit den Nationalsozialisten in Deutschland zur Realität. Nach Reichel müssten „Methoden der Asylierung […] mit allem Nachdruck ausgebaut" werden, da es nur möglich sei, „die große Mehrzahl" der Fortpflanzungsunwürdigen — „Trinker, Vagabunden, rückfällige Rechtsbrecher" — zu erfassen, indem diese „in entsprechende Arbeitsstätten zusammengefaßt werden".[22]

Nach dem ‚Anschluss' hat sich Reichel als Reichssippenamts-Gutachter zur Verfügung gestellt. Reichel stirbt 1943, die Nazi-Wissenschaft würdigt posthum seine großen Verdienste im Bereich der Rassenhygiene.[23]

Sucht man im Internet nach „reichel komplex", so findet man zwei Schreibweisen, „Reichel komplex" und „Reichel Komplex". Dies könnte man als zwei wichtige Stränge des Projektes interpretieren. Die erste Schreibweise impliziert die Vielschichtigkeit und Verwobenheit der NS-Vergangenheit in einem sozialen Gebilde wie der Großfamilie, im Sinne der Definition des Wortes komplex als verflochten, zusammenhängend,

19 Mindler/Sauer. Akademischer Rassismus in Graz. Reichel, Heinrich. Alfred Ploetz und die rassenhygienische Bewegung der Gegenwart. In: Wiener Klinische Wochenschrift 44, 1931, S. 285.

20 Reichel, Heinrich. Welches sind heute die dringlichsten Forderungen der Rassenhygiene? In: Wiener Klinische Wochenschrift 47, 1934, S. 705.

21 Reichel, Heinrich. Grundlagen der Vererbungswissenschaft. Wien, 1930, S. 65.

22 Ebd., S. 708.

23 Mindler/Sauer. Akademischer Rassismus in Graz. Scheiblechner, Petra: „… politisch ist er einwandfrei …". Kurzbiographien der an der Medizinischen Fakultät der Universität Graz in der Zeit von 1938 bis 1945 tätigen WissenschafterInnen (= Publikationen aus dem Archiv der Universität Graz, Bd. 39). Graz, 2002, S. 211–212.

umfassend. Dabei geht es um die analytische Durchdringung einer vielschichtigen Struktur. Bei der zweiten Schreibweise kommt der damit einhergehende psychologische Aspekt ins Spiel. „Ein Komplex bezeichnet in der Psychologie eine Ansammlung von Gefühlen, Bildern, Gedanken und Vorstellungen, die häufig unbewusst (oft verdrängt, teilweise durch Störungen in der frühkindlichen Entwicklung verursacht) auf Handlungen, Denken, Träume, [...] Einfluss haben und durch eine emotionale Färbung miteinander verbunden sind. Komplexe können sich positiv oder negativ entwickeln je nachdem, ob es dem Ich gelingt, eine bewusste Beziehung herzustellen."[24]

Umgangsweisen mit dem Thema NS-Vergangenheit sind — wie die letzten 70 Jahre unserer Geschichte gezeigt haben — ein ambiguer Bereich menschlicher Interaktion. Ein Prozess, der bis heute nicht abgeschlossen ist. Dies soll an einem Beispiel aus der Wissenschaftskultur verdeutlicht werden.

Ein Artikel mit dem Titel „Medizinstudium und NS-Medizin — Wahrnehmung des Themas Medizin und Nationalsozialismus bei österreichischen Medizinstudierenden" wurde bei einer wissenschaftlichen Zeitschrift eingereicht. Ziel der Studie war es zu erfragen, ob die Studierenden während ihrer medizinischen Ausbildung mit Themen der nationalsozialistischen Medizinverbrechen konfrontiert wurden und ob sie diese Konfrontation als wichtig erachten. Ein weiterer Schwerpunkt der Befragung wurde auf bereits vorhandenes Wissen zum Thema gelegt. Mittels Multiple-Choice-Fragebogen wurden 341 Studierende der medizinischen Universitäten in Wien, Graz und Innsbruck zum Thema NS-Medizin im Studium befragt. Die Auswertung der Daten erfolgte deskriptiv-statistisch, wobei Häufigkeiten berechnet und Universitäts-, Sozialstatus- und Geschlechtervergleiche durchgeführt wurden. Der Fragebogen der österreichischen Studie wurde inhaltlich in Anlehnung an den Fragebogen einer deutschen Studie[25] erstellt, die an der Charité in Berlin durchgeführt wurde. Wie man dem elektronischen Einreichsystem der Zeitschrift entnehmen kann, vergingen vier Monate, bis der korrespondierende Autor die Entscheidung des Herausgebers per E-Mail erhielt. Mehr als zwei Monate lang war die

24 http://de.wikipedia.org/wiki/Komplex_(Psychologie) (abgerufen am 1. 6. 2015).

25 Langkafel, P./Drewes T./Müller, S. Medizinstudium: Mitscherlich und Mielke — wer sind die? In: Deutsches Ärzteblatt 99(13), 2002, A834–835.

Arbeit „under review" — also zur Begutachtung bei FachkollegInnen, die eine Expertise auf dem relevanten Gebiet besitzen.

<u>Der Herausgeber schrieb:</u>
[wörtlich] Thank you for giving us the opportunity to consider your work. However, this type of work is not in the focus of ... (original papers, reviews, case reports in all fields of clinical research, and editorials on selected original articles and important current scientific developments. Experimental investigations can be considered only if directly relevant to clinical medicine). Although the results of this work are already available in the Web (Diplomarbeit ...) other ... journals might be interested that accept relevant articles with historical reference.

Interessant ist diese Vorgehensweise deshalb, weil erstens die Arbeit vier Monate bei der Zeitschrift war — weit länger als üblich —, zweitens die Arbeit zwei Monate unter Begutachtung war, aber keine Gutachten vorgelegt wurden, und weil man drittens vier Monate benötigte, um zum Schluss zu kommen, die Arbeit entspreche nicht dem Fokus der Zeitschrift. Ob die Arbeit tatsächlich begutachtet wurde, bleibt unklar.

<u>Der korrespondierende Autor antwortete dem Herausgeber</u>:
[wörtlich] Ihre Antwort nehme ich mit Erstaunen und Befremden zur Kenntnis. Dies deshalb, weil direkt unter Ihrem Namen auf der Homepage der ... Folgendes zu lesen ist: „... ist eine internationale, zweisprachige (englisch, deutsch), medizinisch-wissenschaftliche Zeitschrift, die das gesamte Spektrum der klinischen Medizin und medizinisch-gesellschaftliche Bereiche, wie Ethik in der Medizin, Sozialmedizin, Geschichte der Medizin, abdeckt."
Darüber hinaus muss ich mir die Frage stellen, wieso wurde diese Arbeit in den Reviewprozess geschickt und über zwei Monate begutachtet. Die Gutachten werden nicht einmal erwähnt. Insgesamt hat diese Prozedur vier Monate gedauert, um zu erkennen, dass dieses wichtige und sensible Thema nicht dem Fokus der Zeitschrift entspricht.

Innerhalb einer Stunde nach Abschicken dieses E-Mails meldete sich der Herausgeber telefonisch beim korrespondierenden Autor und erklärte die Verzögerungen einerseits mit einem Wechsel des Herausgebers und andererseits mit einer Übereinkunft in der Redaktion, dass ab nun nur mehr englischsprachige Artikel angenommen werden. Man kommt überein, dass eine nochmalige Einreichung in Englisch erfolgen soll. Das Ablehnungsschreiben verliert auf Grund der Einwendungen des Autors somit seine Gültigkeit. Man könnte meinen, es war nur ein Versuch, sich nicht weiter mit dieser Arbeit auseinandersetzen zu müssen. Die neuerliche Einreichung geschieht bald danach. Etwas mehr als zwei Monate später übermittelt der Herausgeber die Gutachten:

> [wörtlich] Reviewer #1: the authors refer to the limitations of the study nevertheless it is an important and a possible starting Point for further studies on the issue
>
> [wörtlich[26]] Reviewer #2: Die Daten der Arbeit sind sicherlich interessant und könnten bei einer wesentlichen Überarbeitung des Textes und adäquater Diskussion auch publiziert werden. In seiner bisherigen Form hat der Text allerdings fundamentale Schwächen, weshalb er von jemanden, der sich grundlegend mit der NS-Medizin auseinandergesetzt hat, überarbeitet werden müsste. Leider vermischen die Autoren die (sicherlich zusammenhängenden) Fragen
>
> 1. wie Österreich als gesamtes Land mit der Vergangenheit umgegangen ist,
> 2. wie die medizinischen Universitäten sich diesem Thema gewidmet haben
> 3. mit der Frage ob
> 4. und warum heutige Medizinstudenten dieses Thema nicht ausreichend kennen.
>
> Hier sollten ja doch nicht nur Stereotype bedient werden, das ist völlig unwissenschaftlich. So ist der erste Satz des Abstracts

26 Es befinden sich Rechtschreib- und Grammatikfehler im zitierten Text. Diese wurden nicht wie von den meisten wissenschaftlichen Zitierregeln vorgegeben jeweils mit dem Zusatz [sic] versehen.

(„Austrian medical universities have not covered this topic.“) ganz einfach falsch. An der MedUni … wurden seit 19… mehrere zum Teil sehr große Veranstaltungen zu diesem Thema abgehalten, sämtliche Entlassene und Vertriebene namentlich ermittelt und geehrt. Gerade vor zwei Wochen hat eine große internationale Veranstaltung zu diesem Thema abgehalten worden.

Die MedUni … ist wohl die einzige medizinische Universität, die einen eigenen Lehrstuhl für „Geschichte der Medizin mit Schwerpunkt Medizingeschichte im Dritten Reich“ gegründet hat. Hier finden regelmäßige Vorlesungsserien zu diesen Themenkomplex statt.

Diese Zeitschrift, also …, hat sich diesem Thema gezielt und systematisch gewidmet (alle Vertrieben auch namentlich angeführt), Zeitzeugen ausfindig gemacht, Themenhefte publiziert und immer wieder Beiträge veröffentlicht.

In der Arbeit die eher den Eindruck einer Diplomarbeit macht, werden auch keine entsprechenden Zitate erwähnt, das ist völlig oberflächlich und insuffizient. Wenn man was nicht kennt, heist das nicht dass es dies nicht gibt.

Die Autoren behaupten ja, dass … die einzige MedUni ist, wo das Thema ausführlicher behandelt wird. Sollen das Anti-…er Ressentiments geschürt werden. Sachlich ist das ja völlig verdreht. Für die Meduni… war dieses Thema ein Schwerpunkt gerade auch unter Rektor … für viele Jahre.

Damit stimmt auch der erste Satz der Results im Englischen nicht: „low level of knowledge at the three universities“ zumindest sicher nicht für … und kann sich nur auf Studenten beziehen. Die Einleitung widmet sich hauptsächlich des Skandals Gross. Das betrifft den Umgang mit Vergangenheit insgesamt und nicht der Universitäten und hat eigentlich nur indirekt mit der Studie zu tun, das gehört also in die Diskussion aber nicht in die Einleitung.

Die Diskussion selbst ist ein Vorschlag was zu tun wäre, dass sollte wohl narrativer gestaltet werden — ist in dieser oberlehrerhaften Form für eine wissenschaftliche Arbeit sehr ungewöhnlich.

Die Frage, warum Medizinstudenten nicht ausreichend informiert sind, ist wieder ein anderes Problem. Das ist ja auch eine

> Frage der Institutionen und des Curriculums. Das ist bei allen Österr. MedUnis gleich: es gibt keinen Lehrstuhl für Ethik in der Medizin an den Medunis (in … nur einen fachübergreifenden and die Uni selbst). Daher wird dieses Thema, wie auch ethische Problem insgesamt bislang zu wenig in den Curricula abgebildet.
>
> Der Text müsste also von Jemanden gründlich überarbeitet werden, der sich mit der Situation wirklich auseinandergesetzt hat. Wie gesagt, Stereotype werden der Situation nicht gerecht und verfälschen Schlussfolgerungen. Auch sollen die vielen nicht desavouiert werden, wie eben Rektor …, für die das Thema ganz wichtig war und ist.

Die Arbeit wurde nun nach erneuter Einreichung mit Unterstützung des Herausgebers zwischenzeitlich zur Publikation angenommen. Aus dem englischen Gutachten wird offensichtlich nur ein Satz zitiert, der sich auf die Limitierungen einer solchen Datenerhebung bezieht und insgesamt ein positives Statement abgibt.

Das zweite — österreichische — Gutachten äußert massive Kritik. Das Gutachten ist impulsiv und im Sprachgebrauch unverhältnismäßig unsachlich für ein sogenanntes wissenschaftliches Peer-Review. Im Besonderen bemerkenswert ist jedoch der Umstand, dass sich der gesamte Artikel — wie schon im Titel explizit hervorgehoben — mit der Wahrnehmung des Themas im Medizinstudium von Studierenden auseinandersetzt. Es werden ausschließlich Wahrnehmungen und Einschätzungen von Studierenden berichtet. Das gesamte Gutachten bezieht sich hingegen auf die vollzogene oder nicht vollzogene Aufarbeitung der NS-Vergangenheit der medizinischen Universitäten. Diese ist jedoch nicht Gegenstand des Artikels. In der Einleitung wird der Fall Gross — natürlich universitätsunabhängig — als Vignette verwendet, um zu veranschaulichen, wieso Studierende ein Wissen über dieses Thema im Kontext aktueller medizinethischer Diskurse haben sollten. Das Gutachten wurde anonymisiert übermittelt. Psychologisch interessant ist die relativ eindeutig wahrzunehmende und sich selbst demaskierende Emotion des Gutachters/der Gutachterin. Man spürt die Kränkung in den Zeilen dieses Textes mitschwingen. Dies ist wohl darauf zurückzuführen, dass die Anerkennung für eine vollbrachte Leistung verweigert wird — wenn auch irrtümlicherweise angenommen. Wie gesagt, der

Grad der Aufarbeitung der NS-Vergangenheit der Universitäten war nicht das Thema der Arbeit. Der Autor/die Autorin des Gutachtens vermittelt, die bestens erfüllte Pflicht zur Aufarbeitung der NS-Vergangenheit müsse gewürdigt werden. Persönliche Kränkung und Betroffenheit werden spürbar. Man kann nicht umhin, in diesem Kontext seltsam anmutende Facetten wahrzunehmen — der verletzte Stolz wird zuungunsten des inhaltlichen Anliegens in den Vordergrund gerückt. Solche psychosozialen Abwehrkonstellationen können durch ihre Zirkularität schwierig aufzulösen sein.

Gerade zur Klärung persönlicher emotionaler Impulse und zur Kontextualisierung der eigenen Person ist das Projekt „Reichel komplex" von herausragender Bedeutung. Es fokussiert einerseits die vielschichtige Verwobenheit der NS-Vergangenheit in sozialen Gebilden und anderseits die psychologischen Haltungen der involvierten Personen. Es wird ein multidimensionaler Raum des Diskurses und der Reflexion erzeugt. Teilnehmende Personen können ihre eigenen Gedanken, Reaktionen und Emotionen im Vergleich und in Kontroverse mit anderen Beteiligten reflektieren. Es wird ihnen die Möglichkeit geboten, eine positive, gelungene und adäquate Auseinandersetzung mit dem Thema zu führen sowie Abwehrhaltungen, Verdrängung, Beschönigungen, aggressive Impulse etc. abzubauen. Dieses innovative Konzept ist nicht auf die Aufarbeitung der NS-Vergangenheit von Familiensystemen begrenzt, es stellt ein bemerkenswert gelungenes Modellprojekt dar und kann in andere soziale Gebilde und Einrichtungen unserer Gesellschaft wie Vereine, öffentliche Institutionen, Unternehmen, Bildungsinstitutionen, Zeitschriften-Redaktionen, Einrichtungen des Gesundheitswesens usw. transferiert werden.

C

Arzt sein als Urenkel des Rassenhygienikers Heinrich Reichel

Dietmar Weixler

> „Da auch nur eine der beiden vorhandenen elterlichen Anlagen die Eigenschaft des Kindes zu bestimmen pflegt, beide jedoch mit gleicher Wahrscheinlichkeit in der Zeugung weiter gegeben werden, so vererbt mancher Eigenschaften, die er nicht hat, und manche scheinbar verloren gegangene Merkmale treten oft in späteren Geschlechtern wieder auf."[1]

Plötzlich war er da, Heinrich Reichel (1876–1943), der Urgroßvater. 1986 trat er hervor aus einer kleinformatigen Studentenzeitschrift als Schwarzweißbild. Seine markante Nase, die auch seine Tochter hatte, meine Großmutter, und mein Vater. Und ich. Die Nase. Der Inhalt der Studentenzeitschrift bezog sich auf Mediziner der Universität Wien, die in der NS-Zeit wirksam waren. Aus meiner heutigen Erinnerung war das Bild des Urgroßvaters untertitelt mit dem Text: „Prof. Heinrich Reichel, der sich im Bereich der Rassenhygiene hervortat." Rassenhygiene? Warum wusste ich das nicht?

Als ich diese Erfahrung 2010 im Blog *Reichelkomplex* mitteilte, wurde ich von einem Großonkel darauf hingewiesen, dass ich das Behauptete mit Quellen belegen solle. Ordentlich zitieren! Bald kam im Blog und in den Familiengesprächen rund um das Thema ein Bannspruch auf: Niemand habe das Recht, die Vergangenheit zu beurteilen. Niemand sei dazu beauftragt, Aussagen über die Familie zu tun. Friedemann Derschmidt sei kein Historiker, daher habe er zu schweigen. Ich sei kein Jurist, daher habe ich nicht zu urteilen und zu bewerten. Das Thema Familiengeschichte im Dritten Reich war mit einem Tabu belegt. Das erklärt auch, weswegen ich nichts vom Rassenhygieniker Heinrich Reichel wusste, sondern nur vom „Großpapa" (sehr weich gesprochene p, lang gedehnte a), der den „Katechismus der Gesundheit"[2] (Abb. 6) ausgegeben hatte, eine dogmatische Kurzform zu den Kernthemen gesunden Lebens. Wobei Reichel den Wert der Gesundheit der Gemeinschaft (er sagte *Familie, Sippe, Volk, Rasse*) über den Wert der Gesundheit des Einzelnen stellte.

Da ich wie alle anderen AutorInnen hier auch — aus familiärer Sicht — a priori ungeeignet bin, über die Familiengeschicke zu berichten, halte ich an dieser Stelle fest, dass dieser Text autobiographisch ist, d. h.,

1 Reichel, Heinrich. Katechismus der Gesundheit. Universität Wien, Hygieneinstitut. Herausgegeben vom Amerikanischen Roten Kreuz, o. J., S. 29.

2 Reichel. Katechismus der Gesundheit.

ich schreibe ausschließlich über mich und meine Wahrnehmungen, was auch aus Sicht der konservativsten SprecherInnen aus der Familie „richtig" sein muss: Ich beziehe mich auf Heinrich Reichel, den Urgroßvater. Dieser Text ist eine Selbstreflexion.

Margarethe und Alexander Mitscherlich beschreiben in „Die Unfähigkeit zu trauern", dass nur „einer kleinen Gruppe von ‚Vergangenheitsforschern' quasi als Spezialisten der Auftrag erteilt wird, Spuren zu verfolgen, aber — und das ist ein neuer Abwehrmechanismus — man überlässt es diesen Historikern, Staatsanwälten oder Richtern, sich stellvertretend mit der Schuld der Vergangenheit zu beschäftigen. Sie bleiben sich dabei selbst überlassen, die Ergebnisse ihrer Forschung werden in einer psychisch wirksamen Isolierung gehalten."[3] Die AutorInnen stellen fest, dass „eine Gesellschaft, die in den zentralen politischen und gesellschaftlichen Aufgaben von Tabus bestimmt wird, rückständig bleiben muss."[4] Der umfassende Nutzen des familiären Tabus liegt demnach in der Bewahrung eines familiengeschichtlichen Konstrukts, das unbefleckt bleibt von Themen wie Schuld oder Scham. Das Nest — und sei es noch so beschmutzt — soll bleiben, wie es ist, und jene, die die isolierten, verleugneten oder verdrängten Themen einer schwer belasteten Vergangenheit anrühren, sollen isoliert bleiben, marginalisiert werden, ausgeschlossen werden. Sie sind es, die als „Nestbeschmutzer" gedeutet werden, wenn sie auf jene Tatsachen hinweisen, die tabuisiert werden. Die Funktion des Tabus ist das Stiften von Ordnung, es erzeugt und erhält Gemeinschaften.[5] Für die Entstehung eines Tabus ist Ambivalenz und/oder ein Konflikt Voraussetzung.[6] Mitscherlich und Mitscherlich kommen zur Erkenntnis: „Je schwächer unser Ich, desto unwidersprochener muss es die Realität akzeptieren, wie sie ihm in kollektiver Meinung und durch die eigene innere Entwicklung bestimmt, angeboten wird."[7] Aus dieser Erkenntnis heraus gedacht erscheint es mir naheliegend, dass es jene aus der Familie mit der verletzlichsten Konstitution sind, denen so sehr daran gelegen ist, dass die Tatsachen verborgen bleiben, um eine gewisse Stabilität zu wahren: Das sind in erster Linie jene, die in der NS-Zeit

3 Mitscherlich, Margarethe/Mitscherlich, Alexander. Die Unfähigkeit zu trauern. Grundlagen kollektiven Verhaltens. 21. Aufl., München, Zürich: PIPER, 2009, S. 129.

4 Ebd.

5 Deppenheuer, Otto (Hg.). Recht und Tabu. Wiesbaden: Westdeutscher Verlag, 2003, S. 32.

6 Ebd., S. 36.

7 Mitscherlich/Mitscherlich. Die Unfähigkeit zu trauern, S. 55.

Kinder waren, sie waren angewiesen auf maximale Sicherheit und Verlässlichkeit ihres sozialen Raumes, auch wenn ihre Bezugspersonen TäterInnen waren. Und das sind in den Jahrzehnten danach wieder Kinder und psychisch verletzliche Persönlichkeiten, die ein hohes Maß an Fürsorge, Schutz und Rücksicht benötigen.

1986, als ich die Postwurfsendung erhielt, die meinen Urgroßvater in den Raum der TäterInnen des Nationalsozialismus stellte, befand ich mich in einer Umbruchphase meines Lebens. Ich hatte das Medizinstudium unterbrochen, um mich auf die Suche nach mir selbst zu machen, was vornehmlich durch Lektüre der Werke Sigmund Freuds geschehen sollte. Aus heutiger Sicht ist es stimmig, dass ich die Tatsache, dass mein Urgroßvater „Rassenhygieniker" gewesen sein soll, nach kurzfristiger Kenntnisnahme wieder in den Hinterzimmern des Bewusstseins deponierte.

Die PsychoanalytikerInnen Margarethe und Alexander Mitscherlich vertreten jedoch die Auffassung, dass psychisch abgewehrte, verleugnete Inhalte keineswegs unwirksam sind. Das Gegenteil ist der Fall: Die Abwehrpositionen erfordern einen fortwährenden Energieaufwand, um belastende Themen wie Schuld und Scham in den hinteren Winkeln des Bewusstseins zu halten.[8] Die beiden AutorInnen postulieren, dass mit dem Ende der Naziherrschaft in Deutschland (und Österreich) für die Familien der „Kriegsverlierer" Verluste hinzunehmen waren, die von Gefühlen von Ohnmacht und Wertlosigkeit begleitet waren. Das sei durch die narzisstisch-libidinösen Besetzungen der vormaligen Ideale (der Führer, die Größenidee der Rasse etc.) bedingt. Als Reaktionsmuster dieser kränkenden Verluste habe man die Nazivergangenheit entwirklicht (derealisiert) und sich in der Folge der Möglichkeit beraubt, Trauer, Scham und Schuld zu empfinden.[9] Mit der Tabuisierung der belasteten Familienhistorie lag der Ballast gleichsam über Generationen „auf Halde", wo er noch immer liegt und weiter liegen wird, um der Selbstverarmung und Selbstentwertung zu entgehen. Die Inhalte der Ideologie sind jedoch ungebrochen wirksam, da es Werte und Einstellungen sind, die Entscheidungsverhalten maßgeblich treiben, wie Jungermann, Pfister und Fischer nachweisen.[10] Die mündlich tradierte

---

8 Ebd., S. 42.

9 Ebd., S. 34 f.

10 „Die fundamentalen Ziele (von Entscheidungen) sind die Werte, Bedürfnisse, Einstellungen oder Ideale des Entscheiders." (Jungermann, Helmut/Pfister, Hans-Rüdiger/Fischer, Katrin. Die Psychologie der Entscheidung.

Familienhistorie ist weitgehend befreit von allen belastenden Inhalten, daher ist sie in jedem Fall als wünschenswertes Konstrukt zu qualifizieren, die Geschichtsrezeption in Familien ist „chaotisch“[11] und von Bedürfnissen überlagert. Werte und Ideale sind jedoch stabil und über die Generationen hinweg wirksam, wie auch heftige kollektive Affektzustände, wie sie der Nationalsozialismus erwecken konnte. Sie „[…] wirken lange nach und zwar auf alle, die durch Sprache, Erziehung und affektive Bindungen von solchem Geschehen betroffen wurden“[12]. So nimmt es mich nicht wunder, wenn ich die im Reichel'schen „Katechismus der Gesundheit“[13] in Sprache gefassten Werte und Ideale von frühester Kindheit bis in die Gegenwart als von Nachkommen des Heinrich Reichel vertreten und kolportiert wahrnehme.

> „Bewahre dein ererbtes Keimgut!“[14] „Achte auf den Stamm, aus dem Du gewachsen bist und aus dem Deine Kinder wachsen sollen, das Keimgut der Ahnen vom Beginn der Schöpfung her als heiliges Vermächtnis, als geliehenes Gut, das nicht gemindert, noch befleckt werden darf.“[15]

So bin ich also das Gefäß des „Großen“ und Träger eines Auftrags von transzendenter Wirkung, was mich Erhabenheit spüren lässt — und gleichzeitig Demut, da das „heilige Vermächtnis“ ein „geliehenes Gut“

Eine Einführung. 2. Aufl., München: Elsevier, 2005, S. 106).

11 Mitscherlich/Mitscherlich. Die Unfähigkeit zu trauern, S. II (Vorwort zur 21. Auflage).

12 Ebd., S. 57.

13 Reichel. Katechismus der Gesundheit.

14 Ebd., S. 28.

15 Ebd.

VIEHZÜCHTER
SCHNITTERIN
SAEMANN
OBSTBÄUERIN
SENSENSCHMIED
TÖPFER
KUMPEL

1. MAI 1938
Ewig bleibt der Toten Tatenruhm 25. Juli 1934–1938
W.H.W. 1938/39 GAU WIEN
WHW 1938/39 GAU WIEN
W.H.W. 1938/39 GAU WIEN
1. MAI 1938
Ewig bleibt der Toten Tatenruhm 25. Juli 1934–1938
WHW 1938/39 GAU WIEN

ist. Erhabene Demut, demütige Erhabenheit. Ich erinnere mich an mehrere Familienfeste, die man sich als Inszenierungen der Selbstaffirmation vorstellen kann. Auf einem solchen Fest trat ein Verwandter auf mich zu — ich war vielleicht ein Kind von zehn bis zwölf Jahren — und sagte mir, dass ich 84 Cousins und Cousinen hätte und ich der älteste aus dieser Generation sei. Es machte auch ordentlich Eindruck, wenn zu einer Hochzeit 300 Personen erschienen, vom Säugling bis zum Greis, sogar aus verschiedenen Kontinenten kamen sie gereist. Es war etwas Besonderes, Teil einer so großen Familie zu sein. Wie kam es, dass meine Großmutter acht Brüder und Schwestern sowie sieben Kinder hatte? Und dass der verwandten Familie X. so viele Kinder angehörten, sodass erzählt wurde, das Haus sei wegen der vielen Kinder nun zu klein geworden und die zwei ältesten Söhne müssten nun in einem Gartenhause wohnen? Wie aus heutiger Sicht nicht anders denkbar, wurden meine Frau und ich kurz nach unserer Hochzeit angesprochen, wann man denn mit Nachwuchs rechnen dürfe. Der Fortbestand und die Ausbreitung der Gene war ein Wert, den Reichel auch in seinen Publikationen der Wiener Klinischen Wochenschrift propagierte — als wesentlichste Forderung der Rassenhygiene.[16] Reichel fordert darin u. a., „im Eigenheim eine richtige Kinderschar aufzuziehen“[17], und argumentiert angesichts einer Stagnation in der Bevölkerungsentwicklung Anfang der 1930er-Jahre: „Hier droht nicht Entartung, hier droht Untergang“[18]; in einer anderen Schrift lässt er sich sogar zum Begriff des „Rassenselbstmordes“[19] hinreißen. Zur „Rettung der nordisch-weißen Völker“ fordert er „allerdringlichst“ die Umsetzung sozialpolitischer Maßnahmen: „Die Schlagworte Arbeitsdienstpflicht und Ansiedelung müssen genügen, um die Hauptrichtung anzuzeigen, die uns da noch offenzustehen scheint“.[20] Reichel sah also staatliche Sanktionen gegen die sogenannte frei gewählte Kinderlosigkeit als „allerdringlichst“ (siehe oben) geboten an, so forderte er auch eine „Junggesellensteuer“[21]. Schließlich ging es um die „Rettung

16 Reichel, Heinrich. Was sind heute die dringlichsten Forderungen der Rassenhygiene? In: Wien Klin Wochenschr 23, 1934, S. 705–708 und 740–743.

17 Ebd., S. 742.

18 Ebd.

19 Reichel, Heinrich. Die Methoden der Fruchtbarkeitsbeschränkung vom ärztlichen, ethischen und bevölkerungspolitischen Standpunkt. In: Wien Klin Wochenschr 35, 1935, 1081–1088 (S. 1082).

20 Reichel, Heinrich. Gesunder Nachwuchs. Wien Klin Wochenschr 27, 1935, S. 887–890 (S. 889).

21 Reichel. Gesunder Nachwuchs, S. 889.

der nordisch-weißen Völker" (siehe oben) und das sind nicht irgendwelche Völker, wie man später deutlich feststellen sollte.

> „Beschütze als Mann, bewahre als Weib die Aufzucht deiner Kinder. Zahlreiche gesunde Kinder eines Elternpaares erleben meist eine glückliche Jugend und nehmen oft eine günstigere körperliche und geistige Entwicklung als einzelne Kinder."[22]

Reichel appelliert in seinem „Katechismus der Gesundheit" an den Altruismus der Lebensspendenden im Hinblick auf den sozialen Mikrokosmos, der wertvolle Genpool der Rasse steht ihm über dem Wohlergehen des Einzelnen.[23] Damit nicht genug, verlangt er die „Ausmerzung der Fortpflanzungsunwürdigen", die in seinen Schriften deutlich kategorisiert werden, um „die Verhütung größeren mittelbaren Nachteils für das rassenhafte Dauerdasein des Volkes"[24] zu bewerkstelligen. Die „Ausmerze" ist ein typischer Begriff aus dem Vokabular des Nationalsozialismus und bedeutet die „Eliminierung unerwünschter Erbanlagen durch Eheverbot und Sterilisierung"[25]. Die Nationalsozialisten verwenden den Begriff der Ausmerze vollständig bedeutungsgleich wie die Rassenhygieniker, in Deutschland wird am 14. 7. 1933 das Gesetz „Zur Verhütung erbkranken Nachwuchses" verabschiedet[26], Reichels Text[27] wurde am 8. 6. 1934 publiziert. „Trinker, Vagabunden, rückfällige Rechtsbrecher" wollte Heinrich Reichel von der Reproduktion im Sinne der „Volksaufartung"[28] ausgeschlossen wissen, er sprach sich vehement gegen die „hemmungslose Fortpflanzung Minderwertiger, zumal der Schwachsinnigen"[29] aus.

Aussagen wie diesem Originalzitat Reichels liegt eine Kategorisierung von Wert und Unwert zugrunde. Kategorisierung ist stets ein Mittel der Machtausübung und niemals medizinisch-wissenschaftlich begründbar. Das Weltbild (bzw. die „Weltanschauung", wie die Nazis sagten), also der philoso-

22 Reichel. Katechismus der Gesundheit, S. 29.
23 Reichel. Katechismus der Gesundheit.
24 Reichel. Was sind heute die dringlichsten Forderungen der Rassenhygiene?, S. 741.
25 Schmitz-Berning, Cornelia. Vokabular des Nationalsozialismus. Berlin-New York: Walter de Gruyter, 2000, S. 79.
26 Schmitz-Berning. Vokabular des Nationalsozialismus.
27 Reichel. Was sind heute die dringlichsten Forderungen der Rassenhygiene?
28 Ebd., S. 743.
29 Reichel. Gesunder Nachwuchs, S. 887.

phisch-kulturell-ideologische Hintergrund, wird herangezogen, um in Kategorien wie Wert oder Unwert aufzuteilen. Es der Medizin zu überlassen, ob etwas „wert" oder „unwert" sei, hieße, der Medizin eine Vormachtstellung im Diskurs einzuräumen, den sie aus ihrer Methodik heraus nie begründen kann.

Außer den genannten Gruppen möchte Heinrich Reichel Menschen mit „schweren erbbedingten Mängeln der höheren Sinnesorgane, mindestens die Blindheit und die Taubheit [...]"[30], „Epilepsie, Impotenz, Morphinismus und ähnlichen Süchten, Lepra, Karzinom und schweren Graden von Lungentuberkulose"[31] von der Fortpflanzung ausgeschlossen wissen, was aus heutiger Sicht des Mediziners nur als Absurdität bezeichnet werden kann. (Ob es Reichel anders wissen hätte können, entzieht sich meiner Beurteilungsfähigkeit.) Als Maßnahmen zur Erreichung dieses Zieles sieht er vor: 1. Zwangssterilisierung, 2. Zwangsasylierung und Zwangsarbeit, 3. Einflussnahme auf die Gattenwahl (in erster Linie durch gesetzlich vorgeschriebene ärztliche Eheberatung)[32]. Heinrich Reichel spricht sich strikt gegen medizinisches Töten aus: „Da muß vor allem festgehalten werden, dass Menschentötung niemals ein Weg der Eugenik sein kann."[33] Er begründet diese Aussage mit der „Heiligkeit des Lebens" und der medizinischen Aufgabe, „dem Leben zu dienen",[34] und verweist damit auf die kantische Idee der Unverfügbarkeit menschlichen Lebens bzw. auf die Schutzpflichten des Arztes (medizinethisches Prinzip des Lebensschutzes). Mit denselben Argumenten spricht er sich grundsätzlich gegen die Beendigung einer Schwangerschaft aus eugenischen Gründen aus.[35] Explizit formuliert Reichel gegen die „Beseitigung sogenannten lebensunwerten Lebens" und führt als weiteres Argument das Missbrauchspotenzial an, verweist auf die untaugliche utilitaristische Begründung (Kostenersparnis) sowie die entwertende Wirkung solcher Verfahren auf die Fürsorgeleistungen von Angehörigen oder der Pflegeberufe.[36]

30 Reichel. Die Methoden der Fruchtbarkeitsbeschränkung vom ärztlichen, ethischen und bevölkerungspolitischen Standpunkt, S. 1083.

31 Reichel. Zur Frage des gesundheitlichen Ehekonsenses. In: Wien Klin Wochenschr 12, 1922, 274–276.

32 Ebd., S. 274.

33 Reichel. Die Methoden der Fruchtbarkeitsbeschränkung vom ärztlichen, ethischen und bevölkerungspolitischen Standpunkt, S. 1083.

34 Ebd.

35 Reichel. Die Methoden der Fruchtbarkeitsbeschränkung vom ärztlichen, ethischen und bevölkerungspolitischen Standpunkt.

36 Reichel. Was sind heute die dringlichsten Forderungen der Rassenhygiene?, S. 1085.

C

WAR HEINRICH REICHEL EIN NAZI UND/ODER EIN ANTISEMIT?

Kein Historiker und kein Familienmitglied würde dem widersprechen, dass Heinrich Reichel deutschnational eingestellt war. Der Historiker Thomas Mayer kam im Zuge seiner Forschungen zur Aussage, dass „Reichels Rolle in der NS-Zeit ambivalent war“[37]. Mayer sagt aus, dass Reichel niemals Mitglied der NSDAP war und auch nie ein Beitrittsansuchen gestellt hatte. Er habe als Großdeutscher eine gewisse Sympathie für einen Anschluss an Deutschland gehabt, aber nicht unter dem Nationalsozialismus.[38] Die Machtergreifung der Nationalsozialisten hätte Einfluss auf Reichels eugenische Konzepte gehabt — so weit Mayer.

Man kann davon ausgehen, dass Reichel im Bewusstsein handelte, dass seine Publikationen in wissenschaftlichen Zeitschriften sehr beständig sein werden und dass er in dieser öffentlichen Form seine Aussagen dahingehend wohl abgewogen formulierte. Es kann nur spekuliert werden, dass seine Aussagen von inoffiziellem Charakter in die Familie hinein oder gegenüber Freunden und Kollegen schärfer oder radikaler waren, aber dennoch in diese Kreise hinein wirksam. Aber das ist Spekulation, die man vorwerfen kann. Daher beziehe ich mich auf seine wörtlich überlieferten Texte, die selbsterklärend sind:

> „Die rassenhygienische Gesellschaft vereinigte zunächst nur wenige Mitglieder (31), von denen aber die große Mehrzahl von hoher und besonderer Bedeutung für das Geistesleben damals schon waren oder später noch wurden. Die Gesellschaft war nicht als Trägerin, höchstens als Vorläuferin einer Massenbewegung gedacht, deren gedeihliche Möglichkeiten Ploetz seit jeher problematisch erschienen ist.“[39]

37 Mayer, Thomas. „... daß die eigentliche österreichische Rassenhygiene in der Hauptsache ein Werk Reichels ist“. In: Gabriel, Heinz-Eberhard/Neugebauer, Wolfgang (Hg). Vorreiter der Vernichtung? Eugenik, Rassenhygiene und Euthanasie in der österreichischen Diskussion vor 1938 (S. 65–98) (= Zur Geschichte der NS-Euthanasie in Wien, Teil 3). Wien-Köln-Weimar: Böhlau, 2005, S. 93.

38 Wie Mayers Publikation zu entnehmen ist, wurden als Quelle dieser Aussagen Gespräche mit Brigitta Reichel, Tochter von Heinrich Reichel, herangezogen.

39 Reichel, Heinrich. Alfred Ploetz und die rassenhygienische Bewegung der Gegenwart. In: Wien Klin Wochenschr 9, 1931, 284–287.

Bedeutsam erscheint mir Reichels Hinweis auf das Wesen der rassenhygienischen Bewegung als Vorläuferin einer Massenbewegung. Im selben Artikel aus dem Jahr 1931 schreibt er als letzten Satz, auf die Kongresspräsidentschaft von Alfred Ploetz und Davenport verweisend:

> „Auch diese letztere, durch Davenport persönlich angeregte Wahl, war als Ehrung und Anerkennung des deutschen Führers gedacht, dessen Persönlichkeit, obwohl Ploetz als ein abgesagter Feind aller Kompromisse bekannt ist und die Schwierigkeiten internationaler Beratungen immer groß sind, so recht das Einigende dieser Tagung war.“[40]

Die unverhohlene Bewunderung für Adolf Hitler teilt Heinrich Reichel in der bis heute existierenden traditionellen Wiener Klinischen Wochenschrift mit. Schlusssätze sind häufig in die Zukunft verweisend. Ebenfalls im Schlusssatz in einem Artikel von 1934 bezieht sich Reichel auf die in Deutschland bereits entwickelte Rassenhygiene:

> „Das Organisatorische an dieser wichtigen, wichtigsten Frage ist heute im Deutschen Reich schon in reger Entfaltung begriffen, die aufmerksam zu beobachten eine große, heute noch dazu sehr erschwerte Aufgabe vorstellt. Wir müssen versuchen, den Nachteil, welcher in unserem Zurückstehen hinter der rasch fließenden Entwicklung im größeren Teile Deutschlands offenbar liegt, in einen Vorteil zu verkehren, der uns hier im kleineren Teil immerhin aus der besser gesicherten Besinnungsmöglichkeit und aus der Benützung der Erfahrungen der voranschreitenden Brüder erwächst.“[41]

Da der Nationalsozialismus nichts anderes als angewandte Rassenhygiene ist, kann dieser Schlussabsatz nur als die hoffnungsvolle Sehnsucht Reichels gelesen werden, dass sich auch im damaligen Österreich eine Anbindung an „die voranschreitenden Brüder“ ergeben wird — und das vier Jahre vor dem tatsächlichen Anschluss. Bereits 1935 beschreibt Heinrich Reichel die Veränderungen im militärischen Bereich:

40 Reichel. Alfred Ploetz und die rassenhygienische Bewegung der Gegenwart, S. 287.
41 Reichel. Was sind heute die dringlichsten Forderungen der Rassenhygiene?, S. 743.

> „Bei der bevorstehenden Erweiterung unserer Heeresorganisation erscheint es vielleicht zeitgemäß darauf hinzuweisen, dass die in der alten Armee bestehende Erschwerung der Eheschließung der Offiziere sich bevölkerungspolitisch immer recht ungünstig ausgewirkt hat.“[42]

Reichel sieht also die militärischen Entwicklungen kommen. Die Forderungen der Rassenhygiene sieht Reichel nur in den Maßregeln der Legislative einer Rassenpolitik umgesetzt, welche „nur durch die Einsicht starker führender Staatsmänner gewonnen werden können.“[43]

Juden bezeichnet Reichel als „rassisch ferner stehende Zweige“[44], und er fährt im selben Artikel fort, dass „das Fortschreiten der Vermischung nicht zu fördern, vielleicht noch besser zu hemmen sein“ wird. Im Weiteren sagt er aus, dass „die Träger eines auf solche Art gemischten Erbgutes, welche häufig außerordentliche Begabungen aufweisen, von einer angemessenen Betätigung im Rahmen des Volkes, dem sie sich zugehörig fühlen, auszuschließen“[45] sind.

Heinrich Reichel gehörte der Wiener Gesellschaft für Rassenpflege an, die 1924 gegründet wurde. „Dieser Verein schloss in seinen Satzungen Juden und Jüdinnen aus und stand frühzeitig mit der NS in Kontakt.“[46]

HEINRICH REICHELS SCHRIFTEN ZUR RASSENHYGIENE: WISSENSCHAFT ODER IDEOLOGISCHER MÜLL?

Heinrich Reichels Publikationen zur Rassenhygiene erfolgten zu einem großen Teil in wissenschaftlichen Periodika.[47] Wie er selbst konstatiert, handelt es sich um die „überlegte Meinungsäußerung eines Mannes, der sich mit den

42 Reichel. Gesunder Nachwuchs, S. 889.

43 Reichel, Heinrich. Die Stellung der Rassenhygiene zur Hygiene und Medizin. In: Wien Klin Wochenschr 1, 1935, 2–5.

44 Reichel. Was sind heute die dringlichsten Forderungen der Rassenhygiene?, S. 706.

45 Ebd.

46 Mayer, Thomas. Eugenische Initiativen und Netzwerke in Österreich 1918–1945. In: VIRUS: Beiträge zur Sozialgeschichte der Medizin 5. Wien: Verlagshaus der Ärzte, 2005.

47 Hier zitiert aus: Was sind heute die dringlichsten Forderungen der Rassenhygiene? In: Wien Klin Wochenschr 23, 1934, 705–708 und 740–743; Gesunder Nachwuchs. In: Wien Klin Wochenschr 27, 1935, 887–890; Die Methoden der Fruchtbarkeitsbeschränkung vom ärztlichen, ethischen und bevölkerungspolitischen Standpunkt. In: Wien Klin Wochenschr 35, 1935, 1081–1088; Zur Frage des gesundheitlichen Ehekonsenses. In: Wien Klin Wochenschr 12, 1922, 274–276; Alfred Ploetz und die rassenhygienische Bewegung der Gegenwart. In: Wien Klin Wochenschr 9, 1931, 284–287; Die Stellung der Rassenhygiene zur Hygiene und Medizin. In: Wien Klin Wochenschr 1, 1935, 2–5.

einschlägigen Fragen nicht erst wie heute so viele, seit kurzem, sondern schon seit mehreren Jahrzehnten beschäftigt."[48] „Die geistige Grundlage" für die Rassenhygiene — so Reichel im Originalwortlaut — „liegt im Ereignis der deutschen Revolution, die in ihr *eine*, wenn nicht *die* geistige Grundlage besitzt."[49] Reichel verweist auf die „Überfülle von Tatsachen", die den rassenhygienischen Konzepten zugrunde liegen, letztlich bezieht er sich jedoch — wissenschaftlich gesprochen — lediglich auf eine Erkenntnis, die Wissenschaftlichkeit beanspruchen kann, nämlich die Mendel'schen Gesetze. Die Entdeckung der Mendel'schen Gesetze ist wohl als erstaunliches wissenschaftliches Faktum anzuerkennen, ihre Anwendung auf sämtliche Praktiken und Ideen der Eugenik ist jedoch eine dürftige Argumentationsgrundlage. Reichel beschreibt in seinen Schriften sozialpolitische Umstände, Tugenden, Vorstellungen von gutem Leben und artikuliert ethisches Argumentieren. Rassenhygiene erachtet er — in der Würdigung des Alfred Ploetz — als „Wissenschaft und Bewegung", als „Vorläuferin einer Massenbewegung"[50].

Tatsächlich ist Rassenhygiene bzw. Eugenik aus heutiger Sicht als irriges bzw. falsches, weil unhaltbares Konzept zu beurteilen, eine Sackgasse irrigen Denkens, wie z. B. Erbbiologie oder Physiognomik — allerdings mit fatalen Konsequenzen für Millionen von Menschen zwischen 1938 und 1945, sei es in der Aktion T-4 („Vernichtung lebensunwerten Lebens" — „Euthanasie" im Sinne des nationalsozialistischen Wortverständnisses) und im nachfolgenden industrialisierten Töten von Millionen Menschen in den Konzentrationslagern Nazideutschlands (inkl. Österreichs). Die Idee der Rassenhygiene ist das geistige Fundament der Vernichtungsstrategien der Nazis, die Rassenhygiene lieferte die „wissenschaftliche" Begründung für das organisierte Töten.

Der Nationalsozialismus ist angewandte Rassenhygiene.[51]

Das Gewicht der ideologischen Argumentationslinie zur Rassenhygiene zeigt sich in Adolf Hitlers „Mein Kampf", der das Kapitel 11 mit „Volk und Rasse" übertitelt.[52]

---

48 Reichel. Was sind heute die dringlichsten Forderungen der Rassenhygiene?, S. 706.

49 Ebd.

50 Reichel. Alfred Ploetz und die rassenhygienische Bewegung der Gegenwart, S. 286.

51 Darré, R. W. Wir und die Leibesübungen, Odal 3, 1934/35, H.10. In: Ders. Um Blut und Boden, 1941, S. 114; zitiert in Schmitz-Berning, Cornelia. Vokabular des Nationalsozialismus, S. 513.

52 Hitler, Adolf. Mein Kampf. Kapitel 11: Volk und Rasse. 348. Auflage, Zentralverlag der NSDAP, 1938, S. 311–362.

> Die Deklarationen der UNESCO 1948 und 1970 beinhalten die Aussage, dass es lediglich EINE Menschenrasse gibt, und verweisen auf die Folgen unhaltbarer ideologisch motivierter Strategien, die eine Legitimation zur Tötung von Menschen begründen wollen, wo es keine geben kann und darf.
>
> Aus anthropologischer Sicht existieren keine wissenschaftlichen Belege, dass mehr als EINE Menschenrasse existiert.[53]

Aus meinem Denken als Mediziner im Jahre 2015 komme ich zum Ergebnis, dass die Schriften Heinrich Reichels zur Rassenhygiene Meinungen, Einstellungen und Haltungen einer verwerflichen und irrigen Ideologie repräsentieren und mit Wissenschaft im Sinne des Erkenntnisgewinns praktisch nichts gemein haben. Aus heutiger Sicht kann gesagt werden, dass seine Publikationen dem damaligen wissenschaftlichen Mainstream entsprachen. Der Sprachstil seiner Ausführungen klingt nach heutiger Auffassung altertümlich und verschroben, seine Argumentationslinie und Wortwahl sind von der Nomenklatur des Nationalsozialismus durchwirkt (z. B. Volkskörper, Aufartung, Ausmerze etc.). Es entsteht für mich der Eindruck eines gebildeten Menschen mit hoher Affinität zur Literatur. Reichels kategorische und konsequente Ablehnung jeder Form der Menschentötung als Mittel der Eugenik steht im Widerspruch zur späteren Praxis der Nationalsozialisten. Es liegt mir fern, Reichels Denken, seine Taten oder sein Werk zu bewerten oder zu beurteilen, das stünde mir nicht zu — nicht zuletzt aufgrund meiner Unkenntnis des historisch-wissenschaftlichen Rahmens seines Wirkens.

WIE VIEL HEINRICH REICHEL LEBT IN MIR FORT?

Was also wirkt an Heinrich Reichel in mir fort, abgesehen von dem erwähnten prominenten Gesichtserker? Heinrich Reichels Antwort auf diese Frage könnte lauten: „Ein Achtel meines genetischen Materials." Es sind neben den genetischen Grundlagen andere Faktoren wirksam, die einen Menschen

53 American Association of Physical Anthropology (AAPA). AAPA statement on biological aspects of race. In: American Journal of Physical Anthropology 101, 1996, 569–570.

formen, v. a. die Einflüsse aus der Umwelt, der Erziehung, der Kultur. Heinrich Reichel war, seit ich denken kann, präsent — als Thema oder als Bildnis in diversen Wohnungen, das Bildnis des Bärtigen mit grimmem Blick. Es sind mir in erster Linie Anekdoten und atmosphärische Bilder von seiner Tochter Mathilde (verh. Weixler, meiner Großmutter) und deren Schwester Brigitta Reichel erinnerlich. Wenn man auf ihn zu sprechen kam, bemerkte ich ein Leuchten in den Augen seiner Töchter. Ich glaube, sie haben ihn rückhaltlos und absolut bewundert. Von unantastbarer Bewunderung war mir mehr spürbar als von Liebe. Jedenfalls war er eine Maßstabsfigur, eine moralische Institution. Das von ihm kolportierte Wort war Gesetz, duldete keinen Widerspruch, kein Nachfragen im Sinne von „Könnte es auch anders gewesen sein?". In seinen Töchtern manifestierten sich die Begeisterung, die Leidenschaft und Unerbittlichkeit, mit denen er auf Themen zuging und sie behandelte. Die Dogmen eines guten Lebens[54] bildeten das moralische Fundament der Familie. Dass Arzt zu sein etwas Besonderes ist und die Fragen der Medizin anziehend sind, war mir früh bewusst. Die Themen lagen offen — aber nicht alle: Das Thema der Rassenhygiene wurde nie behandelt. Dagegen wurde alles thematisiert, was nicht vom Geruch der NS-Zeit belastet war. „Irgend was umgab mich, das ich mir nicht erklären konnte", beschreibt Ferdinand von Schirach, Enkelsohn des Baldur von Schirach (des Reichsjugendführers der NSDAP), seine vagen Empfindungen als fünf- bis sechsjähriges Kind.[55] Es war sehr erleichternd für mich, von einem sprachgewandten und reflektierten Schriftsteller zu lesen, wie schwierig es ist, sein Fühlen in Worte zu fassen. Dass es Ahnentafeln gab, war für mich „normal", und dass auf diesen Ahnentafeln leere Plätze waren, ebenso. Das Grauen liegt in der Normalität. Das Thema Ernährung nahm eine Vormachtstellung unter den Familienthemen ein. Am Morgen war Ascorbinsäure einzunehmen, Milch und Brot galten bereits in den 1970er-Jahren als ungesund. Nach einem hitzigen, mit Leidenschaft geführten Plädoyer für die Einnahme von Zink des Reichel-Sohnes Herbert fasste ich als 12-Jähriger den Entschluss, mir Zink aus einer Apotheke zu besorgen, welche Chemikalien führte. Der Apotheker verweigerte die Ausgabe, was aus jetziger Sicht vermutlich lebensrettend war. Dass es in der Familie

54 Reichel. Katechismus der Gesundheit.

55 Schirach, Ferdinand von. Die Würde ist antastbar. Essays. 7. Aufl., München-Zürich: PIPER, 2014, S. 39.

mit hohem Sozialprestige verbunden war, Arzt zu sein, zeigte sich auch dadurch, dass mir meine Großmutter das Buch „Ärztefamilie Rabl"[56] schenkte, in dem zu erfahren war, dass es seit dem 17. Jahrhundert familiäre Tradition war, heilkundig wirksam zu sein. Auf die erste Seite zeichnete mir die Großmutter einen Familienstammbaum, mit Heinrich Reichels Namen zuoberst und meinem ganz unten. In diesem Buch fand sich die Darstellung der Familie in unmittelbarer Nähe zu ganz großen Medizinern der Historie, wie z. B. Kraepelin, Virchow oder Eiselsberg. Nachdem meine Neigungen zur Medizin schon offenbar waren und selbst der Berufsberater in der 8. AHS-Schulstufe dahingehend eine Empfehlung aussprach, sah ich mich mit Selbstzweifeln konfrontiert. Eine kleine Familienkonferenz wurde von meinem Vater einberufen und seine Schwester, die eben in Medizin promoviert hatte, versuchte gegen meine Zweifel zu argumentieren. Außerdem wurde auch gleich eine Wohnung in einem Haus der Familie am Wiener Währinger Gürtel angeboten. Der Weg war frei.

Auch Jennifer Teege, die Enkelin des Amon Göth (als der „Schlächter von Plaszow" bekannt), fragt sich: „Wie viel Amon Göth steckt in mir?"[57] An diesem Punkt angekommen, dass man sich tatsächlich mit einer unsagbaren Vergangenheit einer Familienhistorie auseinandersetzt, hat mich die Angst erfasst, dass etwas in mir ist, was dieselbe Qualität hat wie das Grauen der NS-Zeit oder das, was dazu geführt hat. Es ist wie die Angst davor, dass etwas in mir fremd ist, aber wirksam. Gerichtet. Sein Ziel sucht. Im Zuge einer solchen Auseinandersetzung treten immer mehr Fragen auf, immer mehr — und keine davon kann man beantworten. Oder es kommt Zweifel auf, ob die gefundene Antwort die richtige ist. Umso wohltuender, ja heilsamer ist es, wenn man Wort gewordene Erfahrungen von Personen antrifft, die von denselben Umständen berührt sind. Unbequem und störend sind die Gefühle wie Scham, Schuld oder Schande und die Idee der Ausweglosigkeit in der Weitergabe aller Bedingungen an seine Kinder. Cordt Schnibben beschreibt 2014 in seinem Artikel „Mein Vater, ein Werwolf" eine Erfahrung, die praktisch alle Nachfahren aus Täterfamilien machen: „Viele der Täterkinder sind zu Erben des Schweigens geworden. Weil über den Krieg nicht geredet wurde, wurde über nichts von Belang geredet

56 Rabl, Rudolf. Die oberösterreichische Ärztefamilie Rabl 1620–1970. Eine kulturhistorische Betrachtung. Wels: Welsermühl, 1970. Schriftenreihe des Oberösterreichischen Musealvereins, Band 4.

57 Teege, Jennifer. Amon. Mein Großvater hätte mich erschossen. Reinbek bei Hamburg: Rowohlt, 2013.

zwischen Eltern und Kindern, jedes Treffen war ein ritualisierter Austausch von Nichts, bei uns war es so, bei vielen meiner Freunde ist es so."[58]

Ich studierte also Medizin und war auch in „Leibesübungen" (Reichel) sehr engagiert. Die Jahre gingen dahin, und bald war ich am Land als Arzt tätig und der Urgroßvater Heinrich ruhte sanft. Wiederkehrend bis zur Unerträglichkeit wurden mir Kriegsinhalte von hochaltrigen PatientInnen, v. a. an der Augenabteilung, beim Erheben der medizinischen Krankengeschichte berichtet. Scheinbar untrennbar mit dem Körperlichen haben sich Kriegserlebnisse in die Biographien der Kranken eingebrannt. Unglaubwürdig viele Heimkehrer aus Stalingrad hatte ich unter den Patienten angetroffen, der Druck, ihre Geschichte zu erzählen, schien mir groß und es war schwierig, diese Patienten zum Erzählen jener Krankengeschichte zu bewegen, die ein Arzt erwartet. Es waren ausschließlich Opfergeschichten, nie Tätergeschichten. Aus der Anästhesie und Intensivmedizin bewegte ich mich in die Palliativmedizin und argumentierte dort gegen die Ungerechtigkeit zu Lasten der Schwachen. Unbewusst (?) nahm ich Gegenpositionen zu meinem Urgroßvater ein — aber ich vertrat sie mit derselben Leidenschaft und Verbissenheit wie er auch. Ich war zugleich Entwurf und Gegenentwurf. Unterricht als Lektor an der Universität Wien — wie Heinrich Reichel. Position gegen Euthanasie — wie Heinrich Reichel. Wie still es im Auditorium der Studierenden wurde, wenn ich von meinem familienhistorischen Hintergrund sprach und die Studierenden darauf hinwies, dass sie in diesem Augenblick in jenem Raum saßen, in dem mein Urgroßvater seine Zusammenkünfte der Wiener Gesellschaft für Rassenpflege abhielt, im großen Hörsaal des Instituts für medizinische Chemie der Universität Wien. Ein wenig werwölfisch fühlte es sich schon an, diese starre Stille als Antwort auf meine Aussage zu erfahren.

Die Palliative Care ist ebenfalls in höchstem Maße messianisch. Ich vermute, dass Hildegard Teuschl CS, die Mutter der Österreichischen Hospizbewegung, wahrnehmen konnte, dass ich auf der Klaviatur des Messianischen spielen kann. Aus einem öffentlichen Streitgespräch, das ich mit Annette Henry gegen Alfried Längle, den Präsidenten der Gesellschaft für Logotherapie und Existenzanalyse, im Jahr 2002 geführt habe,[59]

58 Schnibben, Cordt. Mein Vater, ein Werwolf. In: Der Spiegel 16, 2014, 62–73 (S. 72).

59 Inhalt des Streitgesprächs war die „Wahrheit" (Alfried Längle argumentierte für „barmherziges Schweigen", Henry und ich für Offenheit).

hat sie mich berufen, die Palliative Care zu propagieren. Palliative Care ist inhaltlich in vielem ein Gegenprojekt gegen das Weltbild des Heinrich Reichel, so wie es sich heute zeigt.

In einem fühle ich mich Reichel sehr verwandt, sympathisch verwandt, selbstironisch verwandt: Das ist, wenn er mitten im Diskurs um Aspekte der Rassenhygiene abschweift und auf Grundregeln der Grammatik verweist: In einem Textstück übt er Kritik an einem Kollegen der Rassenhygiene, nachdem er Kant zitiert:

> „Rasse ist alles was anerbt. In die neuere medizinische Literatur ist dieser Begriff bekanntlich durch seinen klassischen Gebrauch bei Schallmayer und Ploetz gekommen. Ersterer sagt allerdings ‚*Rasse* hygiene', um das naheliegende Mißverständnis einer Mehrzahlform zu vermeiden, als handle es sich um eine Hygiene der Rassen, doch ist auch für die Einzahl nur ‚Rassenhygiene' sprachrichtig, weil auch der Wesfall ein n verlangt (s. Brückengeländer, Sonnenschein).“[60]

Auch ich habe einen jahrelangen Feldzug gegen „Kohlehydrate“ geführt (richtig: Kohle-n-hydrate, da sie die Hydrate des Kohlenstoffs sind), über den ich jetzt lache. Aber das oberlehrerhafte ist geblieben.

Im Zuge meines Medizinerseins kam ich zur Erfahrung des Schreckens, welche Macht uns Medizinern zugebilligt wird bzw. welche wir für uns in Anspruch nehmen. Die angesetzte Spritze zur Narkoseeinleitung lässt einen diesen Schrecken spätestens dann bewusst werden, wenn ein Mensch unter der Narkose verstirbt (was extrem selten der Fall und meistens absehbar ist). Immer wieder habe ich Gegenpositionen zu Reichel eingenommen, z. B. in der Mitteilung, dass „Rasse“ kein gültiges Konzept der Humanmedizin ist und daher auch in der eigenen Sprachhygiene (sic!) zu bedenken ist. Ich habe mich auch dafür geschämt, dass er als bedeutsamster Rassenhygieniker Österreichs gilt, da dieses Konzept ohne Umschweife als ideologische Referenz des Nationalsozialismus verstehbar ist. Eine mögliche Hilfestellung in der späten Bewältigung familiärer Belastung ist Reflexion. Selbstreflexion, Fremdreflexion von Sprache, Verhalten,

Abb. 7: „Pola Viennenses Doctos Romana salutat“, Akademische Konferenz in Pula 1910 (Nachlass von Heinrich Reichel)

60 Reichel. Die Stellung der Rassenhygiene zur Hygiene und Medizin, S. 3.

POLA VIENNENSES
DOCTOS ROMANA
SALVTAT
FERIA V HEBDOMADIS MAIORIS
·A·MCMX·

Handeln, Denken, Fühlen. Insofern scheint mir die Auseinandersetzung mit der Sprache des Nationalsozialismus wertvoll.[61]. Es erfüllt mich mit Schmerz und Abscheu, dass medizinische Begriffe, die um 1938 geschaffen wurden, um „Lebensunwerte" zu kennzeichnen, bis zum heutigen Tag alltagssprachlich in der Medizin verwendet werden — wenn auch hinter den Kulissen —, wie z. B. *Krüppel, Idiot, Schwachsinniger, Irrer, Geisteskranker, Opfer*. Der Historiker Götz Aly beschreibt, dass diese „Begriffe als Versuch verstanden worden sind, derbe umgangssprachliche Bezeichnungen im Geiste von Wissenschaft und Humanität zu ersetzen. Der Volksmund vereinnahmte die zunächst neutralen Fachtermini und konnotierte sie mit verächtlichen Untertönen."[62] Die Sprache, die geschaffen wurde, um ‚nutzlose Esser' zu stigmatisieren, ist lebendig! Als meine Reaktion auf Reichel sehe ich auch die starke Bewertung der naturwissenschaftlichen Evidenz im Sinne der Evidence-based Medicine — als Schutzfaktor gegen Ideologie, Glauben, Traditionen und Rituale im Namen der Medizin.

Letztlich kann man sich als Urenkel des Heinrich Reichel immer nur relativ zu dieser Figur stellen, gegen oder mit oder anders, aber stets relativ. Er kann nicht weggedacht werden, er ist da und wirksam. Es ist mir bis heute nicht möglich, zu denken, dass Heinrich Reichel *mein* Urgroßvater ist. Die Verknüpfung seines Namens mit mir, die Zuerkennung, dass er *mein* sein soll, fällt mir sehr schwer. Es ist schwierig, ein Selbst zu werden, wenn auf einen der dunkle Schatten eines solchen Vorfahren fällt.

SIND WIR NACHKOMMEN SCHULDIG?

Das Konzept der Schuld verweise ich in die Kategorien des Glaubens und der Rechtsprechung. Der Jurist Ferdinand von Schirach stellt in Reflexion seiner Beziehung zu seinem Großvater fest: „Die Schuld meines Großvaters ist die Schuld meines Großvaters. Der Bundesgerichtshof sagt: Schuld sei das, was einem Menschen persönlich vorgeworfen werden könne. Es gibt keine Sippenhaft, keine Erbschuld, und jeder Mensch hat das Recht auf

61 Siehe: Schmitz-Berning. Vokabular des Nationalsozialismus; Klemperer, Victor. LTI. Notizbuch eines Philologen. 23. Aufl., Stuttgart: Philip Reclam, 2007.

62 Aly, Götz. Die Belasteten. Euthanasie 1939–1945. Eine Gesellschaftsgeschichte. Frankfurt a. M.: S. Fischer, 2003, S. 19.

eine eigene Biographie."[63] Schirach fährt fort: „Ganz am Ende des Buches fragt die Enkelin des Nazis den jungen Strafverteidiger: ‚Bin ich das auch?' Er sagt: ‚Du bist, wer Du bist.' Das ist meine einzige Antwort auf die Fragen nach meinem Großvater. Ich habe lange dafür gebraucht."[64]

Jennifer Teege zitiert in ihrem Buch „Amon. Mein Großvater hätte mich erschossen" den Psychoanalytiker Peter Bründl aus München, der schon einige Enkel von Nazi-Tätern therapiert hat: „Gewalt und Verrohung hinterlassen Tiefenwirkungen für die Generationen, die darauf folgen. Das, was krank macht, sind aber nicht die Taten selbst, sondern es ist das Schweigen darüber. Diese unselige Verschwörung des Schweigens in den Täterfamilien, oft über Generationen hinweg."[65] Teege führt weiter aus: „Schuld ist nicht vererbbar, Schuldgefühle aber sehr wohl. Die Kinder der Täter geben Ängste, Scham- und Schuldgefühle unbewusst wieder an ihre Kinder weiter, so Bründl. Das betreffe mehr Familien in Deutschland, als man denke."[66]

Der in Wien geborene Bioethiker Erich Loewy (1927–2011) wanderte 1938, nach dem „Anschluss", in die USA aus. Schuld, so Loewy, habe drei Kriterien: 1. Eine Handlung muss bewusst erfolgen. 2. Der Handelnde muss wissen, dass sein Tun verwerflich oder schlecht ist. 3. Er muss die Möglichkeit haben, anders zu handeln. Nicht schuldhaft handelt demnach, wer das Unrecht seines Handelns nicht erfassen kann oder der unter Zwang handelt. Das Maß der Schuldhaftigkeit ist daran gebunden, inwieweit der Handelnde die Konsequenzen seines Handelns absehen kann.

Vom Schuldbegriff abgegrenzt sieht Erich Loewy die Verantwortung. Erich Loewy: „Verantwortung für etwas zu haben heißt, für etwas zu sorgen, für etwas zuständig zu sein. Es ist eine bestimmte Beziehung zu anderen, zur Gesellschaft, zur Natur und zu sich selbst. Man kann das Wort verschieden verstehen. Kausalverantwortung bedeutet, dass man mit oder ohne Schuld in die Kausalkette verstrickt ist. Kausalverkettung kann schuldig sein — etwa: ‚ich habe es mit voller Absicht getan', oder, ‚was geschehen ist, war zwar nicht meine Absicht, aber ich konnte, was geschehen ist, voraussehen und habe es trotzdem getan'. Andererseits kann Kausalverantwortung unschuldig sein:

63 Schirach. Die Würde ist antastbar, S. 46.

64 Ebd.

65 Teege. Amon. Mein Großvater hätte mich erschossen, S. 28.

66 Ebd.

‚Ich konnte es nicht verhindern (oder voraussehen), aber es ist durch mein Tun oder Lassen geschehen.'"[67] Loewy schließt, dass es keine Kollektivschuld geben kann, da Schuld immer das ist, was persönlich vorgeworfen werden kann, dass jedoch Verantwortung kollektiv sein kann. Erich Loewy: „Als Mitglied einer Gesellschaft, die Kinder, Behinderte und andere Schwache als ‚lebensunwert' deklariertes Leben ermordet hat, trage ich eine gewisse Verantwortung. Wie ein Land heute dasteht (ob es arm, reich, fortgeschritten oder zurückgeblieben ist), ist unabdingbar mit der Geschichte dieses Landes verbunden. Als Österreicher z. B. tragen Menschen, die nach der Nazizeit geboren wurden oder während der Nazizeit Kinder waren, keine Schuld — aber sie sind sowohl für mögliches Wiedergutmachen wie auch dafür, dass sich so etwas in dieser Gesellschaft nicht wiederholt, verantwortlich."[68] Auch wenn wir unter der Belastung unserer Vorfahren leben, haben wir nicht das Recht, uns als Opfer zu fühlen. „[...] Opfersein berechtigt, Aggressionen nach außen zu richten und andere zu Opfern zu machen."[69]

WIE SAGE ICH ES MEINEM KINDE?

In der Palliative Care gibt es ein Kommunikationsthema, das „breaking bad news" heißt. Es ist davon auszugehen, dass eine schlechte Nachricht immer eine schlechte Nachricht bleibt, auch wenn man Zeit zuwartet. Die Wirkung von Bad News zeigt sich jedoch schon früher: Unbeabsichtigt senden wir nonverbale, aber wirksame Signale an unsere Umgebung, wenn uns etwas sehr bewegt. Im Ansatz der Palliative Care ist es Konsens, dass jener auf den anderen zugeht, der in der mächtigeren Position steht: Das wäre einmal der Arzt, der auf den Patienten zugehen soll und initiativ wird und nicht abwartet, bis der Patient etwas fragt. Das wäre der Vater oder die Mutter, die auf ihre Kinder zuzugehen haben. Die Initiative soll also von jenen ausgehen, die in Kenntnis der Inhalte sind und die in der hierarchisch mächtigeren Position stehen. Niemand anderer als ich muss es meinen Kindern sagen.

67 Loewy, Erich. Täter, Mitläufer, Apologeten. Wer ist an dem Bösen schuld? Können wir es in Zukunft verhindern? In: Gabriel, Eberhard/Neugebauer, Wolfgang (Hg.). Von der Zwangssterilisierung zur Ermordung (S. 23–32) (= Zur Geschichte der NS-Euthanasie in Wien, Teil 2). Wien: Böhlau, 2002, S. 26.

68 Ebd., S. 27.

69 Gruen, Arno. Der Verlust des Mitgefühls. Über die Politik der Gleichgültigkeit. 5. Aufl., München: Deutscher Taschenbuch Verlag, 2002, S. 123.

V·D·A

Meine Kinder sind aktuell sechs und acht Jahre alt und ich habe ihnen noch nichts über Heinrich Reichel erzählt, das bekenne ich. Auch wenn sie vor wenigen Wochen erstmalig von der Existenz Adolf Hitlers erfahren haben, allerdings nicht von mir. Über Sexualität aufzuklären scheint leichter zu sein. Wie Ferdinand von Schirach berichtet, sei er fünf bis sechs Jahre alt gewesen, als er bemerkt habe, dass „etwas nicht stimmt“, und mit zwölf Jahren habe er begriffen, wer sein Großvater war.

Belastender als Reden ist Schweigen. Aus meiner Sicht möchte ich meinen Kindern Sarah und Emanuel[70] zu den Inhalten auch meine Gefühlslage zu dieser Urgroßvaterschaft und meine Haltung dazu mitteilen, wie hier vermittelt. Ich stelle mir vor, das ist am stimmigsten, wenn man gemeinsam Familienfotos ansieht, das machen alle Kinder gerne.

Ich muss mir meiner Verantwortung bewusst sein. Position beziehen, wenn gegen Menschen Unrecht geschieht, v. a. gegen Schwache und Randständige — heute sind es Flüchtlinge, morgen Demenzkranke. Ich muss mir bewusst sein und das auch nach außen vertreten, dass jeder Mensch der Menschenwürde teilhaftig ist und diese auch nicht verloren gehen kann — WEIL er Teil der Menschheit ist. Auch wenn er Unrecht begangen hat, mich verletzt hat, auch wenn er kaum noch lebt oder in Randbereichen des Lebens steht. Nie darf ich das Recht beanspruchen, über den Wert anderer Menschen oder den Wert ihres Lebens zu urteilen.

Als Nachkommen haben wir Verantwortung, da die Vorangegangenen Teil unserer Geschichte und damit Teil unserer Identität sind. Davon können wir uns nicht befreien. Eine Selbstverpflichtung aus dieser Verantwortung kann darin bestehen, im eigenen Wirkbereich Zeichen zu setzen und dazu beizutragen, eine Erinnerungskultur für die Ereignisse und Folgen des Nationalsozialismus lebendig zu halten.

Für die Möglichkeit zur Reflexion dieses Textes gilt Gerhard Benetka, Claudia Bozzaro, Friedemann Derschmidt, Eva Masel, Klaus Paulitsch, Clemens Sedmak und Christl Weixler mein besonderer Dank!

70 Meine Kinder haben mit Absicht hebräische Namen erhalten. Das angesichts der Namensgebung in der Familie bis in die 1980er-Jahre hinein, die wie die Besetzungsliste zum Nibelungenlied klingt; für mich ein weiteres Indiz dafür, dass die familiäre Kultur des Germanentums nicht mit 1945 beendet wurde.

Kapitel

„Vererbungslehre“ der Ideologie

Beispiele für die „Vererbungslehre“ der Ideologie

Anhand der eigenen erweiterten bürgerlichen Großfamilie

Friedemann Derschmidt

Meine Gegensetzung zum rassistisch-genetischen Konzept meines Urgroßvaters ist es, die Weitergabe von Weltanschauungen, Ideologie und politischen Haltungen über sechs Generationen anhand der von ihm abstammenden bürgerlichen Großfamilie, aber auch seiner Ahnen zu thematisieren. Die Idee dabei geht allerdings weit über diese spezifische Familie hinaus und betrifft somit einen Großteil der österreichischen Gesellschaft. Die Nazizeit war der bisherige Höhepunkt einer Entwicklung, die viel weiter zurückreicht und sich aus einer viel breiteren Basis speist. Wie Vilém Flusser in seinem Buch „Nachgeschichte" beschreibt, war Auschwitz, das in seinem Text für die nationalsozialistische Ideologie und das gesamte darauf basierende System steht, nicht ein Unfall, sondern eine logische Konsequenz unserer Kultur:

> „Auschwitz war seit Beginn unserer Geschichte als eine der Möglichkeiten, wenn auch als ganz unwahrscheinliche Möglichkeit, in unserer Kultur enthalten. Auschwitz ist schon immer im Programm — einem Programm, das sich im Lauf der Geschichte verwirklicht — der okzidentalen Kultur enthalten gewesen. [...] Nicht das Ereignis selbst, sondern unsere ganze Kultur steht in Frage, nämlich in der Frage: Wie kann man in einer derartigen Kultur weiterleben, jetzt, nachdem sich gezeigt hat, wozu sie fähig ist? Alle Ereignisse in Wirtschaft, Politik, Technik, Kunst, Wissenschaft und Philosophie sind von unserem unverdauten Wissen von Auschwitz unterhöhlt. [...] Wir sehen immer besser, was dort geschehen ist, weil der Abstand jenes unerhörte Ereignis aus der Stimmung des Grauens herausreißt, von dem es umhüllt ist, und in seinen Kontext stellt. Der Abstand gewährt Sicht auf den Schiffbruch, den dort alle Kategorien unserer Kultur erlitten haben. Das ist der wahrhaft revolutionäre Aspekt von Auschwitz: Es wirft unsere Kultur um. [...] Die ganze Geschichte des Westens ist absurd geworden.
>
> Das Ereignis ist unverdaut, weil wir unfähig sind, ihm ins Gesicht zu sehen, also zuzugeben, daß Auschwitz kein Verbrechen im Sinne eines Regelbruchs war, sondern daß die Regeln unserer Kultur dort konsequent angewandt wurden. Die Nazis errichteten das Vernichtungslager aus reinen Motiven. Sie erwarteten keinen Erfolg davon, im Gegenteil, sie nahmen Verluste in Kauf (zum

Beispiel ihre Niederlage). Und ihre Opfer haben in Selbstverleugnung daran mitgearbeitet, ganz so, als seien sie von der ‚Unerlaubtheit' jeder Alternative — Flucht, Revolte, passiver Widerstand — überzeugt. Die Nazis folgten den für den Westen edelsten Motiven. Sie verhielten sich wie ‚Helden', ‚reine Künstler', ‚für Ideen Engagierte'. Dasselbe taten die Juden. Sie verhielten sich wie ‚Heilige', ‚Märtyrer', ‚Gerechte'. Und beide verhielten sich zueinander in Hingabe: Die Nazis lebten in Funktion der Juden und die Juden in Funktion der Nazis. Auschwitz war ein perfekter Apparat, der nach den besten Modellen des Westens hergestellt worden war und funktionierte. Diese meine Worte rufen Empörung hervor, das heißt, wir sind unfähig, sie hinzunehmen. Deshalb mobilisieren wir dagegen Argumente. [...] Aber solche Argumente [...] verschleiern die Einzigartigkeit des Ereignisses. Obwohl sich die Menschen dort zum Teil ‚wie gewöhnlich' verhielten, haben sie sich eben auch zum anderen Teil ganz ‚unerhört' verhalten. Sie haben sich, zum ersten Mal in der Geschichte, in einer extremen Grenzsituation wie Funktionäre eines Apparats verhalten.

Das ist das Monströse an Auschwitz. Alle Untaten der westlichen Gesellschaft gegen sich selbst und die restliche Menschheit (und sie sind Legion) können als Verbrechen gegen die westlichen Modelle angesehen werden, als unchristlich, inhuman, unvernünftig. Aber Auschwitz läßt sich nicht auf diese Weise wegerklären. Dort hat unsere Kultur ihre Maske abgeworfen. Sie hat gezeigt, daß sie zu verwerfen ist. Nur kann man die eigene Kultur nicht verwerfen. Sie ist der Boden unter den Füßen. [...] Somit bleibt uns nichts anderes übrig, als uns der als verwerflich entlarvten Modelle weiterhin zu bedienen, das heißt weiter zu philosophieren, Musik zu machen, wissenschaftlich zu forschen, uns politisch zu engagieren, kurz, trotz Auschwitz weiter fortzuschreiten.

Trotz Auschwitz, aber nicht so tuend, als sei nichts geschehen. Denn sobald man versucht, so zu tun (wie viele es befürworten), dann passiert Fürchterliches: Auschwitz verschiebt sich aus der Vergangenheit in die Zukunft, aus dem Polen der vierziger Jahre in die nachindustrielle Gesellschaft. Ist doch das Monströse an Auschwitz, daß es nicht etwa ein sich nie wiederholender ‚Unfall' war, sondern die erste Verwirklichung einer Anlage im Programm des Westens, daß es der erste perfekte Apparat war. Unser Vorteil, wenn man so sagen darf, ist, daß wir uns nunmehr die westliche Utopie, die vollkommene Gesellschaft, vorstellen können. Zum ersten Mal ist die Utopie konkret erlebbar geworden. Und es zeigt sich, daß sie, daß alle Utopie aussieht wie das Vernichtungslager.

Variationen zum Thema ‚Vernichtungslager' können allerorts im Ansatz beobachtet werden. Überall schießen Apparate wie Pilze aus dem morsch gewordenen Boden, wie Pilze nach dem Auschwitzer Regen. Zwar ähneln sie äußerlich nicht dem polnischen Lager, und die ‚Motive', denen sie angeblich gehorchen, sind andere Ideologien als die der Nazis. Angeblich dienen sie nicht der Vernichtung der ‚Bürger'. Aber sie sind alle von der gleichen Bauart. [...] Sie funktionieren alle aus innerer Trägheit, und ihre Funktion ist Selbstzweck. Und sie müssen alle, letzten Endes, zur Vernichtung — wenn auch nicht notwendigerweise zur Vergasung, so doch zur Entmenschlichung — ihrer Funktionäre führen. Diese Apparate sind im Programm des Westens angelegt. Die dem Westen eigene Fähigkeit, alles zu objektivieren, das heißt, Dinge und Menschen aus objektiver Transzendenz zu erkennen und zu behandeln, führte im Verlauf der Geschichte zur Wissenschaft, zur Technik, letzten Endes zu den Apparaten. Die totale Verdinglichung der Juden durch die Nazis, die konkrete Verwandlung der Juden zu Asche, ist nur die erste der möglichen Verwirklichungen dieser Objektivität, nur die erste und darum noch brutale Form der ‚sozialen Technik', die unsere Kultur kennzeichnet. Wenn wir vor ihr die Augen verschließen, werden sich in Zukunft die Apparate verfeinern. Aber sie werden bleiben, was sie ihrem Wesen nach notwendigerweise sind: Instrument zur Verdinglichung des Menschen, das heißt eben Vernichtungslager. [...] Wenn wir trotzdem fortschreiten, dann tun wir dies ‚bösen Glaubens'. Wir haben den Glauben an den uns tragenden Boden, an uns selbst verloren. Unsere Geschichte ist zwar noch nicht am Ende, aber von jetzt an ist sie eine üble Geschichte."[1]

1 Flusser, Vilém. Der Boden unter den Füßen. In: Nachgeschichte. Frankfurt am Main: Fischer, 1997, S. 11–16.

Abb. 11: Familienfotografie (ca. 1880er-Jahre), am Bild links: Franz Rosenauer und Julie von Kretschmayer, die Eltern von Cäcilie Reichel

Abb. 13: Realschüler im Deutschen Turnverein Linz (1868), darunter Franz Rosenauer

Abb. 15: Hochzeitsfoto Johann Georg Rosenstingl und Mathilde Sporn (1875), am Bild: Dr. Carl Rabl sen. und Dr. Carl Rabl jun.

Nationalismus und Antisemitismus lassen sich auch in meiner Familie bis weit in die Mitte des 19. Jahrhunderts zurückverfolgen. Im Folgenden möchte ich nur einige wenige von den vielen vorhandenen Belegen dafür bringen, wie langfristig sich Deutschnationalismus, Rassismus und Antisemitismus in meiner bürgerlichen Großfamilie nachweisen lassen. Das unselige Wechselspiel von Reinheitsphantasien, Lebensreform- und Jugendbewegung, von Esoterik, ‚Natur- und Heimatliebe‘, wissenschaftlicher ‚Menschenverbesserung‘ und vielem mehr sehe ich als prototypisch und gesamtgesellschaftlich relevant an. Das Phänomen Nationalsozialismus ist damit sozusagen im schlimmsten Fall *nur* die erste große Eruption, die aus dieser ‚ideologischen Ursuppe‘ entsprungen ist, die als solche bislang viel zu wenig in Diskussion steht. Die Phrase von „wehret den Anfängen“ erscheint mir völlig verfehlt. Müsste man nicht vielmehr fragen: Hat ‚es‘ denn je aufgehört?

Im Zuge der Vorbereitung dieses Buches fuhr ich wieder einmal zu einer ‚Grabung‘, wie ich die Suche nach Material über meine Familie intern für mich nenne, zu meinem Onkel Rainer nach Oberösterreich. Er erbte zusammen mit dem Vierkantbauernhof meiner Großtante Brigitta auch ihren Nachlass. Einen Tag gruben mein Onkel und ich buchstäblich in fünf großen Truhen bzw. Flightcases, in denen er die Sachen aufbewahrt, die die Großtante angesammelt und aufgehoben hatte. Bis zu diesem Moment war ich der Meinung, bereits ein unglaublich großes Archiv angelegt zu haben. Nun musste ich feststellen, dass die gefundenen Materialien und Objekte nicht nur das (sammlerische) Werk der Großtante sein konnte, sondern bereits jenes der Urgroßeltern sein musste: unzählige schwere Alben mit Fotografien bis zurück in die Anfänge der Fotografiegeschichte; die auf den ersten Blick ältesten Briefe datierten aus den 1840ern; Urkunden, Kauf- und Eheverträge bis in ebendiese Zeit; Publikationen, Reise- und Militärerinnerungen aus fast dem gesamten 19. Jahrhundert bis in das Jahr 2007, dem Todesjahr meiner Großtante. Obwohl mir schon klar gewesen war, dass es noch ungeheuer viel Material in diversen familiären Archiven geben musste, war ich von der tatsächlichen (Un-)Menge nun ziemlich überrascht und gleichzeitig erschlagen. Ich empfand eine seltsame Mischung aus Euphorie (wie bei einer Schatzsuche oder wenn man in einem Kriminalfall Hinweise findet) und einer unglaublichen Schwere und Lethargie. Eine gewisse Hoffnungslosigkeit meines Unterfangens wurde mir vor Augen geführt. Mir war klar, dass es tatsächlich eine Lebensaufgabe wäre, das alles korrekt zu archivieren, zu katalogisieren und vor allem auszuwerten. Auf der anderen Seite wurde mir noch viel klarer, wie fanatisch mein Urgroßvater — und nicht nur er allein[2] — in der Befolgung der von ihm selbst aufgestellten Doktrin der Familienforschung gewesen sein muss:

> „Als eine Kunde des tatsächlich Geschehenen unter Menschen wird Familienkunde zunächst zu einer historischen, einer Kulturwissenschaft, die mit dem einmaligen Sachverhalt zu tun hat und sich mit der Erfragung und Darstellung dieses begnügt, ohne allgemeine Gesetze vorauszusetzen oder zu suchen. Erst spät, ja genau genommen erst heute unter unseren Augen, wird die für den Menschen allerwichtigste Naturbetrachtung, die seiner eigenen Natur, zu einer naturwissenschaftlichen, die aber die ältere kulturwissenschaftliche Betrachtung nicht etwa ersetzen kann oder verdrängen soll, sondern ergänzen muß. [...] Vor allem hat sich gezeigt, daß es ein so gut wie unveränderliches Etwas, das vererbt wird, gibt; man hat es in Hinblick darauf, daß die Masse für unsere Wissenschaft durch lange Zeit als das Mindestveränderliche, ja als das schlechthin Beharrende gegolten hat, als Erbmasse bezeichnet. Sie ist aber kein Ganzes für das Einzelwesen, sondern sie baut sich wie ein Mosaikbild aus Einheiten oder Elementen auf, die voneinander unabhängig vererbt werden. [...] Diese Gesetzmäßigkeiten geben, richtig betrachtet, eine Fülle von neuen Einblicken auch für menschliche Vererbungsfragen, ja es erscheint eben erst jetzt nach ihrer Gewinnung möglich, die bisherige historische Genealogie auch zu einer biologisch vertieften Menschenkunde zu entwickeln. [...] Die Hauptarbeit kann aber nun erst beginnen. Jetzt gilt es vor allem, den erst bloß grundsätzlich geklärten Erbgang menschlicher Merkmale durch emsige Beschreibung und Sammlung von Tatsachen ähnlich zu erfassen, wie das für manche Tiere und Pflanzen bei etwas einfacherer Sachlage geschehen ist. Hier ist jede Beschreibung, Abbildung oder sonstige Kennzeichnung von Menschen, deren Verwandtschaftsverhältnisse bekannt sind, von Wert und

2 Mindestens die Frau an seiner Seite, aber in der Folge auch die Kinder.

jeder Familienvater kann und soll unschätzbaren wertvollen Rohstoff späterer Wissenschaft aufhäufen, indem er für eine klare Festhaltung mindestens der nächsten verwandtschaftlichen Beziehungen seiner Familie und zugleich für ein gewisses Mindestmaß von Kennzeichnung der Familienmitglieder sorgt. [...]

Diese Menschenreihen: die gemeinsamen Nachkommen bestimmter Vorfahren sind uns auch in der Gegenwart faßbar und beschreibbar, was für die Ahnenreihen nur sehr lückenhaft zutrifft. Wollte nur jedermann wenigstens die Nachkommen seiner zwei Großelternpaare im Auge behalten, deren Schicksal und Merkmale in kurzen Aufzeichnungen, in Bildern und Schriftproben festzuhalten suchen, so wäre schon viel getan. Das Auftreten besonderer Fähigkeiten, Neigungen, Krankheiten beim Einzelmenschen kann in seiner Bedeutung vom Erzieher, vom Arzte und schließlich auch vom Historiker nur dann recht gewürdigt werden, wenn die Betrachtung derselben Beziehungen bei den Blutsverwandten lehrt, was davon auf Anlage, was vielleicht auf den Umweltbedingungen beruht.“ [3]

In diesem Text von Reichel wird das gesamte eugenische Programm klar. Das historische Geschichtsbewusstsein soll kollektiv gepflegt werden, stellt es nicht zuletzt „ein kollektives Gedächtnis“ von und über die Träger der Erbmasse oder — wie die Nazis später bevorzugt zu sagen pflegten — des „Volkskörpers“ (im konkreten Fall: des „Familienkörpers“) dar. Auch ist dieses Programm bereits in die Zukunft formuliert.[4] Es schließt mich damit natürlich mit ein. Beim Betrachten der uralten Fotografien und beim Hineinlesen in Briefe, Tagebücher und Zeitungsausschnitte hat mich das Ausmaß des Fundes dann schon sehr ergriffen und buchstäblich ausgehebelt. Ich war einige Tage danach schreibunfähig und extrem nervös. Muss ich mich wirklich mit all dem konfrontieren? Ganze Leben und verrückte Schicksale lagen vor mir ausgebreitet. Liebesgeschichten, Geschichten von Leidenschaft und Mord, Alltagsgeschichten und Abenteuer, Hoffnung und Karriere ebenso wie Niedergang, Betrug und Verlust. Aber dann fanden wir

3 Reichel, Heinrich. Familien und Erbforschung. In: Wien Klin Wochenschr 19, 1925, 1095–1096.

4 Vgl. im Kapitel „Zur Methodik, über den Experimentcharakter und zum Prozess“ den Abschnitt über das Experiment des Dr. Heinrich Reichel (S. 34).

Einheimische
Vögel werben
für das Kriegs-
WHW

BUCHFINK
1
PIROL
3
GIMPEL
5
8
EISVOGEL
9

6.
REICHS-
STRASSEN-
SAMMLUNG
28. II. u. 1. III.
1942

A. WALL, GRAZ. 42053

Abb. 12: „Deutsche Recken kühn sich strecken“, Abbildung auf einer Fotomappe Heinrich Reichels oder Franz Rosenauers

(mein Onkel und ich) eine Mappe mit der Aufschrift: Deutsche Recken kühn sich strecken! (Abb. 12) Ein kleiner Schatz. Wir waren doch wieder beim Thema angelangt, wie ich im Folgenden ausführen werde.

DIE FAMILIE UND DER TURNERBUND

Man war engagiert und organisiert — und das bereits sehr früh. Das älteste Foto zeigt etwa hundert 14- bis 18-jährige Knaben[5] und stammt laut Vermerk auf der Rückseite aus dem Jahr 1868. Die Notiz meiner Großtante verrät außerdem, dass sich auf dem Bild mein Ururgroßvater Franz Rosenauer befindet (Abb. 13). Derselbe ist auf einem etwas jüngeren, undatierten Bild als Obmann des Welser deutschen Turnvereines mit langem Vollbart zu sehen. Auf diesem Bild ist er mindestens 45, wenn nicht schon 55 Jahre alt. Ein mit Fotos bestücktes Leporello mit Turnern und vor allem Turnerinnen ist schon länger in meinem Projektarchiv eingescannt. Dieses stammt aus dem Jahre 1908 und trägt die Aufschrift „Schauturnen des Vereines ‚Deutsche Turnerschaft Wels' anläßlich der Eröffnung des eigenen Turnplatzes am 24. Mai 1908" sowie einen Vermerk meiner Urgroßmutter: „Mein Vater der Obmann. Mami".

Nun zum Turnen: Man muss sich vergegenwärtigen, welche Ideologie die Turnerbewegung von Anfang an verfolgte. Der als „Turnvater" bezeichnete preußische Pastorensohn Friedrich Ludwig Jahn rief die Turnbewegung 1811[6]

5 Mein Ururgroßvater Franz Rosenauer (1854–1926) muss in dem Jahr 14 Jahre alt gewesen sein.

6 Heither, Dietrich/Gehler, Michael/Kurth, Alexandra/Schäfer, Gerhard (Hg.). Blut und Paukboden. Eine Geschichte der Burschenschaften. Frankfurt am Main: Fischer, 1997, S. 34, zit. nach Lederer, Karin. Der Österreichische Turnerbund im Nationalsozialismus. Wien: Grin, 1997, S. 5.

mit dem Ziel der Heranbildung eines körperlich und politisch geschulten Kriegsnachwuchses gegen Napoleon ins Leben.[7] Diese Bewegung war also von Anfang an in gewissem Sinne eine Antiaufklärungsbewegung. Jahn „war der Mitbegründer der Urburschenschaft von Jena. Die Verbindung zwischen Burschenschaft und Turnerbewegung war bald so eng, daß sogar ein neuer Name geprägt wurde: ‚Burschenturner'. Sowohl progressive als auch konservative Elemente gingen in die politisch-ideologische Konzeption der Bewegung ein: Die Gedankenwelt der Urburschenschafter wird bei Heither beschrieben als Amalgam von feudalistisch-obrigkeitsstaatlicher Monarchieromantik, völkischer Teutschtümelei, Antisemitismus, Ausländerhaß und Ansätzen liberaldemokratischen Freiheitsdenkens."[8] Zum Thema Umvolkung bzw. Rassenwahn schreibt der „Turnvater" Jahn:

> „Mischlinge von Tieren haben keine echte Fortpflanzungskraft und ebensowenig Blendlingsvölker ein eigenes volkstümliches Fortleben. (...) Wer die Edelvölker der Erde in eine einzige Herde zu bringen trachtet, ist in Gefahr, bald über den verächtlichsten Auskehricht des Menschengeschlechts zu herrschen. (...) Je reiner

---

7 Lederer, Karin. Der Österreichische Turnerbund im Nationalsozialismus. Wien: Grin, 1997, S. 3.

8 Heither, S. 37, zit. in Lederer. Der Österreichische Turnerbund im Nationalsozialismus, S. 4.

> ein Volk, je besser; je vermischter, je bandenmäßiger. (...) Mangvölker (vermischte Völker, d. V.) fühlen ewig die Nachwehen, die Sünde der Blutschande und Blutschuld verfolgt sie, und unruhig sind sie immerdar auch noch bis ins tausendste Glied. (...) Mangvölker und Mangsprachen müssen vernichten oder vernichtet werden."[9]

Man muss sich hierbei vor Augen führen, dass wir von einer Zeit fast hundert Jahre vor dem Nationalsozialismus sprechen.

Die Fotos vom „Schauturnen" 1908 sind aus mehrfacher Hinsicht interessant. Erstens hatte der Welser Turnverein mittlerweile einen sogenannten „Arierparagraphen" eingeführt, der es jüdischen Welsern und Welserinnen verbot, Mitglied zu werden: „Als die Rassenfrage volkstümlich wurde, [...] fand sie in den Kreisen der Österreichischen Turner einen fruchtbareren Boden als im deutschen Reiche. Ihren Anfang nahm die judenfeindliche Bewegung im größten Österreichischen Turnverein, dem Ersten Wiener Turnverein im Jahre 1886. Sie hat dann wie eine unaufhaltsame Welle fast die ganze Österreichische Turnerschaft (...) erfaßt."[10]

„1904 traten die restlichen Österreichischen Turnvereine, die alle 1901 den ‚Arierparagraphen' eingeführt hatten, aus der ‚Deutschen Turnerschaft' aus und bildeten nun den selbständigen ‚Turnkreis Deutschösterreich'."[11] Die für die damalige Zeit demokratisch und liberal eingestellte Deutsche Turnerschaft hatte zuvor all jene österreichischen Turnvereine ausgeschlossen, die den Arierparagraphen eingeführt hatten. Dass die Veranstaltung des Welser Turnvereins in der österreichisch-ungarischen Monarchie politisch staatszersetzend (weil streng deutschnational) aufzufassen ist, liegt insofern auf der Hand, als man auf besagtem Leporello eine offizielle Nennung oder Widmung an Kaiser Franz Joseph I. vergeblich sucht. Wenn man bedenkt, dass nur zwei Wochen später in der ganzen Monarchie die großen Feierlichkeiten anlässlich des 60. Regierungsjubiläums Franz Josephs I. stattfanden und dem Kaiser in diesem Jahr in fast

9 Heither u. a. (Hg.). Blut und Paukboden. Eine Geschichte der Burschenschaften, S. 33. Auslassungen und Anmerkung im Zitat.

10 Münch, Kurt (Hg.). Deutschkunde über Volk, Staat, Leibesübungen. Berlin: Limpert, 1935, zit. nach Lederer. Der Österreichische Turnerbund im Nationalsozialismus, S. 7.

11 Lederer. Der Österreichische Turnerbund im Nationalsozialismus, S. 7.

Abb. 14: Schauturnen des Vereines „Deutsche Turnerschaft Wels anlässlich der Eröffnung des eigenen Spielplatzes am 24. Mai 1908

jeder Dorfchronik und bei fast jeder Gelegenheit überschwänglich gehuldigt wurde, so ist das schon eine sehr aussagekräftige Weglassung. Zum anderen faszinieren mich die Bilder ob ihrer starken Präsenz von Frauen. Frauen turnen Seite an Seite mit den Männern — turnen sogar allein. Für ein Schauturnen 1908 — also zehn Jahre vor Einführung des Frauenwahlrechts in Österreich — kommt mir das sehr fortschrittlich vor, und ich kann mir eine starke Attraktivität dieser Veranstaltung für Welser Bürger und Bürgerinnen vorstellen.

Im Kontext des Turnerbundes ebenfalls zu erwähnen ist der nationalsozialistische Putschversuch (Dollfuß-Mord) 1934: „Es ist kein Zufall, daß sich im Juli 1934 die Hitlerputschisten in der Turnhalle des DTB in der Siebensterngasse versammelten, bevor sie ihren Überfall auf das Bundeskanzleramt und den Mord an Dollfuß verübten, schreibt die AZ am 10. 7. 1966. Es war doch Zufall, entgegnet der ÖTB. Die Turnhalle sei Eigentum der Republik Österreich gewesen — auch andere hätten dort trainiert.[12] Die Zeitschrift ‚Die Österreichische Nation' veröffentlichte jedoch ein Telegramm des Turnerbundes, in dem es heißt, dass 38 Turner in der „Julierhebung [...] ihr Leben für die Bewegung gegeben haben."[13] Nicht zuletzt sei auch der Zwillingsbruder meiner Großmutter erwähnt, der in seinem zweiseitigen handgeschriebenen Lebenslauf für die SS explizit schreibt: „im Jahre 1924 dem deutschen Turnerbund beigetreten"[14]. Außer seinem Beitritt zum Freikorps Oberland ist das offenbar der einzige Verein, den er im nationalsozialistischen Sinne für nennenswert erachtet.

Auch nach dem Zweiten Weltkrieg waren große Teile der erweiterten Familie nach wie vor beim Turnerbund, manche sind es bis heute. Auch der Eugeniker Heinrich Reichel war ‚selbstverständlich' Turner.[15]

12 Vgl. Österreichischer Turnerbund (Hg.). Das Turnen von Jahn bis heute. Linz, 1995, S. 22, zitiert in Lederer. Der Österreichische Turnerbund im Nationalsozialismus, S. 8–9.

13 Material über die österreichfeindliche Haltung der Leitung des „Österreichischen Turnerbundes" bzw. der von ihm herausgegebenen „Bundestumzeitung", zit. nach Lederer. Der Österreichische Turnerbund im Nationalsozialismus, S. 8–9.

14 Reichel, Erwin. Handschriftlicher Lebenslauf für die SS. Stettin, 1938, Bundesarchiv Berlin.

15 Durig, Arnold. Physiologische Ergebnisse der im Jahre 1906 durchgeführten Monte Rosa Expedition. Digitised by the Harvard University, Download from The BHL, http://www.landesmuseum.at/pdf_frei_remote/DAKW_86_0115-0231.pdf (abgerufen am 18. 8. 2015), S. 12.

Besagtes Foto zeigt unter anderen meinen Ururgroßvater Dr. Carl Rabl[16] (1819–1889) und dessen Sohn, ebenfalls Dr. Carl Rabl (1853–1917), nach dem bis zum heutigen Tag eine Straße in Wels benannt ist. Dieser wurde 1886, also elf Jahre nach diesem Foto, an die deutsche Karl-Ferdinands-Universität in Prag zum ordentlichen Professor für Anatomie berufen. Beim Lesen des Buches von Lucian O. Meysels „In meinem Salon ist Österreich. Berta Zuckerkandl und ihre Zeit" bin ich auf einen interessanten Hinweis zu eben diesem Carl Rabl und dessen Berufung in Prag gestoßen. Darin wird die „Österreichische Wochenschrift"[17] vom 16. April 1868 zitiert, die unter der Rubrik „Vorgänge in dieser Woche" von eben jenem Berufungsverfahren an der Prager Universität berichtet. Das Kultusministerium war darüber verwundert, dass einer der berühmtesten Anatomen seiner Zeit, Dr. Emil Zuckerkandl (der Mann Berta Zuckerkandls), im Dreiervorschlag der Prager Universität nicht genannt war,

> „und der Meinung, man hätte an den Mann vergessen, [und so] machte es die Fakultät ausdrücklich auf Z.[uckerkandl] aufmerksam. […] Das Collegium erstattete wohl ein neues Gutachten, aber schlug Z. wiederum nicht vor. […] Rasch wird ein Wiener unbekannter Assistant, Dr. Rabel[18], zum außerordentlichen Professor ernannt, damit im Falle einer neuen Vacanz die entstehende Lücke durch irgend einen, gleichviel welcher Qualität, ausgefüllt werden könnte. Aeby starb und Dr. Rabel, welcher vor wenigen Monaten Assistant war, wurde ordentlicher Professor der Anatomie. Z. wurde zurückgesetzt, weil er dem Taufbecken ausweicht. Interessant ist, daß Dr. Rabel, welcher lediglich seiner christlich-germanischen Abstammung diese wunderbar rasche Carriere dankt, in der

16 Der zweite von insgesamt vier Carl Rabls in der Generationenfolge.

17 Die „Österreichische Wochenschrift" wurde vom Publizisten und Politiker, dem österreichischen Reichsraths-Abgeordneten Joseph Samuel Bloch (1850–1923) als „Centralorgan für die gesammten Interessen des Judenthums" ab 1883 herausgegeben, „ursprünglich in der Absicht, mittels eines offensiv agierenden Organs die Judenfeinde in ihre Schranken zu weisen." (http://sammlungen.ub.uni-frankfurt.de/cm/periodical/titleinfo/3020846, abgerufen am 14. 8. 2015).

18 Richtig: Rabl.

Wissenschaft ein homo novus, schon jetzt als Nachfolger Langers ins Auge gefasst wird. So geht es zu in den Hallen der Wissenschaft mit ihren Lehrmeistern."[19]

DIE URURURGROSSMUTTER

Fritz Reichel, der Cousin meiner Großmutter, schreibt in seinen Lebenserinnerungen: „Zunächst eine interessante Begebenheit, die ich als kleiner Bub zusammen mit meiner Schwester Roswitha erlebt hatte. Wir hatten einen Besuch im Herrengassenhaus bei der Urgroßmutter Neuditschka, Franziska Neuditschka, verehelichte Rabl gemacht. Sie saß vorne am Erker und arbeitete, sogenannte Klöppelspitzen. Wir mussten einen Knicks machen und konnten uns dann wieder verabschieden. Ich war damals vier Jahre alt und meine Schwester Roswitha acht Jahre. Unmittelbar nachher, 1914 ist sie verstorben. Sie muss als junge Frau noch zu Zeiten des Polizeiregimes Metternich gelebt haben. Sie ließ im Hause die schwarz-rot-goldene Fahne von Deutschland hissen und kam sofort mit der Polizei in Schwierigkeiten." In diesem Zitat wird zwar nicht angegeben, wann meine Ururgroßmutter besagte Fahne hisste, klar wird für mich jedenfalls, dass sich im „Reichel komplex" neben dem Antisemitismus auch der Deutschnationalismus (und der war damals staatsfeindlich!) viele Generationen vor den Nazis nachweisen lässt.

ALPENGLÜHEN

In den auf dem Dachboden aufbewahrten Kisten meiner Großtante fanden mein Onkel und ich eine Schachtel mit Glasdias von der Monte-Rosa-Expedition 1906 (Abb. 17), an der mein Urgroßvater Heinrich Reichel teilgenommen hatte. Als es mit Hilfe meines Kollegen Thomas Freiler im Forschungslabor Fotografie an der Akademie der bildenden Künste gelungen war, die Glasplatten zu scannen, blickte uns eine illustre Runde von fünf Herren auf einem der Bilder an — offensichtlich ein Bild, das mit Selbstauslöser gemacht worden war. Braungebrannt und mit Bärten sitzen die jungen Doktoren selbstbewusst und in Abenteurerpose vor der Berghütte.

19 Österreichische Wochenschrift 3(16), Wien, 16. April 1886, S. 182.

Abb. 16: Heinrich und Cäcilie Reichel auf der Spitze des Watzmann (1905)

Auf einem anderen Bild sieht man sie, offensichtlich mit zwei Bergführern, auf einem Gipfel posieren, ein weiteres Foto zeigt vier von ihnen in der Hütte mit Morsegerät, Messbehältern und Abfülltrichtern. Mein Kollege meinte spontan, das sei die perfekte Mischung aus wissenschaftlicher Avantgarde und Jungbubentraum. Mein Urgroßvater war damals 30 Jahre alt und seine Frau war zu ihrem ersten Kind Hedwig schwanger. Ich wusste bereits seit Langem, dass meine Urgroßeltern Heinrich und Cäcilie nicht nur mit Begeisterung wanderten, sondern auch BergsteigerInnen waren. Ein Foto zeigt sie gemeinsam mit einer dritten Begleiterin, die ich nicht identifizieren konnte, auf der Spitze des Watzmann — laut Bildstempel am 6. 9. 1905 (Abb. 16), also ein Jahr vor der Monte-Rosa-Expedition. Auch fand ich in der sorgsam aufbewahrten Ledertasche mit all den Orden, Auszeichnungen und Kongressabzeichen von Heinrich Reichel neben einem Abzeichen der Alkoholabstinenzbewegung auch ein Abzeichen des deutsch-österreichischen Alpenvereins, aber dazu komme ich etwas weiter unten.

Ich begann also zur Monte-Rosa-Expedition zu recherchieren. Wieder stellte sich mir das Problem, dass es allein schon wert wäre, diese Monte-Rosa-Expedition für sich gründlich zu erforschen. Eine kleine historische Diplomarbeit wäre da sicher drin. Ich fand online im Archiv des Oberösterreichischen Landesmuseums den digitalisierten ersten Teil der

Forschungsberichte zu dieser Expedition: insgesamt 528 Seiten, davon 50 von Heinrich Reichel — alles digitalisiert von der Harvard University. In der 55-seitigen Einleitung erfährt man bereits Näheres über die Expeditionsbedingungen und die Teilnehmer. Es geht in erster Linie um die physiologischen Auswirkungen auf den menschlichen Organismus in hochalpiner Umgebung. Seitenlang wird über die Vorbereitung von Nahrungskonserven berichtet. Es werden alle Expeditionsteilnehmer physiologisch genau beschrieben: bezüglich Alter, Größe, Gewicht und anderen Eigenschaften. Bei zwei Teilnehmern (darunter Heinrich Reichel) wird explizit darauf verwiesen, dass sie durchtrainierte Turner sind.[20]

Es wird auch Bezug auf die Ergebnisse einer vorangegangenen (ersten) Monte-Rosa-Expedition und die Forschungsergebnisse von anderen Wissenschaftern — auch italienischen — genommen. Mir fällt dazu spontan George Orwell ein, der in seinem Buch „The Road to Wigan Pier" feststellt, dass ohne die Erfindung der Konserven der Erste Weltkrieg rein technisch gar nicht möglich gewesen wäre.[21] Ich muss an meine Wanderung in den Karnischen Alpen denken, wo man bis heute in den alpinen Schützengräben des Ersten Weltkriegs, als sich Österreicher und Italiener (sic)[22] erbarmungslos bekämpften, riesige Mengen an geöffneten Konservendosen findet.

Aber zurück in die Berge. Heinrich Reichel war Alpenvereinsmitglied, die Sektion gilt es noch herauszufinden. Zur Zeit der Fotoaufnahme herrschte im österreichischen Alpenverein bereits ein ausgesprochen antisemitisches Klima. „Die 1887 gegründete elitäre Akademische Sektion Wien des DÖAV, die seit der Gründung jahrzehntelang stillschweigend als ‚bloß gehandhabte Überlieferungen der Sektion' den ‚Arierparagraph' praktiziert haben dürfte, setzt einen ersten Schritt hin zum statutenmäßig fixierten Antisemitismus mit der Schaffung des ‚Arierparagraphen' in der 1907 gegründeten Wintersportvereinigung der Akademischen Sektion

20 „In reaktionärem Kulturkonservatismus wenden sich die nationalen Bewegungen des deutschen Turnens wie des deutschen Bergsteigens gegen die Entwicklung des modernen Sports. In dieser Krise der Moderne setzen die herrschenden Schichten mit den Mitteln des Nietzscheanismus, Sozialdarwinismus und des Antisemitismus die deutsche Kultur gegen die ‚dekadente' westliche Zivilisation, mit welcher auch der Alpinismus zur kultischen Ersatzreligion weit über den Sport hinaus erhoben wird." (Amstädter, Rainer. Der Fluch der bösen Tat. Das Himmelschreiende Unrecht des Alpenvereins an der Sektion Donauland 1921–1924.)

21 George Orwell, The Road to Wigan Pier (New York: Houghton Mifflin, 1958), p. 91

22 Italiener und Österreicher haben sich wenige Jahre danach auf Basis der gleichen Forschungen alpin bekriegt (siehe u. a. Isonzo und Karnische Alpen).

Wien (ASW)."[23] Es ist wie erwähnt noch unklar, ob Heinrich Reichel in der Akademischen Sektion war, es scheint mir aber naheliegend für einen Universitätslehrer.

Der Alpenverein stellte in meiner Familie immer eine Konstante dar. Wie hinsichtlich aller anderen Organisationen dieser Art wurden mir — aber vermutlich auch all meinen anderen österreichischen ZeitgenossInnen — die Aktivitäten des Alpenvereins immer als unpolitisch verkauft. „1924, als vor den Berghütten die ersten Hakenkreuzbanner wehten. Soeben hatte sich der Alpenverein eine neue Satzung gegeben. Paragraph eins: ‚Der Verein ist unpolitisch.' Ein Zusatz stellte klar, wie das gemeint war: ‚Bestrebungen zur Wahrung und Förderung deutscher Stammesarbeit können selbstverständlich nicht als politisch anerkannt werden.' [...] Tatsächlich nahm der Alpenverein die spätere Judenpolitik des Dritten Reiches um genau zehn Jahre vorweg. Schon 1924, als Hitler in Landsberg noch seine Festungsstrafe absaß und an ‚Mein Kampf' herumformulierte, setzten radikale Sektionen auf einer stürmischen Münchner Versammlung einen ‚Arierparagraphen' durch, der den antisemitischen Geist des ominösen ‚Stammesarbeit'-Zusatzes in die Tat umsetzte. [...] SS-Führer gaben im Alpenverein schon zu einer Zeit den Ton an, als Himmlers Elitetruppe noch nicht mehr war als das Schlägerkommando einer unbedeutenden NSDAP."[24]

Der NS-Aktivist Walter Riehl[25] sprach anlässlich der Debatte zur Einführung des Arierparagraphen:

> „Der Antrag ist kein Angriff, sondern ein Schutzmittel, und nicht nur für uns Männer. Es gilt vielleicht vor allem, unsere weibliche Jugend zu bewahren. Durch die gesellschaftliche Vereinigung in den alpinen Vereinen wird der Geist der männlichen Jugend zersetzt und die weibliche Jugend demoralisiert. Die unbesonnenen und arglosen — eine Rasseneigenschaft der Arier — Töchter unseres Volkes, die den Juden weder äußerlich noch durch die Seele kennen, werden gerade durch diese gesellschaftlichen Bande verführt. Es

23 Mitteilungen der Akademischen Sektion Wien des Deutschen und Österreichischen Alpenvereins. Wien, 1921, zit. nach Amstädter. Der Fluch der bösen Tat.

24 Der Spiegel 52, 1996, S. 62–63.

25 Schmitz, Rudolf in Rohmaterial zu: Derschmidt, Friedemann/Schneider, Karin/Pucher, Walther. Österreich, Komm und sieh Rudyn — Geschichten eines Tänzers aus Wien. Österreich, 1999. 80' Beta. Kamera: Walter Pucher, Jo Schmeiser; Ton: Volkmar Klien., Archiv F. Derschmidt.

Abb. 17: Monte-Rosa-Expedition (1906). Durig, Reichel, Kolmer oder Rainer und Caspari (v. links nach rechts)

> ist empörend, wenn man beispielsweise auf der Rax blonde deutsche Mädchen sieht, die von einem Schieberjuden geführt werden."[26]

Wieder die Stammes-Rhetorik, wieder die Idee der Reinhaltung der Rasse kombiniert mit einer männerbündischen, sexistischen, romantisch verbrämten Zurück-zur-Natur-Mentalität. Aber nun noch einmal kurz zur Monte-Rosa-Expedition. Einer der Expeditionsteilnehmer war der später sehr bekannte Krebsforscher Wilhelm Gaspari, der sich schwerpunktmäßig mit Chemotherapie, Ernährungsphysiologie (sic), Strahlenwirkung und Immunitätsverhältnissen auseinandersetzte. Der deutsch-jüdische Arzt Gaspari wurde am 21. Januar 1944 im Getto Litzmannstadt ermordet.

Genau an der Schnittstelle von Wandervogel und Alpenverein bewegt sich das folgende Zitat über die Großstadt:

> „Die Großstadt mit ihrem Hasten und Jagen, mit ihren Kinos, ‚mondainen' Tänzen und Aeußerlichkeiten muss euch ja ebenso anekeln wie jeden erwachsenen Menschen mit natürlichen Gefühlsanlagen. [...] Zurück zur Natur soll darum eure Losung sein. [...] Den Weg zur Natur finden wir aber nur durch das Wandern. [...] Die Eisenbahn und sonstige Bequemlichkeiten haben die alte Romantik zerstört. Trotzdem könnt ihr euch vollgültigen Ersatz schaffen durch allgemeines Jugendwandern. [...] Dadurch gewinnst du festen, frischen Glauben und neue Zuversicht und Hoffnung auf eine baldige Gesundung und auf einen nahen Wiederaufstieg deines Volkes und Vaterlandes."[27]

DIE MÄNNERSTADT

Im Jahr 1918 publizierte Heinrich Reichel im Rahmen der „Wiener klinischen Wochenschriften" ein bedenkliches Heft. Unter dem Titel „Die Männerstadt" zieht er im großen Stil gegen die industrialisierte Großstadt ins Feld.

26 „Tagblattarchiv" der Kammer für Arbeiter und Angestellte für Wien, Dokumentation, Mappe Judentum 1921, Neue Freie Presse 30. 4. 1921, Annahme des Arierparagraphen im Oesterreichischen Touristenklub, zit. nach Amstädter. Der Fluch der bösen Tat.

27 Gritzner, Franz. Jugendwandern. In: Der Bergsteiger. Deutsche Wochenzeitschrift für Alpinismus und Schilauf 7, 1923, S. 78, zitiert nach Amstädter. Der Fluch der bösen Tat.

Wenn man bedenkt, dass er nur etwas mehr als ein Jahr zuvor mit dem Erlös des Firmenverkaufs seines Schwiegervaters einen Bauernhof in der Nähe von Wels für seine Frau und seine bis damals immerhin bereits sieben Kinder erworben hatte, liest sich dieser Text wiederum fast wie eine rückwirkende Anleitung zu seinem eigenen Lebensexperiment. Dem Heft ist zu entnehmen, dass es auf Basis seines eigenen Diskussionsbeitrages „auf der Berliner Tagung der ärztlichen Abteilungen der Waffenbrüderlichen Vereinigung zum Thema ‚Vermehrung und Erhaltung des Nachwuchses' am 25. Januar 1918" verfasst wurde. Die Stadt erscheint in dieser Schrift als krank machend und als ein Ort, der keine Luft zum Atmen bietet:

> „Das Krankhafte liegt vielmehr in der anscheinenden Unfähigkeit des städtisch lebenden Volksteiles, sich auf die Dauer fortzupflanzen. Diese Unfähigkeit tritt gerade bei jenen Volksschichten, die die unmittelbare Gesundheitsschädlichkeit der Großstadt überwunden haben, zumeist am deutlichsten hervor. Die Geschichte kennt eigentlich nur ein Beispiel fruchtbaren Stadtvolkes: die Juden im Ghetto, und gerade dieses Beispiel lehrt, daß es bei Überwindung der Schwierigkeit nicht auf Weiträumigkeit und sanitäre Einrichtungen ankommt, sondern offenbar allein auf etwas rein psychisches, auf eine übermächtige, im gegebenen Beispiele religiöse Massensuggestion, die Suggestion nämlich, die Fortpflanzung trotz aller entgegenstehender Schwierigkeiten, trotz aller für den Einzelnen daraus erwachsender Nachteile unbedingt und leidenschaftlich zu wollen, mit einer Leidenschaft zu wollen, ‚als ob das Heil daran hinge', wäre man versucht zu sagen, wenn man nicht bei der Benützung der Phrase bemerken müßte, daß es ja vielleicht wirklich gerade daran hängt."[28]

Reichel schlägt in dieser Schrift ein Modell vor, in dem die Männer erwerbsbedingt in der Großstadt leben und arbeiten, die Frauen hingegen den Nachwuchs auf dem Land in bäuerlicher Lebensform pflegen und großziehen:

28 Reichel, Heinrich. Die Männerstadt. Ein Beitrag zum Großstadt- und Familienproblem. Separatdruck aus der Wiener klinischen Wochenschrift — Organ der k. k. Gesellschaft der Aerzte in Wien; Wien und Leipzig: Wilhelm Braumüller, 1918, S. 3.

„Es könnte dadurch recht wohl kommen, daß in Zukunft die Stadt ihre Anziehungskraft nicht auf die ganze Familie, sondern nur auf den Erwerb suchenden Familienvater ausübt, ja daß eine Abwanderung von Familien aus der Stadt auf das flache Land einträte. Entgegen wirkt dieser Entwicklung offenbar hauptsächlich die Schwierigkeit der Schaffung ländlicher und halbländlicher Kleinsiedlungen, die hohen Verkehrskosten und die Frauenarbeit. […] Die gewerbliche Frauenarbeit jedoch wird nach dem Kriege unausweichlich breiteren Raum einnehmen, als es vor dem Kriege der Fall war, wenn auch zu hoffen steht, daß sie sich nicht annähernd auf der Höhe, die sie während des Krieges gewonnen hat, wird halten können. Durch prohibitive Maßregeln dürfte weniger zu erreichen sein. Ein Moment ist tröstlich: nicht nur die gewerbliche Frauenarbeit hat Fortschritte gemacht, auch die landwirtschaftliche Arbeit der Frauen ist gewaltig gewachsen und hat sich gut bewährt. Hier ist vor allem Pflegearbeit zu leisten, die der Frau natürlicher ist als einseitige körperliche oder geistige Arbeit in der Stadt. Die landwirtschaftliche Arbeit verträgt sich nicht bloß mit der Menschenaufzucht in der Familie, sie begünstigt sie, ja sie verlangt sie auch

umgekehrt. Wenn es also gelingt, der Frau lohnende, das heißt für die Familie unmittelbar nutzbringende ländliche Pflegearbeit — man muß nicht gleich an Pflügen und Mähen denken, vielmehr an Obst- und Gemüsebau, Kleintierzucht u. dgl. — zu bieten, so wird damit das beste und wirksamste Gegengewicht gegen die verlockenden Anerbietungen der Industrie geschaffen werden. Immerhin müssen wir mit einer gewaltigen Menge von Frauen rechnen, die alle Gewerbe, für die sich Frauen überhaupt eignen, festhalten und weiter an sich ziehen werden. Keineswegs alle beziehungsweise keineswegs die ganzen Großstädte werden in absehbarer Zeit zu Werkstatt- oder Männerstädten werden können. Solange — und es wird lange dauern — der Zustand dieser Wohngroßstädte für viele ihrer Bewohner in gesundheitlicher und wirtschaftlicher Hinsicht widrige Verhältnisse bieten, muß die intensivste Fürsorge am Werke sein, um durch Rat und Tat wo es not tut, durch Uebernahme von Aufzuchts- und Erziehungsaufgaben aller Art von dem vorhandenen menschlichen Nachwuchse zu retten, was zu retten ist."[29]

Heinrich hatte jedenfalls seine eigene Frau mit den Kindern in den kurz zuvor erworbenen Bauernhof übersiedelt und selbst ab 1916 eine kleine Wohnung in der Kinderspitalgasse 15 im 9. Bezirk bezogen.[30] Liest man ergänzend in seinen Schriften, lässt sich wohl mit einiger Gewissheit behaupten, dass auch dieses Vorgehen von ihm durchaus programmatisch aufzufassen ist:

„Laß dich nicht von der Scholle reißen, wo du aus der Berührung mit dem mütterlichen Boden deine Kraft saugst. Fasse, wo immer du kannst; festen Fuß, um auf eigener Erde den Deinen ein Heim zu bereiten. Kannst du *am Lande* leben, so meide die Enge der Städte, die fast jedem mehr rauben, als sie ihm geben. Mit der Zusammendrängung schwindet deine Freiheit, wächst deine Abhängigkeit von Nachbarn und Machthabern, und wenn du selbst Macht und Ansehen genießt, so gereichen sie dir entweder zur schweren

Abb. 18: k. u. k. Typhus-Spital im 1. WK in Miskolez. Heinrich Reichel gleich rechts unter dem Kreuz

29 Reichel. Die Männerstadt. Ein Beitrag zum Großstadt- und Familienproblem, S. 8.

30 Adolph Lehmann's allgemeiner Wohnungs-Anzeiger: nebst Handels- u. Gewerbe-Adressbuch für d. k.k. Reichshaupt- u. Residenzstadt Wien u. Umgebung. Wien, 1916, Band 2. http://www.digital.wienbibliothek.at/wbrobv/periodical/zoom/152245?zoom=4&lat=2182.34975&lon=1828.588&layers=B (abgerufen am 14. 8. 2015).

> Bürde oder zum endlichen Schaden. Die leicht erringbaren, schalen Genüsse der Stadt bieten keinen Ersatz für die dann zerrissenen Fäden, die dich jetzt mit der großen Natur verknüpfen."[31]

Das Buch „Die Männerstadt" liest sich für mich wie eine Kampfschrift gegen das „Rote Wien", obwohl ich aus dem Interview mit seiner Tochter Hertha auch eine gewisse Bewunderung der Errungenschaften des sozialdemokratischen Wien durch Reichel heraushören konnte.

EINE INTERVENTION

In einem Brief des Bruders meines Urgroßvaters, Friedrich Reichel, kann man einen weiteren Beleg für offenen Antisemitismus finden. Der Gewerberat Friedrich Reichel versuchte mit diesem Brief vom 30. September 1919 bei der Stadtgemeinde Wels zu intervenieren, um zu verhindern, dass die nach dem Ersten Weltkrieg von der Stadt zur Vermietung angebotene Haunoldsegger Kaserne der Wiener Büromöbelfabrik Hobeg zugesprochen wird, was ihm letztendlich nicht gelang:

> „Daß der Ausschreibung der Stadtgemeinde zufolge nur ‚Deutsch-arische' Bewerber in Betracht kommen, hat der gefertigte Gewerberat lebhaft begrüßt, da er der Ansicht ist, dass volksfremde Elemente von unserer Stadt nach Möglichkeit ferngehalten werden sollen und daß unser Wirtschaftsleben nur dann zu neuer Entfaltung gelangen wird, wenn der Unterstützung der eigenen Volksgenossen besonderes Augenmerk zugewendet wird."[32]

Die Sprache ist bereits da — noch vor der Gründung der NSDAP!

WANDERVOGEL

Im schier unerschöpflichen Archiv meiner Großtante fand ich ein rares Fotoalbum. Es ist eine detailliert vom späteren Schwager meiner Großmutter,

31 Reichel, Heinrich: Kathechismus der Gesundheit. Vermutl. 1932, S. 17.

32 Reichel, Friedrich. Brief an die Stadtgemeinde Wels vom 30. September 1919. Stadtarchiv Wels.

Abb. 19: Hochzeitseinladung von Ottilie Reichel und Hermann Derschmidt mit Wandervögelgreifen, Kaltnadelradierung von 1932

dem damaligen Geschichtsstudenten Erwin Wascher, zusammengestellte Sammlung von Fotos vermutlich sämtlicher Fahrten des Linzer Wandervogels im Jahr 1926. Ein ausführlicher Index ist den nummerierten Bildern vorangestellt. Die verschiedenen Fahrten sind genau verzeichnet. An vierter Stelle zeichnet auch mein Großvater Hermann Derschmidt für eine Fahrt nach Weyer verantwortlich (26.–28. 3. 1926). Die 113 Fotos der Sammlung sind nummeriert und über den Index erfasst. Beim Betrachten der Bilder wurde mir klar, welch prägende Rolle diese Wanderungen im Leben meiner Großeltern und deren Geschwistern, Freunden und Freundinnen gespielt haben muss. Man trägt bequeme Fahrtenkittel, aber keine volkstümliche Tracht (!). Meine Großeltern lernten sich im Wandervogel kennen und lieben, was man unschwer auch an ihrer mit zwei „Wandervogelgreifen" verzierten Hochzeitseinladung (Abb. 19) erkennen kann. Überhaupt dürfte der Wandervogel eine Art Partnerbörse gewesen sein. Der Streit um die Zulassung des Mädchenwanderns[33] war zu diesem Zeitpunkt längst entschieden und der österreichische Wandervogel hatte bereits 1913 einen Arierparagraphen eingeführt.[34] Die Auswahl war also bereits vorselektiert. Als mich Birgit Kirchmayer darauf hinwies, dass Adolf Eichmann zu dieser Zeit ebenfalls Mitglied des Linzer Wandervogels

33 Berg, Christa. Familie, Kindheit, Jugend. In: Berg, Christa (Hg.). Handbuch der deutschen Bildungsgeschichte (S. 91–146). Band 4: 1870–1918. Von der Reichsgründung bis zum Ende des Ersten Weltkriegs. München, 1991, S. 134.

34 Ebd.

war, hat mir das nochmals einen leichten Schlag versetzt. Ich stelle mir meine Großmutter und ihre Schwestern gemeinsam mit Eichmann und ihren späteren Ehemännern auf romantischer Fahrt an irgendeinem Lagerfeuer sitzend vor, wie sie bündische Lieder singen. Wer sich über die „Dunklen Seiten der Jugendbewegung“ (so der Titel des Buches) informieren will, lese unter anderem Christian Niemeyers oben genanntes Werk.[35] Dort wird auch ganz klar aufgezeigt, wie sehr der Mythos Wandervogel nach dem Krieg ausgerechnet von NS-belasteten jugendbewegten HistorikerInnen ‚zurechtgelogen‘ wurde. Auch mir wurde der Wandervogel bzw. die Jugendbewegung überhaupt (z. B. auch die Neulandbewegung) immer als die romantische, unschuldige Bewegung vermittelt, die später vom bösen Nazismus missbraucht worden war. Erst langsam wird mir das ganze Ausmaß dieser Lüge klar. Ebenso wie in Turnerbund und Alpenverein wurde offensichtlich nach 1945 fröhlich weitergemacht, als ob nichts geschehen wäre. Natürlich pflegte man etwas Oberflächenpolitur. Diese war aber anscheinend nur in homöopathischen (sic) Dosen vonnöten. Erst in jüngster Zeit beginnen diese Organisationen sich mit ihrer unerträglichen Geschichte auseinanderzusetzen.

Erwin Wascher, der das Wandervogel-Album so akribisch zusammengestellt hat, begegnete mir wieder in meiner Recherche: Auf einem antisemitischen

35 Niemeyer, Christian. Die dunklen Seiten der Jugendbewegung. Vom Wandervogel zur Hitlerjugend. Tübingen: Francke, 2014.

Plakat (Abb. 20) der deutschen Studentenschaft (heute wäre das die Hochschülerschaft) von 1931 steht: „Für den Inhalt verantwortlich: Dr. Erwin Wascher“. Das Plakat ruft die „deutsche (sic) Bevölkerung Wiens“ zu einem Fackelzug auf — vom Schillerplatz vor der Akademie der bildenden Künste über die Ringstraße zur Huldigung vor der Universität. Anliegen ist der „Kampf für die Deutscherhaltung unserer Hochschulen“. Ehrenschutz übernahmen die „Magnifizenz Prof. Hans Uebersberger und Prof. Graf Gleispach“, beide bekannte Nazis.[36]

Aus einem Schreiben der NSDAP München an den Gauschatzmeister des Gaues Wien der NSDAP hinsichtlich der Wiederaufnahme des „hier: ehem. PG (Parteigenossen) Erwin Wascher“ vom 30. 4. 1943 geht hervor, dass dieser am 10. 12. 1931 der NSDAP Währing beigetreten war (Abb. 21). Er wurde allerdings wegen nichterfolgter (Mitglieds-)Beitragsleistung im September 1932 aus der Partei ausgeschlossen. Für die erfolgreiche Wiederaufnahme im Jahr 1943 hatte er hohe Protektion durch den stellvertretenden Gauleiter Scharitzer. Zu dieser Zeit war er im Reichsnährstand Oberdonau unter anderem für Ernährungsfragen tätig. Nach Aussage seines Neffen, meines Onkels Walther, war er in dieser Funktion unter anderem für die Ernährung in ganz Oberdonau zuständig — somit auch für das KZ Mauthausen, in dem er mehrfach war. Erwin Wascher sprach mit meinem Onkel auch darüber, aber er insistierte natürlich darauf, immer „korrekt“ gehandelt und „die vorgeschriebenen Rationen geliefert zu haben“[37].

Der Entnazifizierung entzog Erwin Wascher sich laut Familienerzählung durch einen Deal mit „den Amerikanern“. Als Ernährungsbeauftragter verfügte er als Einziger über detaillierte Informationen über diverse Lebensmitteldepots im ganzen Land. Nachdem diese teilweise verdorben wären, bis die US Army sie ausfindig gemacht hätte, vereinbarte er, gegen Preisgabe der Liste straffrei zu bleiben. Jedenfalls war er, der seine Kinder, Neffen und Nichten bereits 1946 wieder im Kübelwagen zum Eis-Essen ausführte, bei diesen sehr beliebt. Er hatte auch in den schlimmsten Zeiten des Krieges immer Schokolade oder Bananen.[38] Er kandidierte im Jahr

36 Plakatsammlung der Österreichischen Nationalbibliothek.

37 Telefonat mit Walther Derschmidt am 6. 8. 2015.

38 Gespräch mit Ulf Derschmidt.

Verleger: Deutsche Studentenschaft der Universität Wien, (Dr. Erwin Wascher) Universität; für den Inhalt verantwortlich: Dr. Erwin Wascher, Wien, I., Universität.“

KVaSchn/Br/Mn. 4.43.

München, 3o.April 43.

An den 6.5.43

Gauschatzmeister des Gaues
Wien der NSDAP.
Herrn Erich Schulze

Wien

Wiederaufnahme; hier: ehem.
Pg. Erwin Wascher,
geb. 6.5.19o4.wohnh.: Wien 7,
Lindengasse 44
Mitgl.Nr.: 9 018 357

geb. 6.5.06?

Jn Erledigung der mit Jhrem Laufschreiben Nr. 6227 vorgelegten Aufnahmeunterlagen gebe ich Jhnen folgendes bekannt:

Hinsichtlich der Eintragungen in der Reichskartei verweise ich Sie auf das Schreiben der Reichsleitung vom 5.10.1939.

Nachdem nunmehr der Stellv.Gauleiter, Pg. Scharizer eine Wiederaufnahme des Obengenannten befürwortet, wird Erwin Wascher gemäß Anordnung 34/39 zum 1.1.41 bei der Ortsgruppe Wien mit obiger Anschrift in die NSDAP. wiederaufgenommen.

Der Genannte wird unter der im Betreff genannten Mitgliedsnummer als Mitglied wie folgt weitergeführt:

aufgenommen: 10.12.1931,
ausgetreten: 31.7.1932,
wiederaufgenommen: 1.1.1941.

Erledigt 6. MAI 1943
Frankl

Die beigefügte Mitgliedskarte bitte ich an Parteigenossen Wascher unter Hinweis auf die bestehenden Meldevorschriften, sowie nach Regelung eines evtl. Beitragsrückstandes auszuhändigen.

./.

Kartei:
Geburtsdaten v. 1906 in 1904 abändern laut Aufnahmeantrag

1949 für den WdU[39] und wurde Abgeordneter zum Oberösterreichischen Landtag sowie Landesrat in der Oberösterreichischen Landesregierung — wiederum für Ernährungsfragen. Eine klassische österreichische Karriere.

BRIEF HEINRICH REICHELS AUS DEM JAHR 1934

In der Publikation „Vorreiter der Vernichtung“ schreibt Thomas Mayer über Heinrich Reichel: „Reichels Rolle in der NS-Zeit war ambivalent. Zunächst einmal war er nie Mitglied der NSDAP oder einer ihrer Gliederungen und hatte auch keine Beitrittsansuchen gestellt.[40] Als Großdeutscher hatte er eine gewisse Sympathie für einen Anschluss an Deutschland, aber nicht unter dem Nationalsozialismus. Einige seiner Freunde jüdischer Herkunft mussten 1938 emigrieren.[41] Andere, wie der Volkskundler Viktor Geramb, wurden 1938 entlassen oder begingen, wie Viktor Gegenbauer, Selbstmord.[42] Außerdem soll Reichel die SS- und SA-Mitgliedschaften zweier Söhne nicht gutgeheißen haben.[43]“[44]

Heinrich Reichel galt auch in der Familie als zwar „Großdeutsch“, aber dem Nationalsozialismus gegenüber kritisch eingestellt. Seine definitive Ablehnung der Euthanasie[45] wurde als Argument dafür in Stellung gebracht. Auch Thomas Mayer bezieht seine Information über eine politische

39 Der Wahlverband der unabhängigen (WdU)/Verband der Unabhängigen (VdU) ist die Vorgängerpartei der 1955 entstandenen FPÖ. Er war ein Sammelbecken ehemaliger NationalsozialistInnen.

40 „ÖStA, AdR, o8 DWM, PA, Heinrich Reichel, Formblatt Erklärung über politische Vergangenheit und Einstellung v. 2. 10. 1939; es sind keine Gauakten im ÖStA zu Reichel vorhanden und laut Auskunft des Bundesarchivs Berlin vom 17. April 2002 gibt es keine Akten zu einer NSDAP-Mitglied- oder Anwärterschaft Reichels“; zit. nach Mayer. „... daß die eigentliche österreichische Rassenhygiene in der Hauptsache das Werk Reichels ist“. In: Gabriel, Heinz-Eberhard/Neugebauer, Wolfgang (Hg.). Vorreiter der Vernichtung? Eugenik, Rassenhygiene und Euthanasie in der österreichischen Diskussion vor 1938 (S. 65–98) (= Zur Geschichte der NS-Euthanasie in Wien, Teil 3). Wien-Köln-Weimar: Böhlau, 2005, S. 93.

41 Interview mit Brigitte Reichel v. 16. 5. 1998, zit. nach Mayer. „... daß die eigentliche österreichische Rassenhygiene in der Hauptsache das Werk Reichels ist“, S. 93.

42 Schinzel, 1957, S. 7; Heinrich Reichel, Viktor Gegenbauer und sein Werk, in: WKW 52 (1939), 16, S. 84–88, Quelle zit. nach Mayer. „... daß die eigentliche österreichische Rassenhygiene in der Hauptsache das Werk Reichels ist“, S. 93.

43 Interview mit Brigitte Reichel v. 16. 5. 1998.

44 Mayer, Thomas: „... daß die eigentliche österreichische Rassenhygiene in der Hauptsache das Werk Reichels ist“. In: Gabriel, Heinz-Eberhard/Neugebauer, Wolfgang (Hg.). Vorreiter der Vernichtung? Eugenik, Rassenhygiene und Euthanasie in der österreichischen Diskussion vor 1938 (S. 65–98) (= Zur Geschichte der NS-Euthanasie in Wien, Teil 3). Wien-Köln-Weimar: Böhlau, 2005, S. 93.

45 Reichel, Heinrich. Welches sind heute die dringlichsten Forderungen der Rassenhygiene? In: Wien Klien Wochenschr 47(23), 1934, S. 705–708 und 47(24), S. 742, Sonderdruck, 1–18,8–9, 12–13, 18.

Abb. 21: Faksimile aus der NSDAP-Akte Erwin Wascher (Bundesarchiv Berlin, BDC)

Maßstäben angewachsen.
Die Sympathien, welche die N.-S. Bewegung bis dahin bei der Exekutive genossen hatte, sind damit in der Hauptsache verloren gegangen, so daß heute die sehr enttäuschte und wachsame Exekutive jede N.-S. Aufstandsbewegung gewissenlos blutig unterdrücken würde. – Dabei besteht ein Zustand, so muss die Jugend von Tag zu Tag gespannt darauf wartet ihr Blut für die N.-S. Sache opfern zu dürfen und so sie überzeugt ist, daß das Reich auf dem Kommando hin ge-wartet wird, dann auch sofort

ausgezeichneter Hochachtung
Ihr sehr ergebener Heinrich Reich

Differenz Heinrich Reichels mit seinen Söhnen aus einem Interview mit meiner Großtante Brigitta. Sie hat offensichtlich wider besseres Wissen am positiven Bild ihres Vaters gearbeitet. Mein Onkel Rainer und ich staunten nicht schlecht, als wir bei unserer „Grabung" am Dachboden auf eine wohlgeordnete Kiste mit den persönlichen Notizbüchern Heinrich Reichels stießen. In einem der Büchlein fanden wir einen achtseitigen handgeschriebenen und unterzeichneten Brief Heinrich Reichels. Dieser war am 26. April 1934, also zwei Monate nach den Februarkämpfen und drei Monate vor dem Dollfuß-Mord und NS-Putschversuch, in München abgefasst worden. Er richtet sich an einen (nicht eruierbaren) Minister in Deutschland. Es ist auch nicht klar, ob Reichel eine Reinschrift des Briefes tatsächlich abgeschickt hat. Der Inhalt widerlegt jedenfalls alle bisherigen Vorstellungen über Reichels politische Haltung:

> „Sehr verehrter Herr Minister!
> Ich erlaube mir hier kurz zu schreiben, was ich Ihnen in der Hauptsache mitteilen wollte. Wenn Ihnen auch das meiste daran nicht unbekannt sein wird, so habe ich doch den Eindruck gewonnen, daß darüber im Reiche so unzutreffende Vorstellungen vorliegen, daß es nicht unnötig scheinen mag, eine Aussage mehr zu hören.
>
> 1. Die Februarereignisse waren eine sehr ernste, von den Marxisten genau vorbereitete Revolte, die auf ein Haar Erfolg gehabt hätte und schreckliche Folgen hätte haben müssen. Unsere Exekutive hat sich dabei glänzend geschlagen und die Sympathien der Bevölkerung weitgehend gewonnen. Die Kämpfe haben tatsächlich nicht mehr Opfer gekostet, als amtlich berichtet worden ist. Nirgendwo haben sich Unbewaffnete an den Kämpfen beteiligt. Zur Vorbereitung hatten die Marxisten in der Zeit vorher viele scheinbar nationalsozialistische Demonstrationen durchgeführt. Nur ganz törichte Leute konnten glauben, daß die von Juden geführten, den Kommunisten immer nahestehenden österreichischen Marxisten wirklich für den Nationalsozialismus kämpfen wollten. Trotzdem hat es auch solche ‚Törichte' gegeben. Die ersten Sprengstoffanschläge, welche seit dem Sommer 1933 über (?) Befehl der Münchener

Abb. 22: Seite aus dem Brief Dr. Heinrich Reichels vom 26. April 1934, gefunden in einem seiner Notizbücher

‚Landesleitung' ausgeführt worden sind, haben innerhalb und außerhalb der Partei in Österreich nur sehr ungünstig gewirkt. Was durch die Taten und Erfolge im Reich gewonnen wurde, ging durch die Taten im Inneren und durch die Gehässigkeit der Münchener Sendungen wieder verloren. Besonders war das *während* der Kämpfe der Fall, als der Münchener Sender und der ‚Völkische Beobachter' für die Marxisten Partei nahmen, was zwar aufgehört hat, aber noch immer nicht richtiggestellt ist. Auch haben in Österreich Gauleiter hinter der Kampffront damals Plakate zugunsten der Marxisten angeschlagen.

Die Sympathien, welche die N.-S. Bewegung bis dahin bei der Exekutive genossen hatte, sind damit in der Hauptsache verloren gegangen, so daß heute die sehr verstärkte und wachsame Exekutive n.-s. Aufstandsbewegung zweifellos blutig unterdrücken würde. — Dabei besteht ein Zustand, wo unsere beste Jugend von Tag zu Tag gespannt darauf wartet, ihr Blut für die n.-s. Sache opfern zu dürfen, und wo sie überzeugt ist, daß das Reich, auf dessen Kommando eben gewartet wird, dann auch sofort militärisch eingreift. Unsere jungen Leute sehen Reich und Bewegung als eine harmonische, triumphierende Einheit und die österreichische Frage als die wichtigste der Welt.

2. Die augenblickliche Lage ist dadurch besonders ungünstig, daß rasch alle national Fühlenden aus ihren Stellungen verdrängt werden. Auch können die vielen Posten von ausgeboteten Marxisten (besonders Juden) nicht von Nationalen eingenommen werden. Die Regierung verlangt von allen Staatsangestellten den Beitritt zur ‚Vaterländischen Front'. Es wird offen gedacht, daß jeder entlassen wird, der nicht beitritt.

Die Münchener Landesleitung hat aber Weisung gegeben, daß man, wo es ohne Gefährdung der Existenz angeht, nicht unterschreiben solle (oder so ähnlich). Dadurch kommt es zu Mißtrauen unter Gleichgesinnten und auch wieder zum massenweisen Verlust von besten Leuten, daß dann nichts übrig bleibt, als sich an das Reich als Hilfesuchende zu wenden.

3. Was geschehen (?) soll und kann vermag nicht ich anzugeben. Ich weiß nur, daß wir eine solche Gestaltung ganz dringend brauchen, die den nationalen Kreisen Österreichs eine loyale Mitarbeit an der — in Lösung auf jeden Fall begriffenen — Aufbauarbeit der Regierung gestattet.

Solange die Gefahr eines Kulturkampfes im Reich allerdings so groß ist wie augenblicklich, ist an Besserung unserer Lage nicht zu denken. Tritt der Kulturkampf ein, so sehe ich überhaupt auf lange keine gedeihlichen Möglichkeiten für das deutsch-österreichische Verhältnis. Dann steht aber sowohl mehr auf dem Spiele, das m. E. so wenig gut enden kann wie ein Krieg. Wird der Kulturkampf gebannt, so wäre das m. E. der gegebene Zeitpunkt zum Einlenken auch gegen Österreich.

Mit ausdrücklicher Hochachtung — Ihr sehr ergebener Dr. Heinrich Reichel"[46]

Der Satz „wo unsere beste Jugend von Tag zu Tag gespannt darauf wartet, ihr Blut für die n.-s. Sache opfern zu dürfen" straft Brigitta Reichels Erzählung von den großen Konflikten zwischen ihrem ‚Papa' und ihren Nazibrüdern Lügen. Sehr groß kann die Differenz nicht gewesen sein. Über die Rolle der beiden Brüder beim Juliputsch 1934 kann man im Kapitel „Narrative und Recherchen" mehr erfahren.

BILDSTÖRUNG 3

Beim Scannen von Fotoalben aus den 1940ern für das Projekt kommen mir folgende Bilder unter: Sie stellen meine damals vermutlich etwa 12- bis 14-jährige Großtante im Dirndl dar, die Schwester meiner Großmutter, die mit Cousins, Cousinen und Geschwistern meines Vaters Ringelreihen tanzt. Im Rahmen des Reichel-Projektes beginne ich später, 8-mm- und Super-8-mm-Filme aus den frühen 1970ern zu digitalisieren. Im Laufe der Digitalisierung eines dieser Hochzeitsfilme muss ich das Video bei einer bestimmten Aufnahme plötzlich stoppen: Diesmal erkenne ich mich, meinen Bruder, ein paar Cousins und Cousinen, meine Mutter und zwei

46 Transkription durch Ambros Gruber, Ende Juli 2015.

Tanten wiederum im Dirndl. Die Bilder gleichen einander, als würden keine 40 Jahre vergangen sein. Man mag jetzt denken: Ach, wie schön, hier kann man wahrhafte Tradition sehen. Allein, es gibt ein Problem: Es lässt sich beim besten Willen keine auch nur annähernd ähnliche Aufnahme in den in großen Mengen vorhandenen Familienfotos eine Generation davor finden. Ein Schelm, wer Böses denkt, aber das Tragen von volkstümlichen Trachten beginnt in dieser — eigentlich städtischen — Familie erst in den 1930er-Jahren, und das zeitgleich mit dem nachweislichen Engagement der meisten Familienmitglieder für den Nationalsozialismus. Mein Großvater Hermann Derschmidt machte das Thema Trachten und Volkslied ja in Folge zu seiner Lebensaufgabe. In meiner Kindheit und Jugend wurde das Thema als unpolitisch verhandelt. Wie wenig unpolitisch es gewesen sein muss und auch heute noch ist, habe ich erst viel später gelernt:

Abb. 23: Familienfoto (ca. 1940)

BILDSTÖRUNG 4

Beim Übersiedeln finde ich eine Schachtel mit Dias aus meiner Jugendzeit. Ich bitte meinen Cousin, diese zu scannen. Als ich die Bilder vom Server abrufe, holt mich meine Vergangenheit ein: Ich mit meiner damaligen Freundin eng umschlungen auf einem der Volkstanzfeste, die mein Großvater veranstaltete. Dieser ist auch auf dem Bild: Er schaut streng zu uns herüber, weil wir uns unmoralisch benehmen. Tanz ist kulturelle und nationale Pflichterfüllung. Tanz ist nicht für die Lust da.

Ich kann mich auch noch an ältere Freunde und Freundinnen meines Großvaters erinnern, die mir dort einerseits lobend auf die Schulter klopften, weil ich in die Fußstapfen meines Großvaters zu treten schien, allerdings mich auch für meine zu langen Haare maßregelten.

BILDSTÖRUNG 5

Auf den Singwochen meines Großvaters war ich sehr gerne. Erstens war es für mich, als in einem Knabeninternat Lebenden, eine wunderbare Gelegenheit, Mädchen kennenzulernen, und zweitens liebte ich dort einfach alles. Wir wohnten alle gemeinsam — Jung und Alt, Mädchen und Buben — in einer Berghütte auf einer Alm in den oberösterreichischen Alpen, der Edtbauernalm. Es wurde musiziert und gesungen, gewandert und Volleyball gespielt. In aller Frühe fand man sich beim Fahnenmast ein und sang vierstimmig „Es tagt der Sonne Morgenstrahl", und am Abend dann: „Gute Nacht, Kameraden". Letzteres ist ursprünglich ein Wandervogel-Lied, das aber mittlerweile bei Google unter „unsere Lieder in der Wehrmacht" firmiert, wie ich jetzt weiß. Jedenfalls war ich damals in der reinen Bergluft sehr begeistert. Ich wäre damals auch sicherlich gut manipulierbar gewesen. Meinen Großvater habe ich eigentlich erst dort kennengelernt. Er hatte erstaunliches Charisma. Eines Abends saß er mit Freunden

Abb. 24: Standbild, 8mm Film (1972)

seines Alters nach dem Essen in der Stube und begann über „alte Zeiten" zu reden. Ich hatte im Grunde immer eine Affinität zu Geschichte und setzte mich daher dazu. Als er mich bemerkte, schickte er mich sofort weg mit den Worten: „Du gehst weg, weil ihr seid ja alle von den Amerikanern verhetzt worden."

Das Tragen von Tracht wurde in der Familie immer stark gepflegt. Wenn man 8-mm-Filme von Familienfesten aus den 1960er- und 1970er-Jahren ansieht, wird man nur wenige Personen finden, die kein Dirndl oder die zumindest einen „trachtigen" Anzug bzw. auch Lederhosen tragen.

Mein Cousin Simon Wascher fand bereits im Zusammenhang mit dem Reichel-komplex-Projekt einen sehr aufschlussreichen Text in der Nationalbibliothek. Dieser erschien 1939 und wurde von einem sehr engen Freund meines Großvaters geschrieben. Darin zeichnet er ein ganz anderes Bild der frühen Sing- und Tanzwochenaktivitäten meines Großvaters:

> „Zweierlei Gefahren können einem Volkstum drohen: innere Krankheit und Auflösung, rassenmäßige Zersetzung einerseits, oder aber Unterdrückung durch äußere Macht, die sich auf Polizei und Bajonette stützt. Im Grunde ist nur die erste wirklich ernst zu nehmen und wehe einem Volke, das ihr nicht stark und zielbewußt begegnet![47] Die zweite kann einem innerlich gesunden Volkstum nicht nur nichts anhaben, sie wirkt vielmehr aufrüttelnd, stärkend und belebend. […]
>
> Schon die ersten Anfänge geschahen in einer Kampfatmosphäre, die mit dem traulich-idyllischen Begriff ‚Hausmusik' in einem beträchtlichen Gegensatz stand. Unsere erste Arbeitszeit vereinigte 14 Teilnehmer, darunter zwei Sudetendeutsche, in Altenberg bei Linz, zu Ostern 1934. Es war die Zeit des erbittertsten politischen Kampfes. Ungezählte Volksgenossen schmachteten in den Gefängnissen oder waren ihrer Existenzgrundlage beraubt, nur weil sie als Deutsche fühlten und handelten! Wer als Nationalsozialist bekannt war, galt den Behörden und den ‚Vaterländischen' als vogelfrei, und wer ein Freund eines Nationalsozialisten war und nur mit ihm verkehrte, galt ebenfalls als Nationalsozialist mit

47 Ist auch das nicht wieder ein klarer Bezug zur Eugenik mit allen bekannten Folgen wie T4 (Vernichtung sogenannten unwerten Lebens) und Holocaust?

Abb. 25: „Austrian Students Songs and Dances – South African Tour 1937". Akademisch-soziale Arbeitsgemeinschaft, Amt für Studentenwanderungen (Goodwill Tours)

allen polizeilichen Folgen. In dieser Zeit wäre es sicher bequemer gewesen, in den eigenen vier Wänden Hausmusik zu treiben, um die ‚bösen Zeiten' zu vergessen und nicht unliebsam aufzufallen. Wir wußten aber: wenn je deutsche Menschen des deutschen Liedes bedurften, dann waren es wir Österreicher in dieser Zeit der Not. So traten wir hinaus in die Öffentlichkeit, im Bewußtsein unserer Aufgabe, ohne ästhetische oder sonstige bürgerliche Beweggründe, wie vielleicht der Name unseres ‚Vereines' vermuten ließ, der uns übrigens durch seine Harmlosigkeit große Dienste geleistet hat, die Blicke der Behörden abzuziehen. Während der zweiten Arbeitszeit zu Pfingsten 1934, wieder in Altenberg, stand der Lehrer Hermann Derschmidt wegen ‚nationalsozialistischer Umtriebe' in Disziplinaruntersuchung. Er hatte die örtliche Vorbereitung der Sing- und Spieltage durchgeführt und so waren wir alle mitsamt unserer Arbeitszeit hochverdächtig."[48]

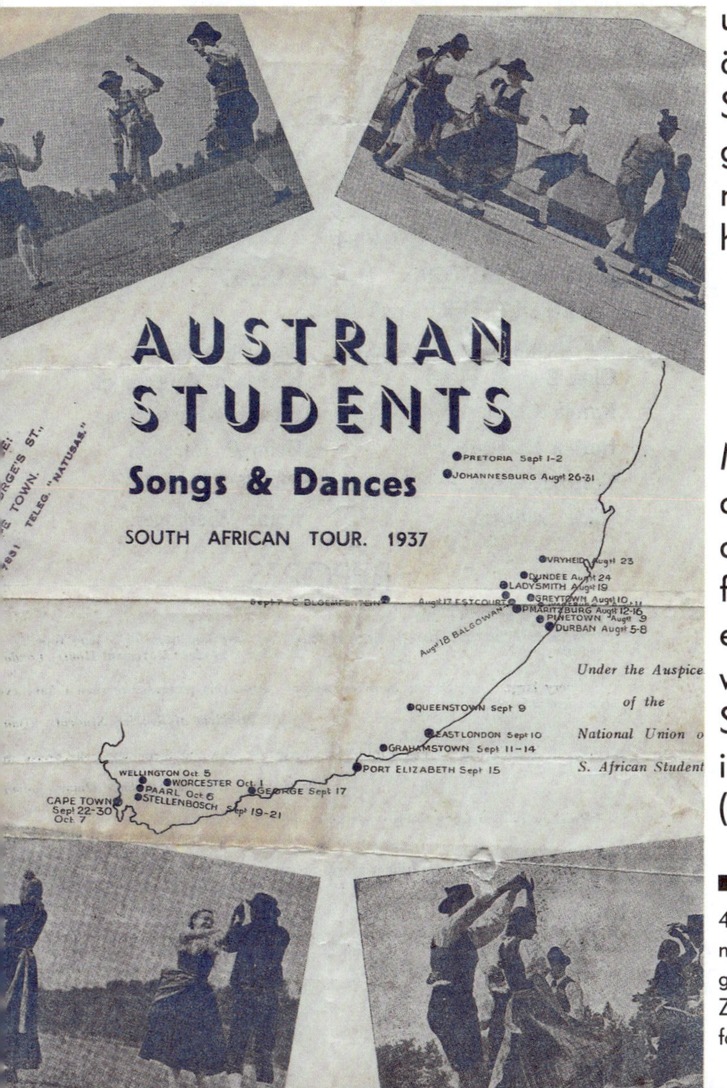

ETHNOGRAFIE UND SELBSTEXOTISIERUNG

Mein Großvater war 1937, drei Jahre später, wie an anderer Stelle bereits erwähnt, für etwa zwei Monate auf einer sogenannten Goodwill-Tour des Amtes für Studentenwanderungen in Südafrika. Man gab ein (völkisch?-)volkstümliches

48 Bacher, Josef. Der Arbeitskreis für Hausmusik in Österreich vor der Wiedervereinigung mit dem Reich. In: Deutsche Musikkultur. Zweimonatshefte für Musikleben und Musikforschung 3(2), 1938/1939, 151–154 (S. 151–152).

Programm von Jodlern und Tänzen und tourte durch ganz Südafrika. Beim Lesen des kleinen Programmzettels wird man einen leichten Blut-und-Boden-Geruch nicht ganz los. Keiner der Teilnehmenden war Bauer oder Bäuerin, dennoch steht da:

> "We hope that none of you have come with the idea of attending a concert. We are not concert singers and dancers, but just a handful of average students. In a way, that is an advantage, for the purpose of our performance is to demonstrate to you some Austrian folk songs and dances as they are done by the peasants — the real genuine stuff, therefore, and not the many polished concert-hall variations which exist."[49]

Amüsiert hat mich ein Satz vom späteren Volkstanzforscher Herbert Lager (1907–1992), der ebenfalls teilgenommen hatte. In einem Reisebericht zu dieser Südafrika-Tour, der von ethnografischem Gestus und Rassismus nur so strotzt, schreibt er über eine Begegnung mit dem „Stammesverband" der „Kaffern": „Wir betrachteten aufmerksam sie — und sie uns, wobei wir in unseren Trachten ihnen wohl kaum weniger sonderbar erschienen sein dürften: Eine für beide Teile interessante Begegnung."[50]

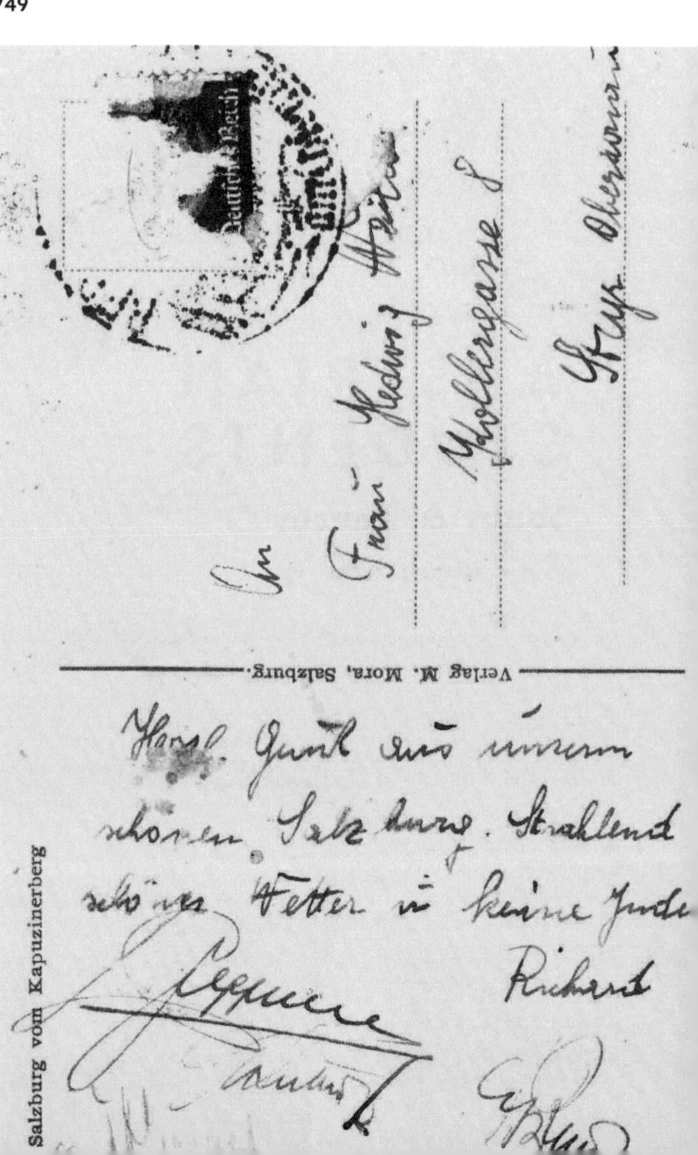

49 Bock, Oskar. Programmzettel Austrian Students — Songs & Dances South African Tour 1937, N.U.S.A.S. Office Cape Town.
50 Lager, Herbert. Südafrika — Eine Sing-

Zwei Jahre später wird „Parteigenosse Hermann Derschmidt, Mitarbeiter in der NS-Gemeinschaft Kraft durch Freude (KdF), Abteilung Feierabend in Oberdonau zum Leiter des Archivs des Gauausschusses [Volkslied, Anmk. F. D.] bestellt“[51], weil sein Vorgänger Hans Commenda abgelöst wurde, „da er politisch als unzuverlässig eingestuft wurde“.[52] „Derschmidt bemühte sich mit den Ausschussmitgliedern, die Sammlungen fortzusetzen, und vor allem im Bereich Volkstanz geschah sehr viel, was in der Person Derschmidt begründet lag. In der Volksmusikpflege werden für NS-Jugendorganisationen wie Hitlerjugend (HJ), Bund deutscher Mädchen (BdM) oder Deutsche Jugend (DJ) Fortbildungskurse angeboten und entsprechendes Material zur Verfügung gestellt. Geplante Filmdokumentationen von Tänzen in Oberdonau konnten aber wegen der Kriegsereignisse nicht mehr durchgeführt werden. Mit der Einberufung von Hermann Derschmidt zur Wehrmacht (15. 10. 1941) erlahmt die Tätigkeit des Arbeitsausschusses.“[53]

Mir scheint das explizite Engagement meines Großvaters für die Hitlerjugend besonders beachtenswert, „denn in der nationalsozialistischen Ideologie kam der Volksmusik erhebliche Bedeutung zu“.[54] Auch das Tragen von Trachten („Berchtesgadener Janker“, Lederhose …) wurde ab 1938 in HJ und BDM als alternativer Bestandteil der Uniform zugelassen,[55] während es gleichzeitig für Juden und Jüdinnen verboten wurde.

Nachdem er sich 1947 durch das Organisieren eines „als ob HJ-Lagers“ für einen amerikanischen General, „der sehen wollte, wie so etwas ausgesehen hat“[56], seines Berufsverbots als ehemaliges NSDAP-Mitglied entzogen hatte, rief mein Großvater seine „eigene kleine Jugendbewegung“ ins Leben. Die „Welser Rud“ war sicherlich mehr als nur ein Chor. In den

Abb. 26: Postkarte Richard Weixlers an seine Frau Hedwig geb. Reichel (1938)

---

und Tanzfahrt. In: Jonas, Rudolf (Hg.). Frohsein, Sonne und die schöne weite Welt. Wien: L. W. Seidel & Sohn, 1949, S. 150–151.

51 Blöchl, Arnold. Sammeln, bewahren, forschen, pflegen (letzter Teil). Volksmusiksammlung und Volksmusikforschung in Oberösterreich. In: Vierteltakt. Das Kommunikationsinstrument des Oberösterreichischen Volksliedwerkes 4, 2005, 9.1–9.4 (S. 9.4).

52 Ebd., S. 9.3.

53 Ebd., S. 9.4.

54 Ebd., S. 9.3.

55 Kammerhofer-Aggermann, Ulrike. „Stoff der Träume“ und Alpträume. Neue Akten zum Salzburger Trachtenverbot 1938–1940 (S. 117–137). In: Eberhart, Helmut/Berger, Karl/Wilding, Regina (Hg.). Volkskunde aus der Mitte. Festschrift für Olaf Bockhorn zum siebzigsten Geburtstag. (= Sonderschriften des Vereins für Volkskunde in Wien, Band 6). Wien, 2013, S. 126.

56 Gespräch mit Ulf Derschmidt.

Erzählungen meiner Onkel und Tanten, aber auch des ganzen Umfeldes, erscheinen die Sing- und Tanzwochen und auch alle anderen Aktivitäten der „Welser Rud“ in einem glorifizierten Licht. Ich kann das sehr gut nachvollziehen. Über mein eigenes Erleben der letzten Ausläufer dieser Almsingwochen habe ich bereits berichtet. Erst durch „Reichel komplex“ offenbaren sich mir auch Menschen, die den Charakter dieser Aktivitäten meines Großvaters und die Rolle der Familie darin kritischer sehen — vor allem auch Personen, die PartnerInnen von Familienmitgliedern geworden sind. Die „Welser Rud“ war offensichtlich ein ähnlicher, einschlägiger ‚Heiratsmarkt‘, wie es schon der Wandervogel in den 1920ern gewesen zu sein scheint. Auch konnte man dort alle bereits beschriebenen Komponenten bis in meine Zeit ‚live‘ erleben: vom Turnen bis zum Alpinismus, vom Wandern bis zur Volksmusik. Angesichts eines Fotoalbums der „Welser Rud“ aus den 1950er-Jahren stellte mein bereits verstorbener Onkel Werner Wascher mir gegenüber fest, dass dieses ebenso gut aus den 1930ern stammen könnte. Ein fast gruselig anmutendes Einfrieren von Zeit(geist). Auch meine Eltern lernten sich im Dunstkreis der Jugendbewegung kennen.

„… U. KEINE JUDEN. RICHARD“

Im ersten Jahr des Projektes gab mir Mathilde Furtenbach eine Postkarte ihres Vaters zum Scannen. Diese ist an seine erste Frau Hedwig adressiert. Auf der Vorderseite sieht man ein gewöhnliches Postkartenmotiv: die Festung Hohensalzburg mit dem Untersberg dahinter. Auf der anderen Seite steht handgeschrieben: „Herzl. Gruß aus unserem schönen Salzburg. Strahlend schönes Wetter u. keine Juden. Richard“.

Richard Weixler sen. war ein Nationalsozialist der ersten Stunde. Er war ab dem 1. 7. 1933 Mitglied der SA und wurde nach dem Anschluss von der NSDAP als sogenannter „Altparteigenosse“ anerkannt.[57] Er nahm an fast allen europäischen Kriegsschauplätzen des Zweiten Weltkriegs teil und wurde fünfmal teils schwer verwundet. Trotz dieser Verwundungen meldete er sich freiwillig zur Afrikaarmee Rommels, wo er — ein weiteres Mal verwundet — in amerikanische Kriegsgefangenschaft geriet. Von seiner Tochter Mathilde bekam ich insgesamt drei Kriegsalben. Das letzte

57 Urteilsbegründung zu Vg 11 Vr 6029/47 in Volksgerichtsakte Richard Weixler, OÖ Landesarchiv.

ALTE DEUTSCHE VOLKSMÄRCHEN

HEFT 1 BIS 10

Dornröschen
Rotkäppchen
Der Froschkönig
Das tapfere Schneiderlein
Schneewittchen

Der gestiefelte Kater
Hänsel und Gretel
Rumpelstilzchen
Aschenputtel
Der Däumling

WINTERHILFSWERK DES DEUTSCHEN VOLKES

ALTE DEUTSCHE VOLKSMÄRCHEN

HEFT 1 BIS 10

Dornröschen
Rotkäppchen
Der Froschkönig
Das tapfere Schneiderlein
Schneewittchen

Der gestiefelte Kater
Hänsel und Gretel
Rumpelstilzchen
Aschenputtel
Der Däumling

WINTERHILFSWERK DES DEUTSCHEN VOLKES

ALTE DEUTSCHE VOLKSMÄRCHEN

HEFT 1 BIS 10

Dornröschen
Rotkäppchen
Der Froschkönig
Das tapfere Schneiderlein
Schneewittchen

Der gestiefelte Kater
Hänsel und Gretel
Rumpelstilzchen
Aschenputtel
Der Däumling

WINTERHILFSWERK DES DEUTSCHEN VOLKES

ALTE DEUTSCHE VOLKSMÄRCHEN

HEFT 1 BIS 10

Dornröschen
Rotkäppchen
Der Froschkönig
Das tapfere Schneiderlein
Schneewittchen

Der gestiefelte Kater
Hänsel und Gretel
Rumpelstilzchen
Aschenputtel
Der Däumling

WINTERHILFSWERK DES DEUTSCHEN VOLKES

ALTE DEUTSCHE VOLKSMÄRCHEN

HEFT 1 BIS 10

Dornröschen
Rotkäppchen
Der Froschkönig
Das tapfere Schneiderlein
Schneewittchen

Der gestiefelte Kater
Hänsel und Gretel
Rumpelstilzchen
Aschenputtel
Der Däumling

WINTERHILFSWERK DES DEUTSCHEN VOLKES

ihm einen Kuß gab. Dornröschen schlug die Augen auf und blickte ihn beim Erwachen ganz freundlich an. Sie gingen zusammen herab, und das Königspaar erwachte, die Pferde rüttelten, die Hunde kratzten sich, die Fliegen krochen weiter. Die Tauben zogen das Köpfchen unter dem Flügel hervor, das Feuer in der Küche erhob sich und kochte das Essen, der Braten fing wieder an zu

geschwind große Steine herbei, damit füllten sie dem Wolf den Leib. Wie er dann aufwachte, wollte er fort, aber die Steine waren so schwer, daß er sogleich tot niedersank. Da waren alle drei sehr vergnügt. Der Jäger zog dem Wolf den Pelz ab und nahm ihn mit. Die Großmutter aß mit Rotkäppchen den Kuchen, trank den Wein und

eiserne Bande ums Herz legen ließ, damit es ihm nicht vor Weh zerspränge. Als das Paar nun einstieg, hörte es ein Krachen, als wäre etwas zerbrochen. Der Königssohn drehte sich um und rief: „Heinrich, der Wagen bricht!" „Nein, Herr, der Wagen nicht, es ist ein Band von meinem Herzen, das da lag in großen Schmerzen, als Ihr in dem Brunnen saßt, als Ihr eine Fretsche

gen!" Des Nachts tat er wieder, als schliefe er und spräche im Schlafe: „Junge, flick mir das Wams oder ich schlage dir die Elle um die Ohren. Ich habe sieben auf einen Streich getroffen, zwei Riesen getötet, das Einhorn fortgeführt und ein Wildschwein gefangen: Soll ich dann die, welche vor der Kammer stehen, fürchten?" — Da überkam alle draußen große Furcht, sie liefen eilig davon und keiner wollte

Fest wurde auch die böse Königin eingeladen, der nun ihr Spiegel lange genug gesagt hatte, daß sie die Schönste sei. Als sie ihn aber jetzt fragte, nannte er wieder Schneewittchen als die noch Schönere. Da wurde ihr Angst, und sie wollte nicht zur Hochzeit kommen. Und wirklich erkannte sie in der Braut Schneewittchen wieder. Sie konnte sich nicht regen vor Schrecken, aber es waren schon eiserne Pantoffeln auf ein Kohlenfeuer gestellt. Da mußte dann

Abb. 27: Foto aus dem Kriegsalbum Richard Weixlers „Polen/Russland 1940/41"

zeigt hauptsächlich ehemalige „Landser", wie sie in Frauenkleidern Shakespeare oder Ähnliches im Kriegsgefangenenlager in den USA spielen, aber die anderen beiden lassen die Realität der Wehrmachtsoldaten mehr als erahnen. Ein Album ist mit „Frankreichfeldzug", das zweite ungenau mit „Polen/Russland 1940/41" betitelt. Beim Durchblättern stoße ich auf zwei Bilder, die mich an die Ausstellung „Verbrechen der Wehrmacht"[58] gemahnen. Ein Mann und eine Frau, beide mit gesenktem Blick, werden von unzähligen Soldaten umringt. Es wird auf der Stelle klar, dass sie nichts Gutes zu erwarten haben. Es wäre nun natürlich wie bei allen anderen Männern des erweiterten Familienkreises, die in der Armee waren, zu recherchieren, in welchen Einheiten Weixler war und an welchen Aktionen er im Detail beteiligt war. (Die Dimension meines Projekts übersteigt manchmal leider meine Möglichkeiten, abgesehen vom ökonomischen Aspekt auch durch die seelische Belastung, die es bedeutet.) Richard Weixler wurde am 10. 3. 1949 vom Landesgericht Linz wegen Zugehörigkeit zu einem der Wehrverbände der NSDAP und des Verbrechens des Hochverrats nach §§ 10, 11 VG 1947 zu einem Jahr schwerem Kerker und zum Verfall des gesamten Vermögens und gemäß § 389 StPO verurteilt.[59] Erst in seiner Volksgerichtsakte stieß ich auf einen externen Beleg für eine familienintern oft kolportierte Geschichte:

58 http://www.verbrechen-der-wehrmacht.de/docs/ausstellung/ausstellung.htm.
59 Volksgerichtsakte Richard Weixler, Oberösterreichisches Landesarchiv.

„Am 1. Mai des Jahres 1934 und — zum zweitenmal — am Geburtstag unseres Führers im Jahre 1937 wehte vom 84 Meter hohen Schlot der Dampfzentrale des Werkes Steyr eine prächtige Hakenkreuzfahne und leuchtete hinein in den aufsteigenden Morgen. Wir hätten unsere Freude herausschreien wollen über diese verwegene Tat, aber dafür schrien die ‚anderen', voran der Steyrer Polizeihäuptling, vor Wut. [...] Den ‚Täter' wollten sie haben und suchten ihn [...] unter der Belegschaft der Dampfzentrale. [...] Alle Erhebungen fruchteten jedoch nichts, sie verliefen im Sande. Heute nun wollen wir dieses Rätsel aufklären. Bei einbrechender Nacht, am 30. April 1934, schlich sich der mutige SA-Mann Richard Weixler mit einem Kameraden in den Geräteschuppen ... [...] Der Schlot war leicht angeheizt, schwelende, giftige Gase drangen hervor und ‚benebelten' unseren wackeren SA-Mann. Als geübter Alpinist [sic] erreichte er aber doch die Höhe. [...] Einige Tage vor dem 20. April 1937 wurden die Vorbereitungen zur Hissung der Flagge auf dem zweiten Fabrikschlot getroffen. Diesmal war es Frau Wingert von der NS-Frauenschaft, die die Fahne beschaffte, während die erste Fahne vom bekannten Schustermeister Baumann

> stammte. […] Es bedurfte des Einsatzes der ganzen Willenskraft und des Aufgebotes aller turnerischen [sic] Geschicklichkeit, um in diesem stockfinster schwarzen Kamin nicht nach der ‚fehlenden' Klammer zu greifen. […] Nach einer kurzen Rast am Rande des Schlotes wurde die Fahne aus der sie schützenden Umhüllung aus Packpapier befreit, am Kaminrand befestigt und im Hochgefühl der Freude in der ersten Minute des 2. April 1937 [sic], am Geburtstag unseres Führers entrollt. […] Dann gings, gegen 1 Uhr früh, auf Schleichwegen nach Hause, wo die unbrauchbar gewordenen Kleidungsstücke vernichtet und die Rückverwandlung vom ‚Neger' zum ‚Weißen' mit viel Seife und Wasser und dennoch mit gänzlich unbefriedigendem Erfolg durchgeführt wurde.“[60]

Besagte Story war offensichtlich bis lange nach dem Krieg eine familienintern viel kolportierte. Mein ältester Onkel, Walther, erzählte sie angesichts der Kinderfotos vom Anschluss, auf denen er fünfjährig eine einer SA-Uniform nachempfundene Uniform trägt, und begründete seinen Wunsch nach dieser Uniform mit seiner grenzenlosen Bewunderung für den mutigen Onkel.

Wirklich beklemmend finde ich auch die erhalten gebliebenen rund 50 Briefe von Priestern und Pfarrämtern aus dem Gebiet der halben ehemaligen Donaumonarchie. Diese waren Antwortbriefe an Richard Weixler, die dieser benötigte, um seine „arische Abstammung“ nachzuweisen. Die Briefe sind Abschriften aus Tauf-, Hochzeits- und Sterberegistern von Vorfahren, um durchgehend nachzuweisen, dass er keinerlei jüdische Ahnen hatte.

Reinhard Weiß überließ mir die beiden Ahnenpässe seiner Eltern zum Scannen. Beim Anblick dieser Briefe und Dokumente wird deutlich, welch unglaublichen Aufwand die Nazis betrieben — ganz in der Logik der Eugenik, kombiniert mit irrationalem Antisemitismus. Ich frage mich, was gewesen wäre, hätten die tausenden Pfarrer die Mitarbeit verweigert. In den „Ahnenpass“ der Roswitha Weiß, geb. Reichel, einer Cousine meiner Großmutter, fügte deren Stiefmutter mit voller Begeisterung noch ergänzende

60 Abschrift von Abschrift: Die Fahne hoch … Auszug aus der Werkszeitung der Steyr-Daimler-Puch A. vom 1. Mai 1938 in Volksgerichtsakte Richard Weixler, Oberösterreichisches Landesarchiv.

Abb. 26: Ottilie Derschmidt und Herma Wascher mit Kindern in Viechtwang (OÖ) am 13. 3. 1938, Walther Derschmidt „in Uniform“

17 eng beschriebene Seiten hinzu, mit weiter in die Vergangenheit zurückführenden Erläuterungen zur Familie — gleichermaßen könnte man heute in den Reisepass noch ein kleines Booklet einlegen nach dem Motto: „Was die Behörden noch über mich wissen sollten …"

UND HEUTE?

Auch heute gibt es in der Nachkommenschaft der drei Reichel-Brüder durchaus noch rechtes Gedankengut: Ich vermute hinsichtlich des statistischen Verhältnisses nicht mehr, aber leider auch nicht weniger, als dies in sehr vielen österreichischen Familien der Fall ist. Es tritt durch „Reichel komplex" jetzt natürlich die Situation ein, dass vieles offensichtlicher geworden ist. Ich möchte aber davor warnen, diese Ausführungen als allzu spezifisch zu interpretieren, und fordere dazu auf, in der jeweils eigenen Familie etwas gründlicher zu recherchieren, sofern man nicht erwiesenermaßen aus einer Opfer-/Widerstandsfamilie kommt. Ich habe gelernt, den vielen apologetischen Familienerzählungen gründlich zu misstrauen.

JÜNGSTE BILDSTÖRUNG

Eine meiner Cousinen ist mit einem extrem rechts stehenden Lehrer verheiratet, dessen Vater ein landesbekannter Nationalsozialist war. Sie hat mit diesem vier Kinder, denen sie typische ‚germanische' Namen gegeben haben. Im Internet stieß ich einmal auf eine Seite des Turnerbundes Gmunden von 2009, wo über eine beeindruckende Julrede meiner Cousine zu lesen stand. Im April 2013 wurde ich von einem Cousin, der das Projekt „Reichel komplex" sehr unterstützt, auf einen Beitrag eines deutschen Fernsehsenders über den sogenannten „Akademikerball" in der Wiener Hofburg aufmerksam gemacht. Darin ist eben diese Cousine zu sehen, zusammen mit ihrem Mann, der eine Burschenuniform trägt. Der „Akademikerball" ist eine internationale Versammlung von Rechtsextremen aus ganz Europa, gegen die es starke Demonstrationen in Wien gab — das deutsche Fernsehen sprach sogar von „ukrainischen Zuständen". Als ich dann einen Beitrag im Weblog machte, ging in der Familie eine Diskussion los nach dem Motto: „Solange wir Geschichte aufarbeiten, ist es ja in Ordnung, aber auf jetzt lebende Verwandte mit dem Finger zu zeigen …" Ich bin anderer Meinung. Wenn man andauernd darüber spricht, warum damals niemand etwas sagte, darf man heute erst recht nicht schweigen. Außerdem sind die Handlungen meiner Cousine und ihres Mannes als demonstrative politische Äußerungen aufzufassen. Sie wurden in der Absicht gesetzt, ihre politische Haltung (Gesinnung — sic!) öffentlich zu machen. Wer den Akademikerball besucht und sich dabei vom deutschen Fernsehen filmen lässt (andere hielten sich die Burschenschaftermütze vors Gesicht), will gesehen werden und Position beziehen. Interessant ist, dass ihnen (oder zumindest den ihnen Nahestehenden) der Hinweis darauf peinlich ist. Also was jetzt?

Narrative und Recherchen …

… oder weitere Beispiele aus der „Vererbungslehre“ der Ideologie

Friedemann Derschmidt

Im Folgenden möchte ich exemplarisch über ein paar biografische Episoden von ProtagonistInnen der Familie berichten. Mir geht es dabei darum, neben weiteren Belegen für die „Vererbung" von Ideologie auch aufzuzeigen, wie vielfältig die individuellen Möglichkeiten in der Zeit vor dem und im Nationalsozialismus waren. Zum einen wird an diesen Schilderungen ziemlich offenkundig, dass die handelnden Personen nicht, wie viele später behaupteten, passiv in das System des Nationalsozialismus hineingedrängt, verführt und missbraucht worden waren, sondern vielmehr die Ideologie — oder besser Ideologien — des Nationalsozialismus nach Kräften befördert und weiterentwickelt hatten, ja, dass sie sich nach Kräften bemüht hatten, den Nationalsozialismus zur Macht zu bringen.

Zum anderen kam es durchaus des Öfteren vor, dass dieselben Personen aus unterschiedlichen Gründen auch selbst wiederum unter ‚die Räder der eigenen Ideologie' kamen. Nicht, weil sie sich etwa gegen Verbrechen gegen Jüdinnen und Juden, ZwangsarbeiterInnen oder Medizinopfer gestellt hätten; nicht, weil sie in ihrem Denken weniger nationalsozialistisch eingestellt waren; sondern weil sie sich aufgrund machtpolitischer oder persönlicher Entwicklungen plötzlich kurzzeitig im Widerspruch zum System befunden hatten.

Die von mir hier dargestellten Lebensläufe[1] sind fragmentarisch und entsprechen meinem momentanen Wissensstand. Sie stützen sich auf Erzählungen innerhalb der Familie sowie auf verschiedene Quellen, die unter anderem von engagierten Familienmitgliedern[2] und externen Personen gesammelt wurden und die ich mit meiner Recherche laufend zu ergänzen suche.

DER KÜNSTLER, OKKULTIST UND MÖCHTEGERNPOLITIKER

Der esoterische Maler und Grafiker Carl Anton Reichel war der ältere Bruder meines Urgroßvaters Heinrich. Er besuchte ein Gymnasium in Salzburg und anschließend — wie viele männliche Verwandte — das Gymnasium

1 Ich habe in diesem Beitrag nur einige Biografien beispielhaft herausgegriffen, da die Menge des Materials und die Anzahl der zu recherchierenden Personen erdrückend sind.

2 Dazu zählen Rainer und Walther Derschmidt, Mathilde Furtenbach, Irmgard Jiresch, Brigitta Reichel, Herbert Rabl, Reinhard Weiß, Dietmar Weixler, Simon Wascher und andere.

des Benediktinerstiftes Kremsmünster. Danach studierte er an den Universitäten Prag, Wien und München mit Unterbrechungen Medizin, wandte sich anschließend der Psychiatrie, der Psychologie, der Kunstgeschichte, der Indologie etc. zu. Nach frühen Holzschnitten widmete er sich als Autodidakt ab 1913 fast ausschließlich der Radierung.[3]

Carl Anton Reichel muss ein schillernder Mensch mit starkem Charisma gewesen sein. Das war mir schon aus den Erzählungen und Sagas innerhalb der Familie klar. So gibt es auch erstaunlich viele außerfamiliäre Quellen zu ihm. Zum Beispiel liegt eine 247 Seiten starke Dissertation von Regina Doppelbauer über ihn vor. Er taucht in mehreren Büchern seiner Zeit ebenso wie in späteren Berichten und Arbeiten auf. Was sich jedoch in den Beschreibungen seiner Person durchzieht und sich in unterschiedlicher Weise herauslesen lässt, ist, dass er zwar als obskure und faszinierende Person wahrgenommen, aber auch nicht ganz ernst genommen wurde. Letztendlich blieb er zeitlebens Studienabbrecher und Autodidakt mit einem Hang zur Hochstapelei:

> „Der seltsame Europäer, der den Namen Carl Anton Reichel führt, war vor dem Krieg zwischen Budapest und Paris eine vielen der Besten aus jener alten mittelkontinentalen Gesellschaft bekannte Erscheinung, mit nicht wenigen durch enge, in erregt durchgesprochenen heißen Nächten rasch entstandene Freundschaft verknüpft, der Mensch vollgestopft mit den Reichtümern der alten europäischen Bildung des Südens wie des Nordens und vertraut mit den Geheimnissen der asiatischen Weisheit, aber auch full of all fun, hellseherisch und grüblerisch, einer der wunderbarsten Plauderer, ein faszinierender Erzähler, der auch Wildes ‚gentle art of lying' virtuos und lächelnd übte, dessen unwahrscheinlich großen blauen bohrenden Augen sich schwer der Partner entziehen konnte, Psychiater und Hvpnotiker, ebensosehr mit einem naturwissenschaftlichen und medizinischen Auge ausgestattet wie mit malerischem Blick, zuletzt aber doch überwiegend Künstler."[4]

3 Österreichisches Biographisches Lexikon (ÖBL) 1815–1950, Bd. 9 (Lfg. 41, 1984), S. 29f.

4 Clemen, Paul: Carl Anton Reichel. In: Die Kunst für alle: Malerei, Plastik, Graphik, Architektur 37, 1922, 283–295 (S. 283). http://digi.ub.uni-heidelberg.de/diglit/kfa1921_1922/0310 (Abrufdatum: 09. 07. 2015).

„Da kam ein Besitzer nicht näher beachteter Gäule auf mich zu, ein Mann um die Vierzig, nicht Bauer und auch nicht ganz Herr, nicht städtisch und auch nicht ganz ländlich gekleidet, auffällig durch gravitätischen Schritt und gewollt würdevolle Haltung. Sein Blick, merkwürdig durch ungewöhnliche Helligkeit des Graus der Augensterne und fast krampfhaft hinaufgezogene Lider, die schier das Weiße auch über den Pupillen sichtbar machten, war stichgerade auf mich gerichtet, sog mich förmlich an, und so, der anderen nicht achtend, kam der Mann auf mich los. ‚Reichel', stellte er sich vor, und er sei der Besitzer des ‚Edelhofes' da unten. Ich kannte keinen ‚Edelhof' in der mir langvertrauten Gegend, so mußte ich mich belehren lassen, es sei damit das Herrenhaus eines der mehreren Sensenwerke im Tal gemeint, die, teilweise noch im Gang und Besitz der altangestammten Gewerke, des sogenannten ‚schwarzen Adels' der Landschaft, teils lang stillgelegt und dann meistens schon veräußert, häufigem Besitzerwechsel unterworfen waren. Jetzt erinnerte ich mich auch, unaufmerksam gehört zu haben, daß jener längst abgestiftete Sensenherrnbesitz vor nicht langer Zeit von einem Maler erworben worden, der, wie man sagte, ein seltsamer Mann sei."[5]

„Deutlich erinnere ich mich an ein Zusammensein mit Ernst Wagner im ‚Herrenhof', bei dem übersinnliche Phänomene zur Sprache kamen. Wir erörterten die merkwürdige Tatsache, daß im oberösterreichischen Innviertel und dessen näherer Umgebung erstaunlich viele Künstler und Schriftsteller ansässig waren oder von dorther stammten, in deren Wirken und Wesen irrationale, okkulte oder mystische Elemente eine besondere Rolle spielten. Ob dies auch damit zu tun haben konnte, daß sich in der Folklore dieser Gegend, in den überlieferten Sprüchen, die sich die alten Bäuerinnen zuraunten, und in manchen Gebräuchen angeblich Spuren des Mithraskultes, einer alten römischen Soldatenreligion, feststellen ließen? Als Beispiele führte man Namen an: Hier lebte der in eine

5 Hammerstein-Equord, Hans von. Auszug aus dem Manuskript „Von allerhand falschen Propheten". In: Erinnerungen und Betrachtungen (= Quellen zur Geschichte Oberösterreichs). Linz: Oberösterreichisches Landesarchiv, 1999, S. 257–292.

phantastische Welt von Hexen und Dämonen eingesponnene Zeichner Alfred Kubin, dort der von Blut und Boden inspirierte Dichter Richard Billinger, unweit von ihnen war der mit Strahlen hantierende Wunderdoktor Zeileis ansässig, der Betrüger Schapeller hatte hier den Schwindel mit der Gewinnung einer rätselhaften Erdkraft betrieben, und schließlich stammte ja auch der von dämonischen Gewalten besessene Adolf Hitler aus dieser Gegend. Ernst Wagner meinte, für die Beantwortung solcher Fragen sei sein Freund, der Graphiker Carl Anton Reichel zuständig, der außerordentliche Kenntnisse über antike Mysterienkulte besitze, als ‚malender Gestalter visionärer Vorgänge' gelte, und selbst Wert darauf lege, als Zauberer anerkannt zu werden."[6]

In den Jahren 1918/19 lernte Carl Anton Reichel durch Zufall den bayrischen Kronprinzen Rupprecht von Bayern kennen, der nach der Ausrufung der Münchner Räterepublik in Österreich auf der Flucht war. Er beherbergte den Kronprinzen 1919 über mehrere Wochen in seinem Haus in Micheldorf bei Kirchdorf an der Krems, bis dieser nach dem Zusammenbruch der Räterepublik nach Bayern zurückkehrte. Die aus dieser Begegnung entstandene Freundschaft beeinflusste offenbar in den folgenden Jahren den Lebenslauf Carl

6 Dubrovic, Milan. Veruntreute Geschichte. Wien: Zsolnay, 1985, S. 142.

Anton Reichels nachhaltig. Er geriet in den 1920er-Jahren „in den Bannkreis Hitlers“[7] — 1924 machte er sich bei Rupprecht von Bayern für eine Amnestie Hitlers stark, der nach dem gescheiterten Hitler-Ludendorff-Putsch in Festungshaft in Landsberg saß. Aus seinen im Archiv der Wittelsbacher erhaltenen Briefen kann man sehr gut seine ideologische Haltung ablesen. Er sah sich offensichtlich als Mittelsmann zwischen den frühen NationalsozialistInnen und dem bayrischen Adel. Regelmäßig verkehrte er mit Hitler, Röhm und anderen Vertretern der Nazi-Elite, saß mit ihnen quasi am Stammtisch und versuchte in seinen Briefen und vermutlich auch bei Audienzen den Kronprinzen von Hitler zu überzeugen, da er sich selbst dazu berufen gefühlt zu haben scheint, so etwas wie ein Architekt eines neuen monarcho-faschistischen Deutschen Reiches zu sein:

> „Ich sehe, trocken gesprochen, die Sache so, dass Sie, mit dem ungeheuren Prae Ihrer Existenz und, Gott sei Dank, zugleich mit den Qualitäten Ihrer Person heute der Einzige sind, der Deutschland ordnen kann, wenn es erst einmal gerettet ist. Retten können Sie es nicht selbst, aber viel dazu helfen, indem Sie auf die richtige Form des politischen Aktivismus und auf den richtigen Mann den Einsatz Ihres Gewichtes setzen und da sehe ich nur Hitler. Dieser Mann könnte und müsste nicht Ihr Mussolini, aber Ihr Bismarck werden. Dass er nicht aus dem märkischen Adel, sondern aus oberösterreichischem Blut kommt, ist eine Arabeske der Zeit und nicht nur dieser Zeit; gegen die in ihm wirkende Entelechie seines Individuums besagt das gar nichts. Es erschwert nur dann die Verhältnisse, wenn der Fürst auf solche hört, die bloß die Prärogative der Bluterbbahn betonen.
>
> Ich sende hier den Text eines Briefes, den Hitler mir vertraulich, aber mit der Erlaubnis, ihn Eurer Majestät zu zeigen, gegeben hat und der Sie interessieren wird. Dass meine Offenheit mir nicht von Eurer Majestät verübelt wird, weiß ich. In alter Verehrung und Dankbarkeit Eurer Majestät immer ganz ergebener
>
> Carl Anton Reichel“[8]

Abb. 29: Carl Anton Reichel (undatiert)

7 Wacha, Georg. Zu Carl Anton Reichel. Der Briefwechsel mit Kronprinz Rupprecht von Bayern. In: Kunstjahrbuch der Stadt Linz. Linz, 1977, S. 53–60.

8 Wacha: Zu Carl Anton Reichel. Der Briefwechsel mit Kronprinz Rupprecht von Bayern, S. 53–60.

Der etwas irrlichternde Magus (Eigenbezeichnung) C. A. Reichel scheint mir, wie eine Motte dem Licht, den politischen Ereignissen der Zeit ziemlich nahegekommen zu sein. Er bewegte sich nicht nur zwischen dem Zentrum der frühen Nazipartei und dem bisherigen politischen Establishment (in diesem Fall den bayrischen Monarchisten), sondern auch im breiten ideologischen Umfeld wie ein Fisch im Wasser. Sein Antisemitismus ist ebenso belegt[9] wie sein germanisch-mystischer Okkultismus[10] oder beispielsweise seine Kontakte in die einschlägige Kulturszene. So kann man ihn in einem seiner Briefe als Vermittler zwischen der Familie Wagner und den Wittelsbachern wiederfinden:

> „München, Akademiestraße 7, I, tel. 31823, 28. Juli 28
> Durch Hauptmann Röhm, der heute nach München zurückgekommen ist, bin ich im Auftrage von Frau Wagner noch einiges gebeten worden, was ich hiemit weiter gebe. Es handelt sich um Unterkunft in Bayreuth, wobei Frau Winifred Wagner nicht wagte, dem Kronprinzen das Haus Wahnfried zur Unterkunft anzubieten, dieser sollte vielmehr in der Dependance daneben wohnen. ‚Siegfried und sie als Hausfrau könnten sich wegen der beständigen Tätigkeit im Festspielhaus den Majestäten sowieso leider wenig widmen.' Wenn der Kronprinz eine der Schwestern mitnähme, so stünde bei Frau Chamberlain unmittelbar nebenan alles zur Verfügung. ‚Mit Herrn von Ölhafen (Leibregim. Verein) ist durch General von Epp irgend was Feierliches vorbereitet worden.'"[11]

Jedenfalls endet der politische Ausflug für Reichel nicht gut. Aus den Briefen kann man ablesen, dass die frühen Nazis offensichtlich anfangs

9 „Eine lange Nachschrift vom 25. Januar berichtet von einer Pfändung wegen 800 Mark durch einen ‚psychosadistischen Juden'." (Wacha: Zu Carl Anton Reichel. Der Briefwechsel mit Kronprinz Rupprecht von Bayern, S. 56.)

10 „C. A. R. indes sammelte die Strahlen seiner Magie auf mich. Indem er mir eines jener Blätter, deren Wirkung man vielleicht magisch nennen konnte und das zu mythisch-nebelhaften Gestalten in einer wahrhaft stygischen Landschaft die Bezeichnung ‚Wotan bei der Wala' trug, mit bedeutsamer Geste überreichte, sagte er: ‚Sie beschäftigen sich ja eben mit der nordischen Mythologie, so wird sie das vielleicht interessieren … ' In diesem Augenblick muss mein Gesicht schon den Ausdruck unüberbietbarer Sprachlosigkeit gezeugt haben. Denn tatsächlich: nicht nur ‚eben', sondern seit manchem Jahr beschäftigte mich als Studium um meine Dichtung von den Äsen alles, was mit dem nordischen Sagenkreis zusammenhängt, und einige Stücke dieses Versuchs einer Neugestaltung der germanischen Kosmogenie waren auch schon zu Papier gebracht." (Hammerstein-Equord. Auszug aus dem Manuskript „Von allerhand falschen Propheten", S. 257–292.)

11 Wacha: Zu Carl Anton Reichel. Der Briefwechsel mit Kronprinz Rupprecht von Bayern, S. 53–60.

unentschieden waren, ob sie in ihrer ‚Politik' auf ein demokratisches Vorgehen setzen oder ein monarchisch-faschistisches System bevorzugen sollten. Reichel vermittelt, versucht zu kalmieren, überbringt Ultimaten von Hitler und wird letztendlich offenbar von den Nazis als nicht zuverlässiger ‚Broker' betrachtet, der dem alten Establishment zu nahesteht.

Für die anschließende Zeitspanne tut sich dann für mich ein Loch auf. Es gibt viele, eher sehr vage Familiensagen und Mythen, aber noch keine externen Belege im „Reichel komplex"-Archiv. Es gibt in anderen Quellen Hinweise auf Artikel im „Völkischen Beobachter", wo Reichel angeblich einmal in einem Prozess für Hitler ausgesagt hat, und es soll Artikel geben, in denen er von den Nazis diffamiert wird. Da die ‚Carl-Anton-Story' nur eine von vielen Baustellen meines Projektes ist, ist sich das Weiterrecherchieren bis dato noch nicht ausgegangen. Hier müsste man natürlich weiterforschen. Was sich aber sowohl über die familieninternen Narrative als auch aus den externen Quellen sagen lässt, ist, dass er für eine kurze Zeit im KZ Buchenwald interniert war[12] und nur aufgrund der Protektion einiger wichtiger Nazis und der Familie daraus entlassen wurde. In einem Brief des Bruders meiner Großmutter an eine Cousine meines Vaters liest sich das folgendermaßen:

> „In das KZ hat ihn ein Mann Namens Hauser gebracht der zuerst in Muenchen — und dann in Wien die Gestapo leitete. Er hasste C. A. aus persönlichen Gründen und revanchierte sich auf diese Weise. Dr. Kaltenbrunner war damals ‚SS Obergruppenführer' etc. und da er ein Vetter meiner Mutter war, suchte ich ihn auf, er war ausserdem ein ‚Bundesbruder' von mir von der Burschenschaft — und an verschiedenen Anlässen hatten wir mehr als ein Bier zusammen.
>
> Er nahm sich zwar der Sache an, konnte aber ‚nichts machen'. Von Puma lernte ich, dass einer der top SS bosses in Muenchen, ein Herr Gerum sen. war, der C. A. immer gerne mochte. Da ich auf Urlaub war hatte ich Zeit nach Muenchen zu fahren und ihn aufzusuchen. Er war total verbittert als er von C. A.'s Arrest hoerte und schrieb sofort einen Befehl aus, dass er entlassen werden

12 Z. B. in: Schremmer, Adalbert. Mein Freund Karl Anton und die Weltgeschichte. In: Die Warte, 1950, 2, S. 3.

muss. Ich fuhr damit persönlich nach Buchenwald (Sachsen) und wurde prompt auch verhaftet da C. A. als Staatsfeind No. 1 gebrandmarket war.

Zum Glück hatte Herr Gerum die Sache vorhergesehen und als ich 3 Tage später mit C. A. nicht in Muenchen auftauchte, schickte er ein Offizier mit einem neuen Befehl in einem dicken Mercedes und der holte uns ab — nach Muenchen und dann per Schnellzug nach Wien.

Ende gut — alles gut, so fuhr ich nach Ablauf meines Urlaubs nach Russland zurück, was ca. 14 Tage dauerte. Als ich mich beim Oberst (von Bodmer, sein Vater war Generalfeldmarschall von Bodmer[13] im 1. Weltkrieg und der direkte Vorgesetzte meines Vaters in Lemberg) zurückmeldete, gab mir der Gefreite im Vorzimmer ein Telegramm von Puma, dass C. A. wieder verhaftet wurde und in Buchenwald sitzt. Ich meldete mich zurück — und bat im selben Atemzug um einen neuen Urlaub!

Natürlich wollte der Oberst wissen warum, ich sagte es ihm aber nicht weil er mich sicher nicht hätte fahren lassen — ich betonte nur dass es von aeusserster Wichtigkeit waere. Da er mich gut genug kannte und ich ein ‚bewaerter Frontsoldat' war, konnte er nicht gut nein sagen und ich flog am selben Tag von Orel nach Dresden und weiter nach München. Herr von Gerum war nicht da — aber Hitler war am Berghof und ich hatte dort am Tag des Kriegsausbruches (1. Sept 39) eines seiner Haflinger Pferde behandelt für ein Abscess im Huf. (Ich arbeitete damals fuer Dr. Gattinger in Hallein, der krank war und zu dessen Praxis der Berghof gehörte.) So fuhr ich nach Hallein, ‚borgte' von Dr. Gattingers Frau den ‚Pass' fuer die 15 Sperren auf dem Berghof hinauf und ersuchte um Audienz beim Fuehrer und Reichskanzler etc. Er kannte C. A. sehr gut und hat ihn immer geschaetzt, so brach sofort ein Donnerwetter los, dass Herrn Gerums Befehl zweimal uebergangen worden war — und ich holte C. A. 2 Tage spaeter in Dresden ab. 1te Klasse D Zug nach Wien und dann nach Lichtenstein bei Hassloch, wo C. A. dann lebte bis er schwer krank nach

13 Gemeint sein dürfte Felix Graf von Bothmer.

> Wien zurück musste, auf einer Tragbahre. Ich fuhr mit ihm bis ins Spital, musste aber an die Front zurück wo es schlecht genug ausschaute (Maerz 1944). C. A. starb am 30. Maerz, glaub ich."[14]

Für mich bleiben viele Fragen offen. Erstens kann mit der Datierung des KZ-Aufenthalts etwas nicht stimmen. Viele Quellen sprechen unisono von 1938. Zweitens: Wofür wurde Carl Anton Reichel verfolgt? Laut der brieflichen Erinnerung Ernst Reichels hätten die Internierungen in den Jahren 1943/44 stattgefunden, nach dem KZ sei C. A. Reichel todkrank nach Wien gebracht worden. Wieder andere Quellen berichten aber, dass er noch 1944, kurz vor seinem Tod, in der Galerie Würthle ausstellte. Ein Text erwähnt, dass er bis zum Schluss unter der Protektion von Heinrich Hoffmann gestanden habe — Hitlers Fotograf, der sich vom „Zauberer" Carl Anton Reichel astrologisch beraten ließ.[15]

Bei der Betrachtung dieser Biografie lässt sich jene unselige Kombination aus esoterischer Spintisiererei und politischem Vabanquespiel besonders gut erkennen, auch wird das naziinterne Intrigieren klar ersichtlich. Beim Lesen des Briefes meines Großonkels Ernst Reichel fühle ich mich unvermittelt an das Buch „Die Wohlgesinnten" von Jonathan Littell oder auch an Victor Klemperers „LTI — Lingua Tertii Imperii. Die Sprache des dritten Reichs" erinnert.

Besonders interessant finde ich, dass die VertreterInnen der Wiener Schule des phantastischen Realismus in den 1970er-Jahren Carl Anton Reichel für sich entdeckten und ihm als einen „Vorreiter" sogar eine Ausstellung in der Wiener Albertina widmeten. Ob sie das auch getan hätten, wenn sie mehr über dessen Antisemitismus und seine politischen Versuche gewusst hätten, sei dahingestellt.

GESTAPO-MÖRDER UND WELTBERÜHMTER ANTHROPOLOGE

Erasmus Reichel bzw. Gerardo Reichel-Dolmatoff war der Sohn des Grafikers Carl Anton und somit ein Cousin meiner Großmutter bzw. ein

14 Brief von Ernst Reichel an Mathilde Furtenbach im Frühjahr 1971.

15 Dubrovic. Veruntreute Geschichte.

Neffe des Eugenikers Heinrich Reichel. Als ich 1994 eine Woche lang meine Großtante Brigitta, die Schwester meiner Großmutter, auf ihre eigene Aufforderung hin interviewte, verspürte ich nach drei Tagen plötzlich den dringenden Wunsch, wenigstens einen Verwandten jener Generation zu finden, der dem Nationalsozialismus kritisch gegenübergestanden war und sich daher anders verhalten hatte. Ich wusste, dass ein Cousin meiner Großmutter bereits irgendwann um 1935 bis 1937 ‚verschwunden war'. Es lag daher nahe, anzunehmen, er sei in irgendeiner Weise vor den Nationalsozialisten geflohen. Als ich meine Großtante darauf ansprach, verwies sie mich nur müde auf einen Stapel Kopien, die auf ihrer Truhe lagen, und meinte, ich solle diese lesen. Sie müsse sowieso schlafen gehen — wir hatten bereits den ganzen Tag Aufnahmen gemacht. Und so begann ich zu lesen. Es handelte sich um die Kopie eines Textes, der in Fortsetzung über zwei Hefte (Nr. 7 und 8) in einer Zeitschrift mit dem Titel „Die Dritte Front — Grüne Hefte zur Europäischen Politik", herausgegeben von Otto Strasser[16], im Jahr 1937 erschienen war. Später erfuhr ich von meiner Großtante, dass sie durch Zufall beim Kramen am Dachboden auf Heft 8 gestoßen und neugierig geworden war, als sie in einem Artikel mit dem Titel „Geständnisse eines Gestapo-Mörders"[17] ihren Familiennamen R E I C H E L in gesperrten Lettern las. Sie besorgte sich dann Heft 7 mit dem ersten Teil der „Geständnisse" in der Österreichischen Nationalbibliothek.

Die Lektüre des Textes warf mich buchstäblich um. Es handelt sich um eine seltsame Mischung aus Bericht, Lebensbeichte und Anklage. Gleichzeitig vollzieht man mit dem Autor — Erasmus Reichel — Schritt für Schritt dessen Sozialisierung: vom Zögling im Stiftsgymnasium Kremsmünster, der Hitlers „Schriften" liest, der Hitlerjugend beitritt und „mit der Kirche bricht" und dann gemeinsam mit anderen, angeblich aus politischen Gründen, von der Schule fliegt, hin zum jungen freiwilligen SA-Mann, der

16 Otto Strasser (1897–1974) war ein Nationalsozialist und zählte mit seinem Bruder Gregor zum sogenannten „linken Flügel" der frühen NSDAP, der aber deklariert antimarxistisch war. Er trat bereits 1930 aus der NSDAP infolge eines politischen Richtungskampfes aus. Strasser gründete die Schwarze Front, die sogenannte „Kampfgemeinschaft Revolutionärer Nationalsozialisten". Diese mutierte nach seiner Emigration — nach der Machtübernahme der Nazis in Deutschland — in Prag zur (rechtsextremen) Widerstandsorganisation. Strasser hatte bei der Herausgabe der „Geständnisse eines Gestapomörders" ein persönliches Motiv: Sein Bruder Gregor Strasser wurde im Rahmen des „Röhm-Putsches" ermordet. Siehe: https://www.dhm.de/lemo/biografie/otto-strasser.

17 Reichel, Erasmus. Geständnisse eines Gestapo-Mörders, Teil 1. In: Die Dritte Front. Grüne Hefte zur Europäischen Politik, hg. von Otto Strasser, 7, 1937, S. 5–25. Reichel, Erasmus: Geständnisse eines Gestapo-Mörders, Teil 2. In: Die Dritte Front. Grüne Hefte zur Europäischen Politik, hg. von Otto Strasser, 8, 1938, S. 14–22 (S. 14).

Ludwig
5. Reichs-
straßen-
sammlung
am 31. Jänner
und 1. Feber
1942
Struwwelpeter......
KRIEGS-WHW
1941-1942

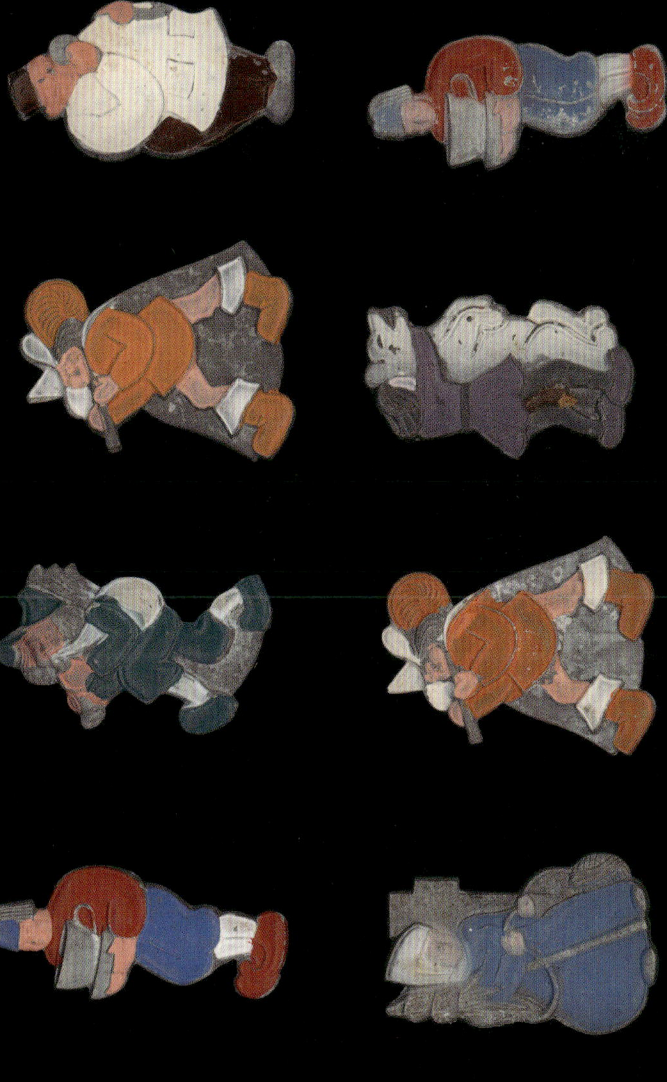

Abb. 30: „Geständnisse eines Gestapomörders“ in: „Die Dritte Front. Grüne Hefte zur Europäischen Politik“, Dr. Otto Strasser (Hg.)

den „heroischen" Kampf in Linz aufnahm,[18] das „rein marxistisch war."[19] Er berichtet von Straßenkämpfen, Saalschlachten und Konflikten mit der Polizei. In Wien trat Erasmus Reichel dann zur SS über „und erhielt die Nummer 12.009."[20] Dort geht es weiter mit Straßenterror, Saalschlachten und so weiter. Im Original liest sich das so:

> „Wir standen ja schon lange ausserhalb von Gesellschaft, Familie und Berufsleben. Dagegen schlugen wir uns wie die Teufel gegen die 10- und 20-fachen Übermachten der Wiener Marxisten und hielten die ganze Stadt in Atem. Die Wiener SS, obwohl erst im Aufbau begriffen (es bestand erst ein schwacher Sturm), war in ganz Österreich berühmt, berüchtigt und gefürchtet. Wir hatten lange Übung bei unseren Exerzierabenden erworben, die es uns möglich machte, gegen grosse bewaffnete Übermachten der Marxisten aufzutreten. Ich erinnere mich dabei an die Saalschlachten in Schwechat, wo wir mit 33 Mann 300 Kommunisten, die unsere Versammlung sprengen wollten, im Handumdrehen überrannten und in die Flucht schlugen. 6 Formationen der Staatsexekutive mussten damals ausrücken.

Die Dritte Front
Grüne Hefte
zur Europäischen Politik
Herausgegeben von
Dr. Otto Strasser

Nach Schachts Entmachtung | Anti-Komintern-Pakt als Tarnung

Geständnisse eines Gestapo-Mörders

Münzenberg wird abgehängt | Englische Stimme zur „Dritten Front"

3 Kč - 0·60 Zl. | 60 gr. - 13 Lei

Heft 7 | 15. November 1937

18 Das muss 1930 gewesen sein. Aus seinen Zeugnissen und dem Verzeichnis Kremsmünsterer Studenten 1871–1938 im Archiv des Stiftes Kremsmünster geht hervor, dass Erasmus Reichel das Gymnasium 1930 verließ. Mit Zeugnis, aber ohne Matura.

19 Reichel. Geständnisse eines Gestapo-Mörders, Teil 1, S. 7.

20 Reichel. Geständnisse eines Gestapo-Mörders, Teil 1, S. 8.

> Wir wurden alle festgenommen und nach Paragraph 5 angeklagt, aber wegen Mangels an Beweisen freigesprochen. In der Strassenschlacht in Liesing, einem Wiener Vorort, wo es Dutzende Schwerverletzte und einen Toten gab, als uns auf dem Marsch zum Versammlungslokal eine nach Hunderten zählende Menge angriff, ging auch zu unseren Gunsten aus. In Wiener Neustadt räumten wir mit 18 Mann den Stadtplatz, wo eine johlende Menge unseren Aufmarsch verhindern wollte, und in Krems, St. Pölten und Neusiedl schlugen wir immer wieder durch unser fanatisch unerschrockenes Auftreten alle Störungsversuche roter Elemente nieder."[21]

Im Weiteren erfährt man, dass die österreichischen Behörden Erasmus Reichel in der Folge natürlich loswerden wollten. Dabei kam ihnen entgegen, dass er offensichtlich nicht, wie viele im Anschluss an die Auflösung der Monarchie 1918, in Österreich, sondern in der ersten tschechoslowakischen Republik heimatberechtigt war. Er kam seiner Abschiebung zuvor und überschritt mit etwas Geld von der SS, „die Pistole in der Hand", am 5. März 1933 bei Großgmain die Grenze nach Deutschland. Er erlebte die sogenannte „Machtergreifung" in Braunschweig mit und berichtet ungeschönt von Prügelorgien und Misshandlungen bei der Erstürmung des „Volksfreund"[22]-Gebäudes:

> „Wir hatten auch keine geschulten Kriminalisten und die Polizei verhielt sich zu allem, was wir trieben, ziemlich gleichgültig. Auf Kommando von Sturmführer Kleist oder irgend eines anderen Vorgesetzten mussten die Gefangenen Hunderte von Kniebeugen machen, bis sie umfielen. Wenn sie aus Schwäche zusammenbrachen, so schlug Kleist mit einem Stück Wagendeichsel auf sie los, bis sie wieder stöhnend aufstanden. Ich sah zu, wie meine Kameraden wehrlosen Leuten Zähne und Augen ausschlugen oder ihnen Kolbenhiebe in den Unterleib versetzten. Auf Befehl von Sturmführer Kleist musste einmal eine Reihe von Gefangenen einer nach dem andern Boxhandschuhe anziehen und gegen einen SS-Mann,

21 Reichel. Geständnisse eines Gestapo-Mörders, Teil 1, S. 8.

22 Eine der ältesten sozialdemokratischen Zeitungen Deutschlands.

der Amateurboxer war, eine Runde boxen. Dieser schlug sie, nachdem er zuerst mit ihnen wie die Katze mit der Maus gespielt hatte, k. o., bis sie stöhnend und in Übelkeit ausbrechend am Boden lagen. In dieser Zeit prügelte die Braunschweiger SS Dutzende Menschen mit Ochsenziemern und Karabinerkolben zu Tode. Jeder Frage bei den Verhören wurde mit Gummiknüppelhieben Nachdruck verliehen und so wurden die unsinnigsten Aussagen erpresst, die vollkommen unkontrollierbar waren. Wir merkten manchmal erst nach Tagen, wenn ein Gefangener, der bewusstlos in eine Ecke geworfen worden war, starb. Wenn sich einer als offensichtlich unschuldig erwies, was bei unseren Verhören aber sehr selten vorkam, so wurde er vom Sanitäter verarztet und dann mit Erschießung bedroht, falls er von den Misshandlungen erzählen sollte. Ein alter Mann wurde von ein paar Leuten so lange geschlagen, bis er geistesgestört war, dann stießen sie ihn, einen aufgespannten Damenregenschirm in der Hand, auf die Straße, wo er lallend stehen blieb, bis sich mitleidige Passanten seiner annahmen."[23]

Im weiteren 32 Seiten langen Text berichtet Erasmus Reichel im gleichen Stil. Er wurde im Mai 1933 zum SS Sonderkommando Berlin abkommandiert, einer Einheit zum persönlichen Schutz Hitlers. Er beschwert sich immer öfter darüber, dass er als „österreichisches Schwein"[24] diskriminiert wird und seine Leistungen als altgedienter Vorreiter nicht genügend gewürdigt werden. Besonders irritierend finde ich den Umstand, dass er offensichtlich bei allem, was er schildert, keinerlei ideologisches Problem zu haben scheint. Er schildert fürchterliche Missstände, beklagt, dass seine SS-Kollegen und Vorgesetzten korrupt und disziplinlos seien, beschwert sich darüber, dass sie alkoholisiert seien. Man hat fast den Eindruck, als wollte er zum Ausdruck bringen, dass der ‚wahre und edle Nazi', der er ist, so etwas aus ideologischen Gründen missbilligt.

Erasmus Reichel wurde im Februar 1934 nach Dachau abkommandiert, wo er zum Ausbildner für nach Deutschland geflohene österreichische Nazis wurde.[25] Er fieberte auf den bevorstehenden Einmarsch in Österreich

23 Reichel. Geständnisse eines Gestapo-Mörders, Teil 1, S. 13.

24 Ebd., S. 14.

25 Die „Österreichische Legion".

hin (1934!) und war ganz euphorisch, als seine Truppe am 30. Juni 1934 Richtung München abkommandiert wurde und scharfe Munition erhielt. Er sollte sich irren. In der Folge wird er als Nazi Nazis im Auftrag von Nazis ermorden. Er war einer der für die Gestapo arbeitenden SS-Mörder, die über mehrere Tage hinweg Hinterleute der SA in München erschossen. Minutiös erzählt er — Namen und Adressen angebend:

> „[...] wo wir ins Wittelsbach-Palais fuhren, in dem die Gestapo ihren Sitz hatte. Im Hofe standen ein paar meiner Kameraden, die mich zum Sturmbannführer Werner Best schickten, dem ich Meldung zu machen hätte. [...] Ich sollte im Hof auf weitere Aufträge warten. Ich ging nun zu meinen Kameraden hinunter, die in grosser Erregung unten warteten. Fortwährend kamen Angehörige der Gestapo hinunter und wählten ein paar Leute von uns aus. Sie sagten meistens: ‚Zwei gute Pistolenschützen! Ein Mann, der auf weitere Entfernung gut trifft.' Ich meldete mich nun mehrere Male, Zettel mit Adresse bekamen wir nicht mehr. Ein Mann von der Gestapo ausser dem Chauffeur fuhr nun mit und ging vorher in die Wohnung voraus, um festzustellen, ob der Gesuchte zu Hause sei. Um das unauffällig zu erfahren, hatten sie Presseausweise oder Handelslegitimationen mit. Wir fuhren nach Schwabing, soviel ich weiss, in die Elisabethstrasse. Ich ging mit meinem Begleiter die Treppe hinauf bis zu der betreffenden Tür, an der der Name Salzmann oder Selzmann stand. Mein Begleiter sagte, ich solle sofort schiessen, wenn jemand herauskomme und er mir ein Zeichen gebe. Ich stieg ein paar Treppen höher, drängte mich ganz gegen die Wand, wartete mit entsicherter Pistole im Anschlag, bis auf unser Läuten die Tür geöffnet wurde. Ein älterer, dunkler Herr trat heraus. Mein Begleiter sagte nur ‚der!' und machte eine Handbewegung. Ich schoss zweimal. Der Mann brach stöhnend zusammen und machte einen Versuch, sich aufzurichten; aber ich sprang die paar Stufen hinunter und schoss ihm aus nächster Nähe durch die Schläfe. Mein Begleiter rannte schon die Treppe hinunter und ich lief hinter ihm her, als eine schreiende Frau und zwei Kinder aus der Tür kamen, sich über den Toten stürzten und mir ‚Mörder, Mörder' nachschrien. Bevor andere Leute kommen konnten, waren wir schon im Auto und fuhren

zum Wittelsbach-Palais zurück. Die nächste Fahrt ging wieder nach Schwabing. Mein Begleiter (jedesmal ein anderer) sagte mir nur den Namen ‚Ing. Ecker', soviel ich mich erinnern kann, und ‚sofort schiessen'. Ich ging allein in die Wohnung hinauf und läutete. Ein Mädchen öffnete und wies auf meine Frage auf eine Zimmertür. Ich stiess sie mit dem Fuss auf und sah mir gegenüber hinter einem Schreibtisch einen Mann aufspringen. Ich schrie ‚Hände hoch!'. Aber im selben Augenblick schoss er schon zweimal auf mich, aber die Kugeln gingen neben mir in den Türrahmen und die Wand. Ich schoss mehrere Male und traf ihn ausgezeichnet in den Bauch. Er fiel vornüber und klammerte sich mit der rechten Hand, der die Pistole entfallen war, an die Tischplatte. Nun schoss ich ihm aus nächster Nähe durch den Kopf, er fiel in den Stuhl zurück und dann zu Boden. Als ich zur Tür hinaus wollte, warf sich mir eine Frau entgegen, und es gelang mir nur mit Mühe, mich von ihr loszureissen und die Treppe hinab ins Auto zu kommen. Inzwischen war die Stadt etwas in Erregung gekommen. Überall sammelten sich Menschengruppen. So verhafteten wir die Leute nur mehr und brachten sie dann in den Forstenrieder Park oder in das Waldstück zwischen Dachau und München. Ich liess nun die Leute am Waldrand ein paar Schritte vor mir hergehen, rief sie dann an und schoss. Ein einziger machte nach dem ersten Schuss, der nicht sass (es war schon dunkel geworden), einen verzweifelten Fluchtversuch, aber der nächste Schuss warf ihn nieder.

Mein letzter Auftrag war, mit zwei Kameraden zusammen das Haus Röhms in der Prinzregentenstrasse zu durchsuchen. Seine Schwester öffnete uns alle Räume. Ich fand eine englische Maschinenpistole samt Munition, während der Beamte der Gestapo eine Unmenge pornographischer Schriften beschlagnahmte, sowie Briefe und Dokumente. Wir wurden nicht mehr benötigt. Niemand verlangte von uns Meldung und so fuhren wir nach Dachau zurück, wo der Alarmzustand inzwischen aufgehoben worden war."[26]

26 Reichel. Geständnisse eines Gestapo-Mörders, Teil 1, S. 20.

Im Weiteren berichtet Erasmus Reichel noch vom Mord an Dollfuß, nicht ohne zu erwähnen, dass er den Dollfuß-Mörder Planetta persönlich gekannt habe. Erasmus Reichel wurde abkommandiert, um im Herbst 1934 die Wachmannschaft des KZ Esterwegen auszubilden, wobei er nicht nur die Schikanen schildert, die den Häftlingen angetan wurden, sondern sich über den Mangel an „weltanschaulicher" Schulung der Leute beklagt, die er auszubilden hatte. Zurück in Berlin geriet er innerhalb der SS immer öfter in Konflikte und bekam psychische Probleme, wurde verhaftet und kam sogar kurzfristig in die Psychiatrie. Er bat um Entlassung bei der SS und begann ein Kunststudium an der Akademie der bildenden Künste. Er erfuhr von einem Bekannten bei der Gestapo, dass die Teilnehmer des Exekutionskommandos vom 30. Juni 1934 selbst „auf einer Liste der Gestapo"[27] stünden und der Reihe nach beseitigt würden, und ergriff die Flucht über Österreich nach Ungarn.

Mir war nach der Lektüre einen halben Tag lang schlecht. Gleichzeitig faszinierte mich der Text, weil er sozusagen eine Stimme ‚aus der Zeit davor' war — bevor das große Rechtfertigen und Zurechtlügen begonnen hatte. Auch bewirkte der Text, dass ich erste Gehversuche im historischen Recherchieren machte. Ich saß in der Folge stundenlang in der Nationalbibliothek und las alle möglichen Zeitungen aus der Zeit, investierte für meine damaligen studentischen Verhältnisse ein Vermögen in Ausdrucke von Mikrofilmen und fuhr fort, die älteren Familienmitglieder nach unterschiedlichen Perioden in der Familiengeschichte zu befragen. Ich hatte sogar die Idee, Erasmus Reichel — und jetzt kommt die Überraschung —, der damals noch lebte und unter dem Namen Gerardo Reichel-Dolmatoff als einer der berühmtesten Anthropologen Kolumbiens bekannt war, mit diesem Text zu konfrontieren und ihn dazu zu befragen. Als ob er's geahnt hätte, verstarb er im Mai 1994, nur drei Monate nach meinem Interview mit meiner Großtante. Die Reise wäre vermutlich auch aufgrund meiner ökonomischen Situation unmöglich gewesen, und meine Großtante meinte nur lakonisch: „Der hätte dich eh nur hochkantig rausgeworfen."

Der Text „Geständnisse eines Gestapo-Mörders" wurde familienintern wie eine Geheimschrift gehandelt. Es gibt ganz wenige Familienmitglieder, die ihn wie ich bereits seit beinahe zwei Jahrzehnten kennen,

27 Reichel. Geständnisse eines Gestapo-Mörders, Teil 2, S. 19.

Abb. 31: Erasmus und Erwin Reichel (August 1934)

und viele, die von seiner Existenz entweder gar nicht wussten oder nur gerüchteweise davon gehört hatten. Interessant ist, dass er von meiner Großtante kurz vor ihrem Tod — sie war schwer krebskrank — den Historikerinnen Dagmar Ulm und Birgit Kirchmayr übergeben wurde. Sie musste wissen, dass der Text auf diese Weise seinen Weg zuerst in HistorikerInnen-Fachkreise und später an die Öffentlichkeit finden würde. Ich habe manchmal das Gefühl, dass sie den Text auf diese Weise fast wie eine „Flaschenpost" abschickte — im Wissen, dass diese früher oder später gefunden und der Text seine Sprengkraft entwickeln würde. Als mein Cousin Eckhart und ich mit dem internetbasierten Projekt „Reichel komplex" begannen, war nicht zuletzt eine meiner Intentionen, allen Mitgliedern der Familie nach Möglichkeit alle vorhandenen Informationen zugänglich zu machen. Um eine sinnvolle Auseinandersetzung zu gewährleisten, ist es unbedingt notwendig, ein größtmögliches Maß an gleichem Informationsstand herzustellen. Im Grunde wurde in der Familie immer von manchen viel mehr gewusst, als man gemeinhin wahrnehmen konnte. Die Informationen blieben jedoch fast immer von gewissen Zirkeln von WissensträgerInnen gehortet.

Als durch „Reichel komplex" dieser Text, neben vielen anderen Quellen, plötzlich für alle zugänglich war, löste das teilweise sehr starke Reaktionen aus. Ich wurde von Tanten bedrängt, den Text nicht zu veröffentlichen. Eine der Töchter des Gerardo rief mich aus dem

Ausland an, um mich zu bedrohen und zu beschimpfen, sie warf mir Unwissenschaftlichkeit vor, beschwor mich, dass „das Blut ihrer Kinder und ihr eigenes an meinen Händen kleben" werde, wenn der Text an die Öffentlichkeit gelangen würde. Sie erklärte mir, dass ihre Familie in Kolumbien ihres Lebens nicht mehr sicher sein werde. Als sie mir dann riet (sie wusste von meinen Projekten mit israelischen KünstlerInnen): „and don't give any information to the jews — I mind you, they are cleverer than you — they will use everything against the family", musste ich das Gespräch abbrechen.

Im Dezember 2010 kontaktierte mich Prof. Augusto Oyuela-Caycedo und bat um Unterlagen zu Erasmus Reichel. Ich war mittlerweile derart misstrauisch geworden, dass ich ihn für einen von eben jener Gerardo-Tochter vorgeschickten Tester hielt, ob mein Weblog wirklich „dicht" sei, wie ich es für zwei Jahre versprochen hatte. So gab ich ihm weder den Text noch brauchbare Informationen und blieb eher einsilbig. Ich war besorgt, unser partizipatives Projekt damit zu gefährden. Natürlich bekam er den Text trotzdem — über die zwei Historikerinnen und damit von meiner Großtante.

Im Juli 2012 fand an der Wiener Universität der „54. International Congress of Americanists" (ICA)[28] statt — ein sechstägiger AmerikanistInnen-Kongress, der größte Kongress, der jemals bis dahin an der Universität der Bundeshauptstadt stattgefunden hatte. 4.500 Geistes- und SozialwissenschafterInnen präsentierten ihre aktuellen Forschungsergebnisse. Gerardo Reichel-Dolmatoff war ein eigenes Panel gewidmet. Ich beschloss, die gesamten Vorträge auf Video mitzuschneiden, und mein Cousin Richard Reisenberger half mir dabei. Der erste Redner war Augusto Oyuela-Caycedo. Der Vortrag hatte den Titel „Gerardo Reichel-Dolmatoff: seine Vergangenheit, das Erbe und die Probleme", und ich war sehr berührt, als Augusto Oyuela-Caycedo unter Tränen den großen Anthropologen outete. Es ging ihm offensichtlich nahe, und ich verstand erst jetzt, welche Rolle Erasmus Reichel in Kolumbien gespielt hatte. Er galt nicht zuletzt als großer Kenner und Unterstützer der indigenen Kultur. Man hatte das Gefühl, dass im Raum das Who's who der kolumbianischen Anthropologen anwesend war. Das Video von diesem Vortrag hat auf YouTube mittlerweile etwa 12.000 Zugriffe, davon mehr als 8.000 aus Kolumbien. Es erschienen Artikel von der spanischen BBC bis zur Los Angeles Times, und der Leiter des Depar-

28 https://ica2012.univie.ac.at/ (Abrufdatum: 10.07.2015).

tamento de Antropología der Anden Universität Bogotá deutete mir nach dem Vortrag an, dass für ihn nicht ganz abzusehen sei, was die neuen Informationen für die Anthropologie Kolumbiens bedeuteten. Die „Flaschenpost" meiner Großtante war angekommen.

DER JURIST

Als ich auf Kurt Rabl stieß, war ich anfangs etwas verwirrt. Dieser war mit Elfi Reichel, einer direkten Cousine meiner Großmutter, verheiratet. Er stammte väterlicherseits aus der oberösterreichischen ÄrztInnenfamilie Rabl ab, der auch die Mutter meines Urgroßvaters Heinrich entstammte, und war somit weitestschichtig mit seiner Frau verwandt. Ich bin auf ihn nicht zuletzt zu dem Zeitpunkt gestoßen, als sich sein Sohn im Weblog registrieren wollte und ich diesen zu Unrecht nicht zulassen wollte, da die Rabls nicht mehr in die von mir in „Reichel komplex" definierte Gruppe[29] gehören. Das ist insofern erzählenswert, weil es, wie an anderen Passagen des Buches vielleicht bereits spürbar, in dieser Familie immer einen extrem erweiterten Begriff von Verwandtschaft gegeben hat, der natürlich auf das eugenische Programm Heinrich Reichels verweist oder generell auf Stammes- und (pseudogermanische) Sippenvorstellungen.[30]

Der 1909 in Breslau geborene Kurt Rabl war Jurist und nach eigenen Angaben bereits am 1. Jänner 1934 illegal der NSDAP beigetreten, was zu seinem Leidwesen von dieser nach dem sogenannten Anschluss im Jahre 1938 allerdings nicht anerkannt worden war. Er engagierte sich in der sudetendeutschen Henlein Partei, war zuerst Pressechef und in der Folge „dem Leiter der Verhandlungsdelegation mit Lord Runciman und der Regierung zugeteilt, von Fall zu Fall zur persönlichen Verfügung des Stellvertreters Konrad Henleins, K. H. Frank". Im Oktober 1938 wurde er als „Rechtsberater" für die Nazis nach Pressburg (Bratislava) entsandt, wo er bis Ende 1939 blieb.

Rabl war ein Vielschreiber. Als „Rechtsberater für die deutsche Volksgruppe" verfasste er, als die Slowakei noch Bestandteil der ersten tschechoslowakischen Republik war, drei Memoranden nach Berlin, in denen er „[…]

29 Alle Nachfahren der drei Brüder Carl Anton, Friedrich und Heinrich Reichel und ihrer Frauen.

30 Interessant wäre hier auch, noch weiter zu untersuchen, warum man über bestimmte „Ahnen" informiert worden war und über andere nicht. Es waren bis auf wenige Ausnahmen die Frauen, die diese Informationen weitergaben und den Kindern erklärten, was z. B. ein Cousin oder eine Cousine zweiten Grades oder eine Tante dritten Grades war etc.

Raum zum Aufkleben der Lichtbilder.

Heftrand

die möglichst rasche und möglichst vollständige Eingliederung des Landes in den Vierjahresplan [...]", eine „Intelligenz- und Polizeitruppe nach dem Muster der SS" und die „rasche Arisierung der slowakischen Wirtschaft und vor allem des slowakischen Bankkapitals" forderte. An anderer Stelle schreibt er:

> „Zu empfehlen und durch geeignete Einflußnahme auf die führenden slowakischen Politiker nach Möglichkeit zu beschleunigen wäre die Übernahme der Nürnberger Gesetzgebung ... Eine so wichtige und für unseren Einfluß hierzulande so entscheidende Frage wie die der Übernahme der Nürnberger Gesetze kann nur dann einseitig in der Slowakei entschieden werden, wenn das Land in weitestem Maße von Prag unabhängig ist. Daß ein gesamtstaatliches tschechoslowakisches Parlament eine derartige Gesetzgebung mit der Stimme des Juden Stransky und seiner Meute beschließt, ist vorläufig so gut wie ausgeschlossen. Dagegen ist es nicht ausgeschlossen, daß ein slowakisches Beispiel in dieser Richtung auch in den tschechischen Teilen des Staates anfeuernd wirken würde [...]"

Von Neujahr bis Anfang Mai 1940 war Kurt Rabl Leiter des Referats Polnisches Recht in der Abteilung Gesetzgebung beim Generalgouverneur Hans Frank in Krakau. Ende Mai 1940 wurde Rabl von Arthur Seyß-Inquart zum Leiter der „Abteilung Rechtsetzung beim Reichskommissar für die besetzten niederländischen Gebiete" ernannt. Im Juni 1942 meldete er sich freiwillig zur Waffen-SS und diente bei der SS-Standarte Westland. [31]

Nach Aussage seines Sohnes Herbert kam Kurt Rabl sehr spät aus der Kriegsgefangenschaft zurück. Es soll ein Verfahren gegen ihn in Nürnberg angestrengt worden sein, das dann aber eingestellt wurde.[32]

Ebenfalls von Kurt Rabls Sohn, aber auch aus anderen familiären Quellen wusste ich, dass Simon Wiesenthal in Sachen Kurt Rabl recherchierte. Im Gegensatz zur Erzählung des Sohnes Herbert hörte sich die Schilderung von dessen Mutter Elfi, der Witwe von Kurt Rabl, einer sogenannten

Abb. 32: SS-Akte zu DDr. Kurt Rabl (Bundesarchiv Berlin, BDC)

31 Zusammengefasst nach: Brügel, Johann Wolfgang. Wölfe im demokratischen Schafspelz. In: Gewerkschaftliche Monatshefte, 1963, S. 206-209.

32 Auch hierzu wäre natürlich weiter zu forschen, auch in holländischen Archiven, wo meines Wissens unzählige Dokumente zu Rabl liegen.

„Glasenbacherin", über diese Episode schauerlich antisemitisch und geschichtsklitternd an. Ich ging also ins Simon Wiesenthal Archiv, um dort tatsächlich einen Ordner zu Kurt Rabl zu finden. Gespannt las ich die aus 15 Dokumenten bestehende Korrespondenz Wiesenthals in Sachen Rabl aus dem Jahr 1967. Das Ganze beginnt damit, dass Wiesenthal Nachricht davon erhält, dass Dr. Rabl eine Professur für Völkerrecht an der Universität Innsbruck bekommen soll. So bittet er Dr. Louis de Jong im Rijksinstituut voor Oorlogsdocumentatie in Amsterdam[33] um Informationen über Rabls Tätigkeit in Holland, um diese Berufung zu verhindern. Die erhaltene Korrespondenz umfasst zwei Briefe, in welchen Informationen ausgetauscht werden. De Jong merkt an:

> „ganz abgesehen von der Tatsache, ob Rabl strafrechtlich noch verfolgbar ist, würde eine Berufung dieses Referenten des Reichskommissars als Professor ausgerechnet für das Völkerrecht in diesem Lande [Anm.: Niederlande] einen Sturm der Entrüstung auslösen. Dabei ist zu beachten, daß Rabl nicht nur hinter den Kulissen, sondern oft gerade in der Oeffentlichkeit aufgetreten ist: sein Namen ist noch bei vielen bekannt, besonders in Kreisen der Verwaltung und der Justiz."

Offensichtlich erhält Wiesenthal vom Archiv eine Kopie eines Briefes von Rabl an den Adjudanten von Seyß Inquart aus Pressburg im Jahr 1939. In diesem Brief rühmt sich Rabl dafür, den slowakischen faschistischen Machthabern

> „[…] vor ein paar Tagen den Entwurf für eine Verordnung über die Errichtung von KZs gemacht [zu haben] — die Sache steht heute noch genau dort, wo sie in dem Augenblick stand, als ich […] den Entwurf überreichte. […] und alle Haftkandidaten erfreuen sich nach wie vor der Frühlingssonne, als ob nichts geschehn wäre."[34]

Darüber hinaus korrespondiert Wiesenthal mit dem damaligen Justizminister Dr. Hans Klecatsky, den er in seiner Eigenschaft als Professor der

33 Niederländisches Institut für Kriegsdokumentation.

34 Rabl an den Adjudanten von Seyß-Inquart aus Pressburg am 22. 03. 1939.

Universität Innsbruck anschreibt, mit diversen Sektionsleitern und Vertretern der Universität sowie mit dem Unterrichtsminister Dr. Theodor Piffl-Percevic, dem er eine weitere Passage aus einem Schreiben Rabls übermittelt:

> „Interessant ist ein Brief Rabls vom 2. 6. 1944 (!) an den Höheren SS- und Polizeiführer Nordwest, Rauter. (Rauter wurde nach dem Krieg als Massenmörder vor Gericht gestellt und in Holland hingerichtet) In dem Brief an Rauter schreibt er u. a. folgendes: ‚Dies bringt mich auf meine persönlichen Angelegenheiten. Sie wissen, dass es mein Bestreben ist, als SS-Führer der Waffen-SS eine Sonderlaufbahn einzuschlagen, zu der mich meine Vorschulung und meine Sprach- und Auslandskenntnisse besonders zu befähigen scheinen. Ich meine die Laufbahn als SS-Richter, der ich mich auch noch aus einer anderen Erwägung heraus widmen möchte; weil nämlich im Aufbau und in der Wirkungsweise der SS-Gerichtsbarkeit das liberale Richtertum und die von der Ideologie der französischen Revolution beeinflusste Auffassung von der Rechtswahrung, wie sie auch heute noch in unserer Richterschaft spürbar ist, zum ersten mal ganz überwunden ist. Nach meiner Ansicht folgt daraus ganz klar, dass wir die SS-Gerichtsbarkeit zum Vorbild für den kommenden Neubau der gesamtdeutschen Rechtspflege machen müssen, und ich habe mir schon seit längerer Zeit hierüber konkrete Gedanken gemacht, die systematisch auszuwerten mich fesseln würde. Von all dem abgesehen, glaube ich aber auch als SS-Richter an einer Stelle, an der ich meine Auslandserfahrung einsetzen kann, am besten dienlich zu sein.“[35]

Liest man die gesammelte Korrespondenz Wiesenthals zu dem Fall inklusive der Antwortbriefe der befassten Minister, Sektionsleiter und Universitätsfunktionäre, bekommt man ein eindrückliches Stimmungsbild des Jahres 1967, meinem Geburtsjahr. Man spürt förmlich das Misstrauen in der gleichzeitig offensiv demonstrierten „Überhöflichkeit“ gegenüber Wiesenthal. In einem handgeschriebenen Brief will ihn ein Mitglied der Universität freundlich stimmen, indem er darauf verweist,

35 Wiesenthal an Unterrichtsminister Dr. Theodor Piffl-Percevic am 24. 07. 1967.

Raum zum Aufkleben der Lichtbilder.

Heftrand

> „[…] daß nicht die Universität Innsbruck Kurt Rabl zu berufen gedenkt, sondern Rabl um die Venia dozendi gebeten hat. Ich wollte diesen Umstand noch betonen, um nicht die Innsbrucker Juristenfakultät in NS-Licht erscheinen zu lassen."[36]

Die Sache endet mit einem Erfolg. Wiesenthal erhält im Juni 1968 einen Brief vom Bundesminister für Unterricht, in dem dieser ihm mitteilt,

> „[…] daß das Ansuchen des DDr. Kurt O. RABL auf Verleihung der Lehrbefugnis als Hochschuldozent mittels Bescheides der Rechts- und Staatswissenschaftlichen Fakultät der Universität in Innsbruck vom 12 . März 1968 zurückgewiesen wurde."

Im März 2014 suchte ich erstmals im Bundesarchiv in Berlin[37] nach einer Reihe von ProtagonistInnen meiner Familie aus den betroffenen Generationen. Kurt Rabl war natürlich auf meiner Liste. Ich war auch nicht erstaunt, eine relativ umfassende Akte[38] vorgelegt zu bekommen. Als ich diese jedoch öffnete, war mir augenblicklich klar, dass sich hier ein unerwarteter Aspekt aus dem Leben Rabls auftat: Das Erste, was mir entgegenflog, war das Bildnis einer jungen Frau, einer Holländerin, wie sich später herausstellte. Der Nazi-Bonze Kurt Rabl hatte sich offensichtlich in diese verliebt und sie in einer Nacht-und-Nebel-Aktion geheiratet. Dabei hatte er verabsäumt, wie es seine Pflicht gewesen wäre, die Erlaubnis des Rasse- und Siedlungshauptamts der SS abzuwarten. Der Inhalt der etwa 300 Seiten starken Akte gibt den sich daraus ergebenden Briefverkehr zwischen der holländischen SS-Behörde und Berlin wieder. Die Sache wird immer höher gespielt, wird zur Chefsache und letztendlich findet sich ein kurzer Brief vom Reichsführer SS am 22. September 1942 an den SS-Gruppenführer Rauter in Den Haag mit den beiden folgenden, offenbar schwerwiegenden Sätzen:

36 Briefwechsel zu Kurt Rabl im Simon Wiesenthal Archiv — Dokumentationszentrum des Bundes jüdischer Verfolgter des Naziregimes.

37 Bis dato habe ich nur im Archiv des Berlin Document Center gesucht. Weitere Recherchen stehen noch aus.

38 Bundesarchiv Berlin, VBS-283-6045006764.

> „[...] Insgesamt finde ich die Wahl dieser Frau für alles andere als gut. Außerdem halte ich es für unmöglich, daß der SS-Bewerber Rabl heiratet und erst hinterher sein Heiratsgesuch einschickt. Ich ersuche Sie um eine kurze Beurteilung des Dr. Rabl. Meines Erachtens müßte er zunächst einmal Soldat werden und dienen und dann könnte man über eine Wiederaufnahme in die SS sprechen."

Ab hier scheint es, als wären die Hunde losgelassen. Neben genauen Anleitungen, wie die Ahnentafeln von SS-Angehörigen zu führen seien, wird vor allem die Frau offensichtlich einer peinlich genauen und wiederholten Untersuchung auf ihre „rassischen und erbgesundheitlichen" Eigenschaften unterzogen. Dazu gibt es auch ein 1937 vom Reichsführer SS verfasstes Schreiben — gleichsam eine Anleitung für den SS-Arzt für die „Allgemeine SS-ärztliche Untersuchung für Verlobungs- und Heirats-Genehmigung." Unter Punkt „C Untersuchung" steht:

> „Gründlich! Bei Frauen feinfühlig vorgehen! Gebärfähigkeit wird festgestellt: a) nach der allgemeinen Erscheinung b) nach der äußeren Beckenmessung c) vor allem nach der taktvoll aber eindringlich erhobenen Anamnese [...]. Grund zur inneren Untersuchung — die unter Umständen nur rektal ausgeführt werden braucht — ist nur gegeben, wenn Anamnese oder Befund verdächtig sind. Wenn die äußeren Beckenmaße verdächtig sind, kann die innere Beckenmessung nötigenfalls schonend und genau durch eine Röntgenaufnahme ausgeführt werden [...]"

Es folgen unzählige ausgefüllte Formulare in aufklappbaren Papierbahnen, Bestätigungen durch Stadtgemeinden über die Herkunft von Vorfahren der Frau bis zurück ins 18. Jahrhundert. Hier begegnet uns wieder die Eugenik im Zuchtgedanken Heinrich Himmlers. Es ist insgesamt gut erkennbar, dass man vonseiten der SS-Ärzte darauf aus war, „etwas zu finden". Die ganze Sache bleibt letztendlich offen. In einem zweiten Schreiben vom Reichsführer SS wird mitgeteilt, dass die Angelegenheit bis „nach Kriegsende" zurückgestellt werde.

Noch vom Bundesarchiv aus habe ich den Sohn Kurt Rabls angerufen und gefragt, ob ihm der Name jener holländischen Frau bekannt sei.

DAS DEUTSCHE LIED
VOLKSLIEDER
HEFT 1

DAS DEUTSCHE LIED
LIEDER DER BEWEGUNG
HEFT 2

DAS DEUTSCHE LIED
SOLDATENLIEDER
HEFT 3

DAS DEUTSCHE LIED
FEIERLIEDER
HEFT 4

DAS DEUTSCHE LIED
LIEBESLIEDER
HEFT 5

DAS DEUTSCHE LIED
KINDERLIEDER
HEFT 6

DAS DEUTSCHE LIED

Heft

1

VOLKSLIEDER

Kein schöner Land in dieser Zeit

Nun will der Lenz uns grüßen

Wohlan, die Zeit ist kommen

Ein Jäger aus Kurpfalz

Und in dem Schneegebirge

Herausgegeben vom Winterhilfswerk des Deutschen Volkes 1942/43

DAS DEUTSCHE LIED

Heft

2

LIEDER DER BEWEGUNG

Ein junges Volk steht auf

Es zittern die morschen Knochen

Nur der Freiheit gehört unser Leben

Nun laßt die Fahnen fliegen

Siehst du im Osten das Morgenrot

Herausgegeben vom Winterhilfswerk des Deutschen Volkes 1942/43

DAS DEUTSCHE LIED

Heft

3

SOLDATENLIEDER

Morgen marschieren wir in Feindesland

Graue Kolonnen ziehn in der Sonnen

Matrosen, wenn die singen

Wir jagen durch die Lüfte (Flieger sind Sieger)

O Bootsmann, Bootsmann, sag uns doch

Herausgegeben vom Winterhilfswerk des Deutschen Volkes 1942/43

DAS DEUTSCHE LIED

Heft

4

FEIERLIEDER

Wenn alle untreu werden

Nichts kann uns rauben

Heilig Vaterland

Auf, hebt unsre Fahnen

Deutschland, heiliges Wort

Herausgegeben vom Winterhilfswerk des Deutschen Volkes 1942/43

DAS DEUTSCHE LIED

Heft

5

LIEBESLIEDER

All mein Gedanken, die ich hab

Der Winter ist vergangen

Wenn alle Brünnlein fließen

Das Lieben bringt groß Freud

Horch, was kommt von draußen rein

Herausgegeben vom Winterhilfswerk des Deutschen Volkes 1942/43

DAS DEUTSCHE LIED

Heft

6

KINDERLIEDER

Kätzchen im Schnee

An meiner Ziege hab ich Freude

Fuchs, du hast die Gans gestohlen

Es tanzt ein Bi-Ba-Butzemann

Suse, liebe Suse, was raschelt im Stroh

Ein Männlein steht im Walde

Trarira, der Sommer, der ist da

Herausgegeben vom Winterhilfswerk des Deutschen Volkes 1942/43

Hellmuth Arpke

Engelbert Endraß

Rolf Kaldrack

Heinz-Jürgen Lütje

Georg von Neufville

Günter Schwartzkopff

ahnend, daß sich sein Wagemut, der ihn ganz beseelte, als solcher vielleicht einmal am besten auswirken konnte.

Voll hoher Begeisterung, mit tapferem Herzen, stand und focht er in diesem Kampf um die Festung Holland. Er war bei dem Fallschirmunternehmen am Albertkanal eingesetzt. In diesem wechselvollen Ringen war er seinen Kameraden das hohe Vorbild, das einer ragenden Säule gleich keinen Augenblick wankte. Alle schauten auf ihn. Und wenn das Unternehmen glücklich gelang und zu siegreichem Ende geführt werden konnte, so war es nicht zuletzt das Verdienst des heldenmütigen Feldwebels. Sein Verdienst wurde als entscheidend bezeichnet. Der Führer lohnte die Tapferkeit des jungen Soldaten durch

schiffen gegenüber — wie die Versenkung der Hilfskreuzer zeigt — erfolgreich zu behaupten. Er zeichnete sich durch hervorragendes Können, Kaltblütigkeit und rücksichtslose Einsatzbereitschaft aus. Das Leben des U-Boot-Mannes Engelbert Endraß ist wie das Günther Priens das Leben eines Vorbilds. Und wenn man die erfolgreichen Stationen dieses Soldatenlebens überblickt, dann fällt einem auf, wie typisch es für unsere U-Boot-Kommandanten ist, wie sehr alle die vielen, auch die noch namenlosen, die immer und immer wieder am Feind stehen, ihren großen Vorbildern nacheifern. Mittags gibt es Alarm! Ein großer Dampfer mit Tarnanstrich versehen und mit Geschützen ausgerüstet kommt mit Zickzackkursen heraus. Aus größerer Entfernung fällt der Torpedoschuß: Treffer! Das Schiff nimmt etwa

Kptlt. Endraß schreitet die Front der Ehrenkompanie ab

nahm, in der er seine Staffel siegreich geführt hatte. Es schien, als sei mit der größeren Aufgabe auch seine Persönlichkeit gewachsen. Auch als Gruppenkommandeur blieb er seinen Besatzungen durch seinen kühnen persönlichen Einsatz das kämpferische Vorbild, das sie zu gleichen Leistungen fortriß. Das zeigte sich in hervorragender Weise bei den ihm und seiner Gruppe übertragenen Begleitaufträgen. Mutig stellte er sich auch einem weit überlegenen Gegner, warf sich angreifenden feindlichen Jägern entgegen und ermöglichte durch seinen verläßlichen Geleitschutz den Kampfverbänden die ungestörte Durchführung ihrer Aufträge. Immer sah Hauptmann Kaldrack seine Hauptaufgabe in der Betreuung eines zu Bombenangriffen fliegenden Geschwaders, für den er sich auch in manchmal aussichtslos schei-

Mit dem Zerstörer Me 110 gegen England

des Leutnants Lütje zur ostwärtigen Einkrei ung Leningrads bei Schlüsselburg eingesetzt. An der äußersten Spitze des schmalen, von den deutschen Truppen besetzten Streifens kämpft die Kompanie, um die Landungsversuche der überlegenen Feindkräfte von der Newa und dem Ladoga-See her zu verhindern und Schlüsselburg zu halten. Gerade hat der Leutnant Lütje mit seinen Infanteristen im Nachbarabschnitt gelandete Bolschewiken aufgerieben, da unternehmen die Sowjets vor den Stellungen der Kompanie unter Einsatz von Kanonenbooten einen abermaligen Landungsversuch. Der verzweifelt um eine Ausbruchsmöglichkeit kämpfende Feind ist stark. Im Schutze der Kanonenboote folgen Barkassen, Prähme und Kähne, alle vollgestopft mit Bolschewiken. Unter Ausnutzung der günstigen Strömung und unter Anwendung

Als Arbeitsdienstführer bei der Melioration eines Moores

er sich bei Erfüllung dieser für die deutsche Wehrerziehung so bedeutsamen Aufgabe höchste Verdienste erworben.
Bei Kriegsausbruch rückte Gruppenführer von Neufville als Oberst und Kommandeur eines Infanterieregiments ins Feld. Die ungewöhnlichen Erfolge seines Regiments — vor allem im Kampf gegen die Bolschewisten — wären nie erreicht worden, wenn Oberst von Neufville nicht immer wieder durch vorbildlichen Einsatz seiner Person und durch hervorragende Tapferkeit seine Soldaten vorwärtsgerissen hätte. Am 26. Juli 1941 erfolgte auf die Mitte des Rastraumes einer im mittleren Abschnitt der deutschen Ostfront vorgehenden Division ein überraschender Durchbruchsversuch vom Norden her, an dem starke Teile zweier bolschewistischer Armeekorps beteiligt waren. Oberst von Neufville erhielt den Befehl,

Als SA.-Gruppenführer bei der Gefallenenehrung

1935 zur wiedererstandenen Luftwaffe über.
Major Schwartzkopff war Kommandeur einer Fliegerschule und Gruppenkommandeur, bis er 1938 als Oberstleutnant Kommodore eines Sturzkampfgeschwaders wurde. Mit klarem Blick erkannte er frühzeitig die entscheidende Bedeutung dieser neuartigen Waffe, deren kriegsmäßigem Ausbau er seine ganze Schaffenskraft widmete. Seine unbeugsame Tatkraft, seine unerschütterliche Entschlossenheit ließen ihn zum schöpferischen Gestalter der deutschen Sturzkampfwaffe werden. An der Spitze der Besatzungen, die er ausgebildet und erzogen hatte, begründete er — ihnen selbst als leuchtendes Beispiel vorbildlicher Einsatzbereit-

Ju 87 Sturzkampfbomber über den Inseln Südgriechenlands

Er verneinte, sagte aber, dass er von einer Ehe seines Vaters vor der mit seiner Mutter gewusst habe. Sie sei die große Liebe gewesen, habe ihm aber später das Herz gebrochen, da sie sich bei Kriegsende einseitig, also ohne sein Wissen, von ihm habe scheiden lassen, was damals in den Niederlanden offensichtlich möglich war.

Im Fall Kurt Rabl bleiben trotz dieser Erkenntnisse noch viele Fragen offen, z. B. ob und, falls ja, wie er sich nach dem Krieg einer strafrechtlichen Verfolgung entzogen hat. Hierzu ist künftig noch viel Material zusammenzutragen, etliches muss zudem noch aus dem Niederländischen übersetzt werden.

DER HOCHDEKORIERTE GEFALLENE NAZI-HELD

> „Erwin, mein Cousin, der in diverse Schwierigkeiten als Nationalsozialist verwickelt war, hatte nie Geld und wir sind öfters in Graz miteinander ausgegangen. Er hatte von seinem Vater her einen tschechischen Pass und ist nach dem Putsch der Nationalsozialisten mit einem Taxi nach München geflüchtet. Brigitte Reichel, meine Cousine, kann sich noch genau erinnern, dass der Taxifahrer die Kosten für die Fahrt von ihrem Vater Prof. Heinrich Reichel verlangt hatte.“[39]

Erwin Heinrich Reichel war der Zwillingsbruder meiner Großmutter und damit eines der neun Kinder Dr. Heinrich Reichels. Er ist der Einzige von diesen, der den Krieg und die NS-Zeit nicht überlebt hat. Zwar ist die älteste Tochter Heinrich Reichels auch 1939 gestorben, allerdings bei der Geburt ihrer zweiten Tochter, was auch unabhängig vom Nationalsozialismus geschehen hätte können. Erwin Reichel ist hingegen jener Bruder, der bei der dritten Panzerschlacht um Kharkov als Kommandeur des SS-Panzer-Grenadier-Regiments 10 „Westland“, welches in erster Linie aus niederländischen Freiwilligen bestand, verwundet worden ist und kurz darauf starb.

39 Reichel, Heinrich. Die Reichelmänner. Endausfertigung Bei Vollmond am 13./14. Jänner 2006 geschrieben. Archiv Reinhard Weiss.

Er wurde posthum mit dem Ritterkreuz ausgezeichnet und war spätestens damit ein Nazi-Held. Bis heute kann man seinen Namen auch in einschlägigen Neonazi-Webseiten finden.

Der geliebte und verehrte Bruder kam häufig in den Erzählungen meiner Großmutter und ihrer Schwestern vor. Immer war eine Mischung aus Bewunderung und Geheimnisvollem in diesen Erzählungen für mich spürbar. Er war es auch, dessen zwei Bilder 1945 von der Ahnentafel entfernt worden waren, weil er auf ihnen die SS-Uniform trug.

Im Bundesarchiv habe ich bis dato eine Akte zu ihm gefunden. Diese umfasst 113 Seiten und stammt aus den Personalunterlagen von SS-Angehörigen aus dem ehemaligen Berlin Document Center (BDC), welches von den USA nach dem Ende des Zweiten Weltkrieges errichtet worden war, um Unterlagen für den Nürnberger Prozess zu sammeln. In der Akte kann man dem Werdegang Erwin Reichels in der SS nachspüren. Manche der Familiengeschichten finden sich wieder, andere Dokumente liefern neue Informationen oder belegen, wie verzerrt die innerfamiliäre Überlieferung war. Anhand dieser Unterlagen ist davon auszugehen, dass Erwin Reichel 1934 tatsächlich in die Ereignisse rund um den Nazi-Putschversuch (Dollfuß-Mord) verwickelt war, wie im obigen Zitat von seinem Cousin berichtet wird. Man findet das auch in seinem von ihm selbst 1938 in Stettin handschriftlich für die SS-Akte verfassten Lebenslauf:

„Stettin 19. 8. 1938 Lebenslauf

Als Sohn des o. ö. Universitäts Professors Dr. Heinrich Reichel und dessen Frau Cäcilia Rosenauer wurde ich am 11. III. 1911 als 5. von 9 Kindern in Wien geboren. Von meinem 1. bis 10. Lebensjahr war ich in Wels Ober Österreich, wo ich auch die Volksschule besuchte. 1921–23 Realgymnasium in Kremsmünster Ob.Öst. 23–29 Realgymn. in Wels. [Anm.: unleserlich] im Jahre 1924 dem deutschen Turnerbund beigetreten. 1929 nach Wien übersiedelt und dem Freikorps Oberland beigetreten. Von 29–31 Realgymnasium im 14. Wiener Bezirk besucht. Sommer 1930 Studien Reise nach England. 1931 Abitur in Wien. Im Oktober 1931 an der Wiener Universität das Medizin Studium begonnen. 1931/32 Hochschulmeister im Gewehrschießen. 1932/33 Hochschulmeisterschaft im Gewehrschießen

Abb. 34: Marianne und Erwin Reichel (ca. 1937/38)

Mannschaftswettbewerb. Winter 32 1. Preis im militärischen Skiwettlauf des Freikorps Oberland. März 33 1. Preis bei dem Wettschießen Oberland — deutsche Wehr und Militärgewehren. 1933 Einen Kurs der Wehrmacht (Bundesheer) für Gasschutz mitgemacht. Herbst 1933 wurde mein Vater nach Graz versetzt, ich setzte dort das Medizin-Studium fort und trat im September 1933 dem SS Sturm 1./III/38 bei. Dienstantritt am 4. I. 1934. Anfang Feber Scharführer, 22. II. 34 von Stubaf Helle ernannt, betraut mit der Dienststelle des Obertruppführers als Stellvertreter des Sturmführers (Ranner). Waffen u. Sprengwart des Sturmbannes. Im April 1934 damit beauftragt, die Flucht des SS Untersturmführers Linthaler und dessen Bruders aus dem Gefängnis in Messendorf b. Graz zu ermöglichen. Am 9. V. 1934 nach vollführtem Auftrag Dienstantritt in Dachau. Im Oktober 34 zur SS Verfügungstruppe übernommen. April 35 – Feber 36 SS Führerschule Braunschweig, Feber – April 36 Zugführerkursus in Dachau. Am 24. 4. 36 zum SS Untersturmführer ernannt und zum Stab des Reichsführers R.u.S. Hauptamt versetzt. Vom 1. V. 36 – 15. X. 36 nach Stettin zum O.A., R.R.Nord, versetzt. Am 20. 6. 36 geheiratet. Erwin Reichel"

Die oben angesprochene ominöse Taxifahrt von Erwin Reichel zur Flucht nach dem Naziputschversuch 1934[40]

40 Oder gab es zwei Fluchtfahrten?

findet sich wieder in einem Brief in Akten der NSDAP (Flüchtlingshilfswerk) vom 3. März 1938:

> „Auch anläßlich der Flucht der beiden Lindthaler erhielt Reichel von der SS einen größeren Geldbetrag, um den gemieteten Chauffeur an der Grenze zu bezahlen. Reichel erhielt damals den Auftrag, wieder zurückzukehren. Er ist jedoch mit den beiden Lindthaler nach Jugoslavien geflüchtet und mußte der Chauffeur, welcher sich bei der SS meldete, bezahlt werden, weil er von Reichel nichts erhalten hat. Das an Reichel zur Auszahlung gelangte Geld ist bei der SS in Graz niemals eingelangt." Auch erfährt man in diesem Brief, „[...] daß der im dortigen Stand geführte SS-Obersturmführer Erwin Reichel in seiner Eigenschaft als Waffeneinkäufer der Grazer SS-Standarte 1/3/38 vor seiner angeblichen Flucht nach Jugoslavien 8 Maschinenpistolen, welche SS-Eigentum waren, ohne Wissen der Standarte veräußert hat. Bei den Nachforschungen wurde damals festgestellt, daß die MP an die SA nach Wels verschoben wurden. Der SA-Mann, dessen Name derzeit unbekannt ist, welcher die MP von Reichel übernommen hatte, konnte nur unter Androhung der schärfsten Mittel dazu gebracht werden, den Aufenthaltsort der Waffen bekanntzugeben. Er verlangte ca. 1000 S zurück, welchen Betrag er für die Waffen an Reichel zur Auszahlung gebracht haben will. Es wurde ihm jedoch bedeutet, daß die PM SS-Eigentum waren und daher nicht veräußert werden konnten. Schließlich gelang es, die MP wieder in den Besitz der Grazer SS zu bringen. Später stellte sich auch heraus, daß bei den verschiedenen Waffeneinkäufen, die Reichel tätigte, Unregelmässigkeiten vorgekommen sind. Danach soll er von verschiedenen SS-Männern Geld zur Anschaffung von Pistolen kassiert haben, ohne dieselben jedoch zu liefern."[41]

Wie sich diese Vorwürfe aufgeklärt haben, geht aus den Unterlagen nicht hervor. Letztendlich macht Erwin Reichel später, wie man ja auch schon seinem Lebenslauf und späteren Unterlagen entnehmen kann, eine glänzende

41 Brief des NSDAP-Flüchtlingshilfswerks Berlin, adressiert an die Sammelstelle SS München. Quelle: Bundesarchiv.

Abb. 35: Felix Steiner und Erwin Reichel (undatiert)

SS-Karriere. Ein Foto aus dem Familienalbum illustriert die Mitteilung über seine Heirat am 20. Juni 1936. Ein Foto auf einer Kopie eines Zeitungsausschnittes ohne Quellenangabe aus der Sammlung meiner Großtante zeigt ihn unmittelbar neben Hitler, strammstehend bei einer Kranzniederlegung. Mit Bleistift ist darauf vermerkt: „Erwin Reichel Kranzniederlegung [...]", der Rest ist unleserlich, außer dem Datum: „9. XI. 1937". Es muss sich wohl um das Reenactment des Marsches auf die Feldherrenhalle von 1923[42] durch die Nazis in München gehandelt haben, als zeitgleich die nationalsozialistische Hetzausstellung „Der ewige Jude" in der Bibliothek des Deutschen Museums stattfand. Aus einem anderen Dokument geht hervor, dass Erwin Reichel den Ehrendegen des Reichsführers verliehen bekommen hat. Von besonderem Interesse ist — nicht zuletzt auch als Quelle für die Authentizität des Textes „Geständnisse eines Gestapo-Mörders" von seinem Cousin Erasmus Reichel[43] —, dass ein paar Monate zuvor die Zentralstelle der NSDAP in Berlin bei der SS-Sammelstelle München Erkundigungen nach Erwin Reichel einholte, „der ein Verwandter des Erasmus R. sein kann [...]". In einem zweiten Brief mit selben Datum heißt es: „Im Nachhange zum Schreiben vom 28. 12. 1937 wird in der Anlage Lichtpause der Fortsetzung des Artikels in der ‚Dritten Front' vom 1. 1. 1938 mit der Bitte um Kenntnisnahme überreicht."[44]

42 Hitler-Ludendorff-Putschversuch.
43 Siehe Erasmus — Gerardo Reichel Dollmatoff weiter oben.
44 Beide Quellen: Bundesarchiv.

Über Erwin existieren unzählige Familienlegenden, welche vom vollkommen Fantastischen bis zum Banalen, vom tief menschlichen Betroffensein bis zu tatsächlich historisch Verwertbarem reichen. So soll er „unverwundbar ohne Helm auf dem ersten Panzer stehend in die Schlacht gefahren sein und nur durch einen Querschläger verletzbar (ähnlich wie Achilleus nur in der Ferse) zu Fall gekommen sein und selbst dann noch aus dem Lazarett entflohen nochmals mit dem Motorrad zu seinen Truppen eilend letztendlich gestorben sein".[45]

Meine Großtante erzählte mir, dass er an der Erfindung des Camouflage-Musters auf den Kampfanzügen maßgeblich beteiligt gewesen sei, aber auch, dass er eine viel gesündere Strategie im Umgang mit Schnupfen entwickelt habe, bei der man „den Rotz weder aufziehen, noch sich schneuzen, sondern ihn einfach abrinnen lassen solle". Dass es deshalb in der Familie verpönt war, Taschentücher zu kaufen, ist vielleicht nur ein böser Verdacht meinerseits.

Berührend und gleichzeitig erschütternd fand ich es, als unsere Großtante bei ihrem letzten Videogespräch mit meinem Cousin Eckhart und mir erzählte, wie emotionslos sie anfänglich die Nachricht vom Tod des Bruders zur Kenntnis genommen hatte. Sie beschrieb, wie ihre Kolleginnen in Schule und BDM oft heulend zusammengebrochen seien, wenn deren Brüder „gefallen"

45 Mündlich berichtet von Fritz Reichel. Quelle: Reichel komplex.

waren, während sie bei der Verständigung über den Tod ihres Bruders vollkommen regungslos blieb. Als sie allerdings die Nachricht bekam, dass im Zuge des deutschen Rückzugs der Soldatenfriedhof irgendwo in der Ukraine eingeackert worden war, auf dem ihr Bruder begraben lag (man wollte Grabschändungen vermeiden),[46] sei sie hemmungslos zusammengebrochen. Erwin Reichel starb am 28. Februar 1943. Über seine Einheit ist wichtig zu wissen,

> „dass die Division ‚Wiking' eng zusammenwirkt mit der ‚Einsatzgruppe D' der Sicherheitspolizei und des SD. Diese Spezialeinheit tötet im Nordkaukasus Tausende Juden. Über das Morden unter dem Deckmantel der ‚Partisanenbekämpfung' notiert der an die Front gereiste Schriftsteller Ernst Jünger in seinen ‚Kaukasischen Aufzeichnungen': ‚Ich hörte hier Dinge, die in die Zoologie einschneiden.' Und er weiß, dass die Täter ihre Blutspur verbergen: ‚Es gibt zu viele Stätten, die für mich tabu sind. Dazu gehören alle, an denen man sich an Wehrlosen vergreift.'"[47]

Zwei Quellen möchte ich noch einbringen, um die Beziehung von Erwin Reichel zu seinem Vater, dem Eugeniker, zu veranschaulichen:

> „Der SS-Untersturmführer 202 925 Erwin Reichel war vom 1. Mai 1936 bis 28. Februar 1937 zur Ausbildung beim Rasse- und Siedlungshauptamt. In der Zeit vom 1. 5. – 17. 10. 36 war er dem R.u.S.-Führer Nord zugeteilt. Vom 19. 10. 36 bis zum Ablauf der Ausbildungszeit hatte er Gelegenheit, die Arbeit der Ämter des R.u.S.-Hauptamtes kennen zu lernen und hat außerdem an einem besonderen Ausbildungsgang im Rasseamt mit Spezialvorträgen teilgenommen. Die mit der Ausbildung beauftragten Führer stellen Reichel durchweg ein sehr gutes Zeugnis aus. Reichel ist begabt und hat sich immer bemüht, möglichst viel aus den ihm zugänglichen Arbeitsgebieten zu lernen. Bei der Bearbeitung von Ahnentafeln hat er sich sehr geschickt erwiesen. […]"[48]

Abb. 36: Hochzeitsfoto Marianne Reissner und Erwin Reichel (1936)

46 Videogespräch: Brigitta Reichel mit Eckhart Derschmidt am 23. 02. 2007. Quelle: Reichel komplex.

47 Klußmann, Uwe. Des Führers Wikinger — Mit nordeuropäischen Freiwilligen zog die Waffen-SS an die Ostfront. In: Spiegel Geschichte 6/2010, S. 133.

48 Dienstleistungszeugnis Erwin Reichel des Rasse- und Siedlungshauptamts SS 31. 03. 1937. Quelle: Bundesarchiv.

Vor allem der letzte Satz ist bemerkenswert, da es ein Kernanliegen seines Vaters, des Eugenikers Dr. Heinrich Reichel, war, dass nach Möglichkeit jeder Einzelne, „der durch sein Bildungsmaß dazu nur einigermaßen befähigt ist", eigene Familienforschung betreiben solle. Ahnentafeln waren ein zentrales Instrument dafür.

Richtiggehend erschreckend fand ich dann den Brief, den die Witwe Erwins unmittelbar nach dessen Tod vom SS-Oberabschnitt Süd bekommen hat — ein weiterer Bezug zur Eugenik und die zweite hier genannte Quelle:

> „Liebe Frau Reichel,
> durch das Personalhauptamt Berlin habe ich erfahren, dass ihr Ehemann an Verwundung verstorben ist. Zu diesen schweren Verluste spreche ich Ihnen mein aufrichtiges Mitgefühl aus.
>
> Der Reichsführer-SS hat Lebensborn beauftragt, sich der Frauen und Kinder der gefallenen SS-Kameraden anzunehmen.
>
> Der Lebensborn soll nach dem Befehl des Reichsführers-SS Ihnen und Ihren Kinder so beistehen, wie es Ihr Mann, der Vater Ihrer Kinder getan haben würde.
>
> Sie finden beim Lebensborn Rat und Hilfe in allen Angelegenheiten, die Sie und Ihre Kinder betreffen.
>
> Um eine persönliche Verbindung zwichen Ihnen und dem Lebensborn herzustellen ist die örtliche SS-Einheit beauftragt, einen SS-Kameraden als persönlichen Berater zu bestimmen, mit dem Sie Ihre Sorgen mündlich besprechen können.
>
> Zur wirksamen Vertretung Ihrer Kinder vor allen Stellen ist es zweckmässig, den Lebensborn aus formellen Gründen als Beistand bestellen zu lassen.
>
> Den Antrag stelle ich beim zuständigen Gericht, wenn Sie die beiliegenden Formblätter ausgefüllt und unterschrieben an mich zurückreichen.
>
> Ausserdem bitte ich mir eine Abschrift der Mitteilung über den Heldentod Ihres Mannes beizufügen.
>
> Heil Hitler SS — Hauptsturmführer"[49]

49 SS-Oberabschnitt Süd an die Witwe Erwin Reichels am 08. 05. 1943. Quelle: Bundesarchiv.

Abb. 37: Austrian Students Goodwill Tour – USA 1949: Brigitta Reichel am Pazifik

Mir fiel dazu spontan der von den Nazis übernommene Slogan der Eugeniker ein: „Du bist Nichts — Dein Volk ist Alles". Lebensborn war ein Projekt von Heinrich Himmler, das zum Ziel hatte, die „Rettung der nordischen Rasse" durch Steigerung der Geburtenrate sowie eine qualitative Verbesserung des Nachwuchses unter „Zuchtkriterien" im Sinne der nationalsozialistischen Rassenhygiene/Eugenik („Euthanasie", Zwangssterilisation, Heiratsverbote etc.) zu erreichen.

DIE BDM-FÜHRERIN UND SPÄTERE PROKURISTIN

1992 — ich war damals 25 Jahre alt — rief mich meine Großtante Brigitta Reichel, die jüngste Schwester meiner Großmutter und Tochter Dr. Heinrich Reichels, spätabends an. Sie war schockiert über die Rostock-Lichtenhagen-Unruhen auf dem Gebiet der ehemaligen DDR. Dort hatten hunderte militante RechtsextremistInnen ein Asylwerberheim angegriffen und unter dem Beifall von etwa 3000 ZuseherInnen in Brand gesetzt. Meine Großtante war offensichtlich geschockt und beunruhigt. Die Geschehnisse schienen etwas in ihr in Bewegung gebracht zu haben. Sie forderte mich auf, sie mit einem Tonbandgerät über ihre Erinnerungen an die Nazizeit zu interviewen.

Es dauerte dann noch fast zwei Jahre, bis wir wirklich miteinander an einer Aufnahme arbeiteten.

Dabei wurden etwa 17 Stunden Tonmaterial aufgenommen. Ich kann mich noch genau daran erinnern, dass wir unsere „Session" in jener Woche abhielten, die zwischen dem offiziellen Fest und dem privaten Familienfest[50] anlässlich des 90. Geburtstages meines Großvaters in ihrem Vierkanthof in Fallsbach bei Gunskirchen lag. Das finde ich insofern erwähnenswert, als zur ursprünglichen Motivation meiner Großtante, mit ihren Erinnerungen zu warnen, rückwirkend betrachtet eine weitere, vermutlich viel stärkere dazukam. Sie wollte mir auf eine Weise auch „die Stafette" weitergeben und machte mich dadurch tatsächlich auch zum Wissensträger — zu einer Art Familienchronisten. Zu dieser Zeit war ich dem Narrativ der Großtante hoffnungslos ausgeliefert und es fällt mir streckenweise schwer, mich selbst auf den Aufnahmen zu hören. Andererseits bin ich mittlerweile sehr froh darüber, weil ich auf diese Weise ein fast „ungebremstes Narrativ" von ihr habe — nicht gestört durch die vielen (ihr sicherlich unangenehmen) Fragen, die ich jetzt hätte.

Während der Aufnahmewoche führten wir jeden Tag stundenlange Gespräche. Außerdem machten wir ‚Exkursionen' zu zwei Schwestern meiner Großtante, um sie zu befragen: einmal zu ihrer ältesten damals noch lebenden Schwester Hertha[51], die damals 86 Jahre alt war, und an einem anderen Tag zu ihrer jüngsten, aber doch

50 Üblicherweise ca. 80 bis 200 Familienmitglieder.

51 Hertha Wascher, geb. Reichel (1908–2004).

acht Jahre älteren Schwester Karoline[52]. Karoline konnte ich gemeinsam mit meinem Cousin Eckhart noch wenige Wochen vor ihrem Tod mit der Videokamera interviewen, von Hertha ist dies meine einzige Aufnahme. Bis zum Tod Brigittas führten wir dann noch zweimal längere Videogespräche: eines elf Jahre und eines 13 Jahre nach unseren ersten Gesprächen, Letzteres wenige Monate vor ihrem Tod. Auch dieses letzte Videogespräch führten wir auf ihre eigene Veranlassung. Sie war damals bereits schwer krebskrank und meinte zu mir, dass wir die Aufnahme bald machen sollten, da sie Angst habe, aufgrund einer Metastasierung im Gehirn „bald nicht mehr vernehmungsfähig“ zu sein.[53]

Brigitta Reichel war eine beeindruckende Frau und meines Erachtens unter all ihren Geschwistern die einzige Intellektuelle. Von ihr bekam ich Bücher von Richard Sennett, Slavoj Žižek sowie von Hardt und Negri. Sie war zeitweise möglicherweise die einzige Gunskirchnerin, die ohne offizielle Funktion jedes Jahr zur Befreiungsfeier des Konzentrationslagers Gunskirchen ging, und ich hatte den Eindruck, dass sie wirklich nach einem Umgang mit ihrer Vergangenheit und der Nazizeit suchte. Andererseits hörte ich sie auch manchmal mit ‚alten Nazis‘ beziehungsweise Kolleginnen aus dem Reichsarbeitsdienst und dem BDM sprechen. Da erschien sie mir wie ausgewechselt (fast janusköpfig). Irgendwie hatten sie die Prägungen ihrer Jugend und im Belauschen solcher Gespräche bekam ich ein Gefühl für das, was Victor Klemperer die „Sprache des Dritten Reichs“ („Lingua Tertii Imperii“) nannte[54] und was man in Jonathan Littells „Die Wohlgesinnten“ so unerbittlich wiederfindet.

Brigitta Reichel war zu Ende des Krieges 20 Jahre alt. Sie war als HJ- und BDM-Führerin und im Reichsarbeitsdienst durch die gesamte ‚Mühle‘ der Nazipropaganda gegangen. Auch die Zeit vor 1938 beschreibt sie als eine sehr aufregende. Nach ihrer Erinnerung war Heinrich Reichel mit den radikalen nationalsozialistischen Überzeugungen seiner Söhne und Neffen nicht immer einverstanden. In den Gesprächen erzählt sie von

52 Karoline Bartuska, geb. Reichel (1917–2011).

53 Auf der Basis dieser drei über 13 Jahre hinweg aufgenommenen Dokumente entstand bei mir die Idee einer ‚talmudischen‘ Interviewstrategie im Gegensatz zur hier im Buch ebenfalls angesprochenen ‚synoptischen‘ Gesprächsstrategie, da sich Erinnerung und Erzählung über die Jahre verändern, ebenso wie die Interpretation des Erlebten durch die Erzählende oder den Erzählenden. Vgl. dazu auch „Das Phantom der Erinnerung“ (A 2012), Friedemann Derschmidt mit Ilana Shmueli; Kurt Mayer Film; Diagonale-Preis „Bester Kurz-Dokumentarfilm“ 2013.

54 Klemperer, Victor. LTI. Notizbuch eines Philologen. Stuttgart: Reclam, 2015 [1947].

Abb. 38: Austrian Students Goodwill Tour – USA 1949: Gruppenfoto am Rockefeller Center, New York

harten politischen Auseinandersetzungen ihrer Brüder mit dem Vater. Ein Erlebnis beschreibt sie mehrfach: als ihr ihre Brüder Erwin[55] und Ernst, der laut Eigenangabe ab 10. 10. 1932, bei der SA Wels, von Oktober 1933 bis Juli 1934 bei der Grazer SS und ab 1934 bei der SA Wien war,[56] einen „wichtigen Auftrag" erteilten:

> „Dann waren wir noch in Graz ein Jahr beisammen. Richtig, nicht, da hat der Erwin Medizin studieren angefangen und ich bin in die Volksschule gegangen. Das war also im ... Putschjahr ... schon ... mhm ... das war 34. Da war ich also neun Jahre alt. Da kann ich mich erinnern, dass meine Brüder mir eine Schultasche vollgepackt haben mit irgendwelchen Nazisachen ... mit Armbinden und metallenen Hakenkreuzen und irgendwelchen Broschüren und gesagt haben, ich soll das also ... da haben wir gewohnt ... Gasse da hinauf ... da war die Polizei ... da ist man ums Eck gegangen und da war die Villa von den Rabls ... und mir aufgetragen haben, ich soll das der Grete Rabl bringen, aber sonst niemandem, die sei eingeweiht ... und bin also da mit meiner Schultasche wie üblich vorbeigewandert und hab das da hinaufgetragen. Wir haben dann glaub ich ein paar Tage später tatsächlich eine Hausdurchsuchung gehabt. Der Ernstl war bei der SA damals und der Erwin bei der SS wohl."[57]

Beim gemeinsamen Gespräch mit ihrer Schwester Karoline erfährt man noch mehr:

> Karoline: „... und dass der Erwin nicht viel studiert hat, sondern sehr viel politische Aktivitäten eher gesetzt hat, weiß ich auch ... und was ich da von ihm erzähl ... möchte ich eigentlich lieber nicht erzählen. Was ich weiß, möchte ich lieber nicht erzählen. [...] Kurz bevor er hinaus ist [nach Deutschland, Anmk. F.D].) ... soll ich es sagen, oder nicht?"

55 Vgl. Abschnitt „Der hochdekorierte gefallene Nazi-Held" (S. 255).

56 Bundesarchiv VBS1-1140012382, Ernst Reichel (21. 5. 1915), 2. Blatt, Personal-Fragebogen NSDAP: Der Antrag auf Mitgliedschaft wurde mit Beschluss vom 21. November 1940 zurückgestellt, „weil der Antragsteller angeblich Oktober 1933 der SA in Wels beitrat, jedoch nur bis zum Verbot Dienst leistete und sich weder um die Partei noch um die SA kümmerte." Ein Antrag auf Ausstellung einer vorläufigen Mitgliedskarte war bereits am 24. 5. 1938 gestellt worden.

57 Audiogespräch mit Brigitta Reichel, Februar 1994, Tape 199402_Brigitta-FHD-02 [00:05:08:11]–[00:06:28:11].

Brigitta: „Das musst du wissen."

Karoline: „Hat er mir eine schwere Tasche in die Hand gedrückt, eine lederne: ‚Ich bitt dich, schau, dass du aus der Schanzlgasse rauskommst, und versteck es irgendwo im Rablhaus.' Er hat sich's aber dann irgendwo geholt wieder …"

Brigitta: „Ja, die andere Tasche mit den Broschüren und den Hakenkreuzbinden hab ich zu den Rabls getragen. Die habe ich in meiner Schultasche gehabt. Also sehr erstaunt bin ich über deine Enthüllung[?] jetzt nicht."

Karoline: „Meins war sicher was Eisernes."

Brigitta: „Bei dir waren es Revolver oder Schlagringe."

Ich konnte den Geschichten Brigittas stundenlang lauschen. Sie war eine spannende Erzählerin. Ihre Erzählungen waren ein ausgesprochen gut ausgewogener Mix aus Anekdoten, historischer Information und politischer Interpretation. Aus heutiger Sicht liegt genau hierin aber ein Problem für mich. So sehr sie sich zum einen bemühte, kritisch und schonungslos über die Nazizeit zu sprechen, so schlecht gelang ihr das letztendlich. Es vermischten sich dauernd atmosphärisch positiv aufgeladene Bilder einer aufregenden Jugend, einer Zeit, in der man als Jugendliche ernst genommen wurde und Aufgaben hatte, mit dem aufrichtigen Entsetzen über den Holocaust. Als sie mir zum Beispiel die Fotos zeigte, auf denen ihr Bruder Erwin in Reiterhosen, eine Zigarette rauchend und mit dem nationalsozialistischen Minister Joachim von Ribbentrop[58] irgendwo in Frankreich diskutierend abgebildet ist, merkt man allein an der Art, wie sie betont, dass die zwei befreundet gewesen sein müssen, da ihr Bruder sonst nie und nimmer neben so einem „hohen Tier" rauchen hätte dürfen, einen gewissen Stolz. Sie wusste auch bis zum Schluss „wie aus der Pistole geschossen" (sic) alle Nazi-Dienstgrade

58 Joachim von Ribbentrop war von 1938 bis 1945, während der Zeit der nationalsozialistischen Diktatur, Reichsminister des Auswärtigen. Er wurde als Verschwörer, wegen Verbrechen gegen den Frieden, als Kriegsverbrecher und für Verbrechen gegen die Menschlichkeit am 1. Oktober 1946 für schuldig befunden und am 16. Oktober 1946 in Nürnberg hingerichtet.

und Hierarchien nebst dem dazugehörenden Nazi-Insider-Klatsch auswendig — und so wurden ihre Geschichten „zweischneidig". Hinter all ihrer Betroffenheit und dem Ringen nach einem Verstehen, „was da damals passiert ist", spürt man ununterbrochen auch ein wenig Täterstolz (in der Art von ‚Damals war eine große Zeit, da ging es um etwas und irgendwie haben wir da zentral dazugehört ...').

Beim Anhören der Bänder nach 21 Jahren stieß ich auf eine Stelle, in der meine damals älteste Großtante Hertha zu Brigitta sagt: „Das könnte ihn auch noch interessieren", und ich empfinde ein ganz ambivalentes Gefühl. Zum einen ist sofort diese wohlige Wärme wieder da, an die ich mich gut erinnern kann: Ich, der blutjunge Großneffe, werde ernst genommen, ich werde einer familiären Initiation unterzogen, eingeweiht in die Überlieferung der Sippe usw. Ich gehöre dazu, und mehr noch: Ich soll die Staffel übernehmen und weitertragen. Ich glaube auch nicht, dass meine Großtanten mir aus Eitelkeit so viel berichteten oder weil sie sich so gern erzählen hörten, nein, dahinter stand eine größere Aufgabe, eine Art heiliger Verpflichtung, wichtiges Wissen und vor allem die damit verbundenen Haltungen weiterzugeben. Meine Großtanten wurden selbst ‚edel' dadurch, dass sie diese hehre Rolle übernahmen, und ich natürlich auch.

Zum anderen ist es mir unerträglich zu merken, wie ich mich während dieser Gespräche korrumpiert habe: Ein zustimmendes „Aha" hier oder ein ermunterndes „Wie war denn das genau?" dort, aber nicht ein einziges Mal eine Frage, die ins Fleisch schneiden würde, die unangenehm werden könnte. Nichts! Heute ist mir klar, dass die Offenheit der Reichel-Frauen (meiner Großmutter und ihrer Schwestern) mir gegenüber darauf basierte, dass sie sich — nicht aus einem familiären, sondern aus einem gesamt-postnazi-österreichischen Agreement heraus — darauf verlassen konnten, dass ich die „schlimmen Fragen" nicht stellen werde. Heute schäme ich mich sehr dafür. Ich tröste mich nur damit, dass es möglicherweise diese Aufnahmen gar nicht geben würde, hätte ich mich anders verhalten.

Vielleicht ist das auch ein Teil einer Antwort auf Luise Waschers Frage nach der Rolle der Frauen in der Reichel-Familie. Diese hatten die „Beziehungsfäden" in der Hand. Sie wussten um emotionale Bedürfnisse und Befindlichkeiten bestens Bescheid[59] und sie wussten dieses Wissen

59 Wie erwähnt konnte sich meine Großmutter bis ins Detail an gemeinsame Erlebnisse mit mir als Kleinkind erin-

Abb. 39: Erwin Reichel mit Joachim von Ribbentrop, Frankreich 1940

auch zu nutzen. Sie waren sehr mächtige Frauen. Als ich einmal versuchte, meinen Großvater bei einem Familienfest zur Seite zu nehmen, um ihn „nach dem Krieg" zu befragen, stürmte Brigitta im Moment, da sie es bemerkte, ins Zimmer und zog meinen Großvater unter irgendeinem Vorwand in einen anderen Raum. Leider hatte sie uns bereits nach wenigen Minuten bemerkt — so ging ich leer aus. War die Erzählung des Großvaters für sie nicht zuverlässig genug? Hatte sie Angst, er könnte sich verplaudern, mir Dinge auf eine Weise erzählen, die mich auf ‚blöde Gedanken' bringen? Ich weiß es nicht.

Eines der prägendsten Erlebnisse für meine Großtante Brigitta war mit Sicherheit ihre Amerikareise im Jahr 1949. Im Rahmen einer sogenannten „Austrian Students Goodwill Tour" bereisten etwa 25 junge Österreicherinnen und Österreicher ein ganzes Jahr lang die gesamten Vereinigten Staaten, „damit die Amerikaner den Unterschied lernen zwischen einem Deutschen und einem Österreicher".[60] Werkzeug dafür war ein „Sound of Music"[61]-artiges Programm. Nachdem die damals etwa

nern, obwohl sie 30 EnkelInnen hatte. Diejenigen, die mit den Kindern sprachen, waren die Frauen.

60 Audiogespräch mit Brigitta Reichel, Februar 1994, Tape 199402_Brigitta-FHD-02 [01:08:32:06]–[01:08:38:12].

61 Interessanterweise erschien das Buch „The Story of the Trapp Family Singers" von Maria Augusta Trapp ebenfalls im Jahr 1948, der darauf basierende Film „The Sound of Music" allerdings erst zehn Jahre später. Ebenfalls erwähnenswert: In der 40-Jahr-Schrift des „Büros für Studentenwanderungen" der Akademisch-sozialen Arbeitsgemeinschaft Österreichs, welches die „Goodwill Tours" veranstaltete, scheint unter „The Goodwill Tours to North America" unter National Sponsors „Baroness Maria von Trapp — Trapp Family Singers, Vermont" auf.

20 bis 27 Jahre alten (jungen) Männer und Frauen entnazifiziert worden waren,[62] wurden sie in Dornbach im Singen, Musizieren und (Volks-)Tanzen trainiert. Sie wurden vom Modehaus Adlmüller eingekleidet, die Trachten wurden von den jeweiligen Bundesländern gesponsert und eine Show wurde zusammengestellt. 1948 tingelte diese Truppe, mit kleinen Untergruppen aus allen Bundesländern, von einer amerikanischen Stadt zur nächsten, von einem Universitätscampus zum anderen und gaben ihr Programm. Ein eindrückliches Fotoalbum und unzählige Zeitungsausschnitte dieser Tour befinden sich im Familienarchiv. Diese Reise muss für Brigitta Reichel sehr prägend gewesen sein. Sie schildert sie fast wie eine Reise zehn Jahre in die Zukunft, beschreibt ihr erstes Supermarkterlebnis ebenso wie den Kühlschrank in der Wohnung. Man fuhr mit mehreren Autos und einem kleinen LKW für die Kostüme und die Instrumente quer durch ganz Amerika und wechselte sich beim Fahren ab. Verstört haben sie die Schilder an Lokalen: „Für Juden und Schwarze verboten".

Eine Begegnung kommt über die Jahre in ihren Erzählungen immer wieder vor:

> „Dann waren wir in New York. Da waren wir von einem Pater Francis betreut, so eine Art karitatives ... Kloster, das sich da um alles Mögliche gekümmert hat, und waren privat untergebracht und der hat gleich am Anfang gesagt, er hätte da einen Platz für eine Person bei einer immigr... also bei einer jungen Frau mit vier Kindern, die in Harlem wohnt im Schwarzenviertel und er würde das ... zahlen ... ich hab keine Kosten, aber die würde sich so freuen — sie ist eine geborene Berlinerin — wenn sie wieder einmal von ‚drüben' jemand hätte ... Und meine Hand war schon in der Höhe, weil ich mir gedacht hab, das gelingt mir ja nie wieder, dass ich in Harlem übernachten kann. Da muss ich hin ... und ich bin also dort tatsächlich gewesen. Eine tragische Geschichte von der Frau: Die ist als vierzehnjähriges Mädchen — Jüdin — von ihren Eltern mit dem Familienschmuck und dem Geld ins Flugzeug gesetzt worden und nach London geschickt worden zu Bekannten. Die haben sie ein Jahr behalten und dann haben sie ihr ein bisschen

62 Brigitta Reichel.

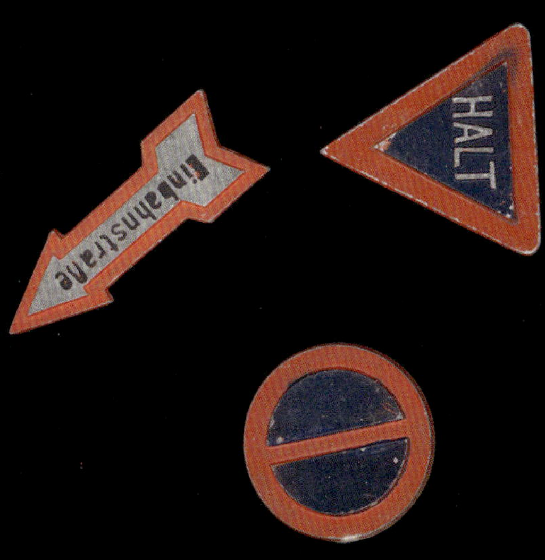
Einbahnstraße
HALT

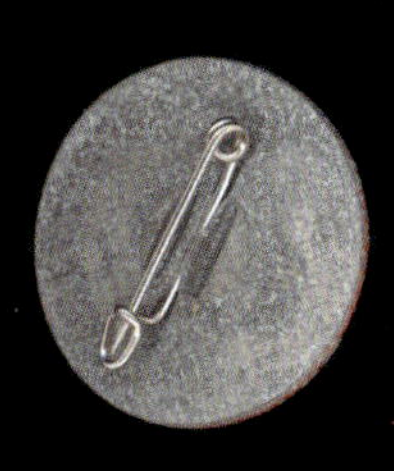
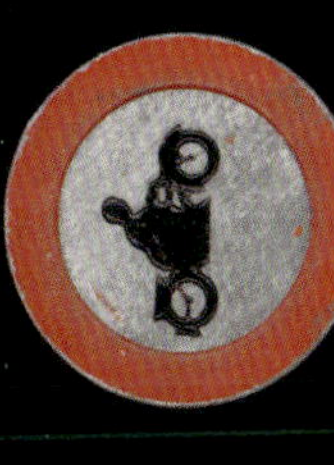

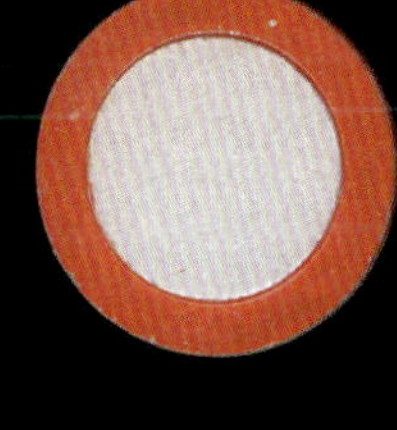

Einbahnstraße

Fern-
verkehr

P
PARKVERBOT
Einbahnstraße
EINBAHNSTRASSE
P
HALT
HALTEZEICHEN
EISENBAHNÜBERGANG
SPERRZEICHEN
Fern verkehr
FERNVERKEHRSZEICHEN
2. KRIEGS-WHW - 1940/1941
POLIZEISTRASSENSAMMLUNG 15. u. 16. II.

> ein Geld mitgegeben und den Familienschmuck haben sie verwahrt für die Eltern ... und haben sie nach Amerika geschickt. Sie ist dort angekommen und hat eigentlich überhaupt nichts gewusst und nichts können — ja sie hat Englisch können, weil sie ein Jahr also bei denen war ... und hat sehr früh, mit achtzehn Jahren, irgendeinen Mann geheiratet, wahrscheinlich den nächstbesten, den sie auch bald wieder ausgejagt hat. Aber vier Kinder hat sie gehabt und ... hat sie eben in dem Viertel gewohnt, wo nur lauter Schwarze waren ... Wir haben also eine Nacht verredet und da sind lauter so für mich so völlig neue Dinge gekommen wie, dass sie um vier in der Früh plötzlich gesagt hat, jetzt geht sie ein frisches Brot und eine Milch holen, und ich bin natürlich mitgegangen. Dass die da ums Eck in eine Greißlerei [eine Lebensmittelhandlung, Anmk. F. D.] geht und ganz normal einkauft um fünf in der Früh ... ist verblüffend für uns gewesen und so ...“[63]

Während der Jahre wurde mir klar, dass Brigitta trotz ihrer intensiven Bemühung mit ihrer Vergangenheit nicht ins Reine kam und sich sozusagen nicht wirklich wie Münchhausen ‚am eigenen Zopf aus dem Sumpf‘ ziehen konnte. Heute denke ich mir, dass das wahrscheinlich auch gar nicht möglich war. Später geriet ich mit ihr immer wieder in Konflikt, obwohl wir einander bis zu ihrem Tod sehr liebten.

DER ZAUBERLEHRLING

Ich war sehr lange der Figur meines Urgroßvaters gegenüber sehr unversöhnlich. In der Ausstellung „Sag Du es Deinem Kinde“ bei den Grazer Minoriten richtete ich dann aber gemeinsam mit meinem Assistenten Alaa Alkurdi einen Raum ein, der sich mit dem dramatischen Ende des Dr. Heinrich Reichel beschäftigte. In der Ausstellung vertrat ich den Standpunkt, er könne einem ja fast leidtun. Ein mathematisch und naturwissenschaftlich begabter junger Mann aus der provinziellen Kleinstadt kommt ins brodelnde Wien des Fin de Siècle, um Medizin zu studieren. Ich bin sicher, dass er nicht das Potenzial hatte, an das Wien Schnitzlers, Klimts oder Karl Kraus’

63 Audiogespräch mit Brigitta Reichel, Februar 1994, Tape 199402_Brigitta-FHD-02 [01:15:41:24]–[01:17:57:23].

anzuschließen, aber er war offensichtlich sehr fleißig und arbeitete sich hoch zum Universitätsprofessor. Er setzt auf moderne Humangenetik, das ‚beste Pferd' seiner Zeit, und gerät in den Bann der faszinierenden Ideen der Eugenik, ja er wird zu einem der prominentesten Protagonisten derselben in Österreich. Doch gegen Ende seines Lebens und mit dem Aufkommen der Nazis dämmert ihm zusehends, dass er ‚die Geister, die er rief' nicht mehr kontrollieren kann. Er schreibt im Text „Welches sind heute die dringlichsten Forderungen der Rassenhygiene?", dass „[...] noch Ausmerzungsmethoden zu erwähnen [seien], die auf eine Tötung der Träger unerwünschter Anlagen hinauslaufen."[64] Er reagiert also auf einen immer lauter werdenden Diskurs. Allerdings nimmt der Text jetzt eine interessante Wendung:

> „Die Unzulässigkeit aller dieser Verfahren liegt ja eigentlich auf der Hand, weil nur die äußerste Ehrfurcht vor dem menschlichen Leben als Grundlage aller Sittlichkeit denkbar ist. Nichtsdestoweniger wird heute mit Vorschlägen gearbeitet, die solches bezwecken, so daß ihre Erörterung nottut. [...] Auch die andere Forderung auf Beseitigung sogenannten lebensunwerten Lebens ist gerade vom Standpunkte des Arztes, dem ihre Durchführung zufiele, und der Rassenhygiene ganz von der Hand zu weisen. Dieser müßte ja wieder die Verletzung der Heiligkeit des Lebens schädlicher sein, als ihr die Ersparungen aus jenen Maßregeln jemals nützlich werden könnten. Die Erlaubnis zu solchem Vorgehen müßte überdies vielem Mißbrauch Tür und Tor öffnen und dem Ansehen des Arztes, der sich zum Henker hergibt, heillos schaden. Die etwa dafür geltend zu machenden Gründe laufen bei kritischer Betrachtung auf nichts als Ersparnis, also auf Eigennutz, sei es nun der interessierten Angehörigen, sei es auch der Gesamtheit hinaus. Die bloße Möglichkeit der Durchsetzung solcher Tötungsanträge müßte die wildesten Triebe im Menschen entfesseln und alle uneigennützige und liebevolle Pflege Schwerstkranker durch aufopfernde Anverwandte oder Berufspfleger als wertlos hinstellen."[65]

Abb. 40: Heinrich Reichel (ca. 1920)

64 Reichel, Heinrich. Welches sind heute die dringlichsten Forderungen der Rassenhygiene? In: Wien Klin Wochenschr 47(24), 1934, 740–743 (S. 741).
65 Ebd., S. 742.

Er nimmt also klar gegen jegliche Form der Euthanasie Stellung. Zum anderen steht Reichel der Naziidee offensichtlich weit begeisterter gegenüber, als bisher angenommen.[66] Im gleichen Text stellt er ganz zu Beginn sogar fest, dass

> „die Rassenhygiene […] nun ziemlich unvermittelt die Aufmerksamkeit weiter Kreise auf sich [zieht], bei uns zumal durch das Ereignis der deutschen Revolution, die in ihr eine, wenn nicht die geistige Grundlage besitzt".[67]

Abgesehen davon, dass er die Machtübernahme der Nazis[68] „deutsche Revolution" nennt und er mit dieser offensichtlich durchaus einverstanden zu sein scheint — speziell wenn man seinen nur 43 Tage vorher verfassten Briefentwurf kennt —, finde ich bemerkenswert, dass er bereits zu diesem Zeitpunkt benennt, dass eine der wesentlichsten Grundlagen des Nazistaates die

66 Siehe Brief Heinrich Reichels vom 26. 4. 1934 im Kapitel „Vererbungslehre" der Ideologie in diesem Buch (S. 162).

67 Reichel, Heinrich. Welches sind heute die dringlichsten Forderungen der Rassenhygiene? In: Wien Klin Wochenschr 47(23),1934, 705–708 und 47(24), 742, Sonderdruck, 1–18,8–9, 12–13, 18. (S. 705).

68 Ebd. Sein Neffe Erasmus Reichel beschreibt die Vorgänge bei der sogenannten Machtergreifung in Braunschweig in: Reichel, Erasmus. Geständnisse eines Gestapo-Mörders, Teil 1. In: Die Dritte Front. Grüne Hefte zur Europäischen Politik, hg. von Otto Strasser, 7, 1937, S. 5–25. Reichel, Erasmus: Geständnisse eines Gestapo-Mörders, Teil 2. In: Die Dritte Front. Grüne Hefte zur Europäischen Politik, hg. von Otto Strasser, 8, 1938, S. 14–22. Siehe auch den Textabschnitt „Gestapo-Mörder und weltberühmter Anthropologe" in diesem Kapitel (S. 233).

Abb. 41: Universität Graz, Medizinische Fakultät.
Heinrich Reichel: 1. Reihe 4.v. links (ca.1938/1942)

Eugenik ist. Irgendwie wirkt der ganze Text höchst widersprüchlich und Reichel muss in seiner Haltung sehr gespalten gewesen zu sein.

Bei Thomas Mayer erfährt man dann allerdings weiter, dass „die Machtergreifung der NS in Deutschland und speziell das GzVeN[69] […] auch Einfluss auf Reichels eugenische Konzepte [hatten]. Nun beschäftigte sich Reichel verstärkt mit der Frage der ‚Rassenmischung', von der er bei fern stehenden ‚Rassen' abraten würde, wie z. B. zwischen Nordeuropäerinnen und Jüdinnen/Juden, da sich der Charakter des Mischvolkes verschieben würde. Neben dieser antisemitischen Aussage findet sich auch eine rassistische: Besonders wollte er die Mischung von ‚Weißen' mit ‚Nicht-Weißen' mittels Gesetz verhindern lassen. Allerdings sah er auch die ‚Rassenpolitik' nicht als Hauptanliegen der Rassenhygiene."[70]

Ich versuche, mit diesen Widersprüchen umzugehen. Wenn man für einen Moment den Advocatus Diaboli spielt und versucht, die Idee der Eugeniker auch im Sinne ihrer Rolle als einen folgenreichen Irrweg der Wissenschaft von ihrem Grundprinzip zu verstehen, so würde ich das auf folgende Weise karikaturhaft tun: In der Folge von Humanismus, Aufklärung und letztendlich der Erkenntnisse Charles Darwins und Gregor Mendels kam man zu der Überzeugung, dass die Menschen nicht einfach ‚höchste Geschöpfe Gottes' seien, sondern schlichtweg nur die meistentwickelten Tiere. Wenn wir aber Tiere sind, so liegt es doch nahe, uns per Zucht zu optimieren, so wie es die Menschen seit vielen Jahrtausenden mit den Haustieren tun. So wie man Kühe dazu bringen kann, über mehrere Zuchtgenerationen hin statt 5 Litern Milch 10 Liter zu geben, könnten wir doch uns Menschen selbst hinsichtlich unserer von uns als positiv empfundenen Eigenschaften steigern und die negativen versuchen loszuwerden. So weit, so klar. Der eugenische Ersatz für das (göttliche) Paradies wäre in Folge eine Gesellschaft ohne Leiden und Krankheiten, in der alle gesund und kräftig alt werden. Eine Konsequenz davon wäre allerdings, dass wir unser

69 Das Gesetz zur Verhütung erbkranken Nachwuchses vom 14. Juli 1933 (RGBl. I, S. 529) war ein deutsches Gesetz. Es trat zum 1. Januar 1934 in Kraft. Das Gesetz diente im nationalsozialistischen Deutschen Reich der sogenannten Rassenhygiene durch „Unfruchtbarmachung" vermeintlich „Erbkranker" und Alkoholiker. Zur Begutachtung eines Sterilisationsverfahrens wurden formal rechtsförmig agierende „Erbgesundheitsgerichte" geschaffen.

70 Mayer, Thomas. „… daß die eigentliche österreichische Rassenhygiene in der Hauptsache das Werk Reichels ist". In: Gabriel, Heinz-Eberhard/Neugebauer, Wolfgang (Hg.). Vorreiter der Vernichtung? Eugenik, Rassenhygiene und Euthanasie in der österreichischen Diskussion vor 1938 (S. 65–98) (= Zur Geschichte der NS-Euthanasie in Wien, Teil 3). Wien-Köln-Weimar: Böhlau, 2005, S. 90.

Augenmerk vom Einzelindividuum abwenden und einer langen Reihe von (Zucht-)Generationen zuwenden müssten. Die Eugeniker entwickelten dazu Begriffe wie „genetic stream“, „Erbmasse“ oder „Volkskörper“. Es geht nicht mehr um Einzelne, sondern um das Gesamtkollektiv — und das nicht nur in der Gegenwart, sondern über ‚ewige Zeiträume‘ hinweg. Folgerichtig entstand der von den Nazis später vielbenützte Slogan „Du bist Nichts, Dein Volk ist Alles“[71] im eugenischen Zusammenhang. Eugenische und rassenhygienische Vorstellungen waren vor 1933 auch bei vielen Beteiligten der Frauenbewegung und der Linken vorhanden.[72] Es gab also alle möglichen unterschiedlichen Auffassungen dazu, wie man das „negative Erbgut“ loswerden könne.

Im Text spricht Heinrich Reichel auch von „Ausmerzmethoden“. Er findet zwar, dass die Sterilisation „die beste Methode zur Verhütung rassenhygienisch unerwünschten Nachwuchses“[73] wäre, wenn es nicht ein Problem dabei gäbe: Bei der Sterilisation bleibt der Sexualtrieb erhalten, sodass zu befürchten wäre, dass dadurch die „Ausbreitung der Methode als eine neue Form des Fortpflanzungsverzichtes auf Erbgesunde“ populär werden würde. Er bevorzugt die Kastration, „da der Kastrierte fast immer auch seinen Trieb zu Geschlechtsbetätigung überhaupt einbüßt, so bestehen dagegen die dargelegten Bedenken nicht.“[74]

Das Ende des Arztes Heinrich Reichel war dramatisch. Es scheint, als wäre er um ein Haar Opfer der eigenen Ideologie geworden. Oder wurde er es gar? In der Familie gab es um die Krankheit des „Papa“ immer viele Geschichten. Er war als beratender Hygieniker beim Wehrkreisarzt im Wehrkreis XVIII zur Wehrmacht mit dem Rang eines Stabsarztes der Reserve einberufen worden.[75] In dieser Funktion war er für die sogenannte „Entlausung“ von Zwangsarbeitern für das Dritte Reich aus Jugoslawien zuständig. Damit scheint er kein moralisches Problem gehabt zu haben. Als hingegen die Organisation Todt anfing, Leute zu deportieren, die er noch nicht als „typhusfrei“ freigegeben hatte, geriet er außer sich. Laut Familienerzählung konnte er Nächte lang nicht schlafen und nannte den Gauleiter Uiberreither,

71 http://guttmensch.blogspot.co.at/2013/03/du-bist-nichts-dein-volk-ist-alles-der.html.

72 Adelsberger, Lucie. Auschwitz. Ein Tatsachenbericht. Berlin, 1953, S. 127, zit. nach Weyrather. Muttertag und Mutterkreuz. Der Kult um die „deutsche Mutter“ im Nationalsozialismus. 1993, S. 12.

73 Reichel, Heinrich: Welches sind heute die dringlichsten Forderungen der Rassenhygiene?, S. 741.

74 Ebd.

75 Mayer, Thomas: „... daß die eigentliche österreichische Rassenhygiene in der Hauptsache das Werk Reichels ist“, S. 96.

bei dem er sich beschwerte, „einen jungen Rotzbuben“[76]. In Panik vor den Folgen, versuchte er bei Ernst Kaltenbrunner vorzusprechen, der aber nur seine Tochter Karoline empfing. Unmittelbar danach wurde er hospitalisiert. „Nach dem 2. Juli 1941 wurde die Heeresentlassungsstelle 4/XVIII in Graz angewiesen, ein Entlassungsverfahren einzuleiten. Spätestens Ende Juli 1941 war Reichel bereits im Sanatorium Rekawinkel. Offiziell wurde Reichel am 31. August 1941 wegen ‚bestehende[r] Geisteskrankheit (manisch-depressives Irresein)‘ aus der Wehrmacht entlassen. Anfang September befand er sich bereits in der psychiatrisch-neurologischen Universitätsklinik in Wien.[77] Zynisches Detail ist die Diagnose. Denn laut Reichels eigenem Eugenikverständnis von 1935 sollten manisch-depressive Personen sterilisiert werden, sofern sie sich nicht in Anstalten befänden. Eine Klausel für ‚sittlich wertvolle‘ Personen hatte Reichel schon 1935 eingebaut: Jene, die ‚Sterilisation oder Verwahrung als verletzend und entwürdigend empfinden‘ würden, sollten gegen ihr Versprechen auf Fortpflanzungsverzicht frei und unangetastet bleiben.[78] Wenn man weiß, dass sein Vater ebenfalls in einer psychiatrischen Einrichtung gestorben war, dann läge aus damaliger Sicht und aufgrund der ja von Reichel selbst geförderten Familienanamnese zumindest der Verdacht der Erblichkeit nahe.“[79] Das war laut meiner Großtante auch die Angst ihres Bruders, des SS Offiziers Erwin Reichel. In allen Erzählungen der Familie wiederholt sich in unterschiedlicher Intensität die Geschichte, dass Heinrich Reichel in Rekawinkel panische Angst davor hatte, euthanasiert zu werden: „Dort ist Papa immer verwirrter geworden und mehr und mehr abgemagert. Er hat dort sehr gelitten, weil er immer fürchtete, daß er vergast wird.“[80] Letzten Endes wurde er dann von seinem Sohn Erwin, dem SS-Offizier, und dem Schwiegersohn Leo, einem Richter, aus Rekawinkel weg und in die psychiatrisch-neurologische Universitätsklinik

76 Bartuska, Karoline. Meine Erinnerungen an meinen Vater Prof. Dr. Heinrich Reichel (an seine Erkrankung), Graz, am 2. April 1981.

77 ÖStA, AdR, 08 DWM, PA, Heinrich Reichel, Schreiben der Heeresentlassungsstelle 4fXVIII v. 30. 7. 1941 und v. 6. 9. 1941; Schreiben des Stellv. Generalkommandos XVIII A. K. v. 28. 8. 1941., zit. nach Mayer. „... daß die eigentliche österreichische Rassenhygiene in der Hauptsache das Werk Reichels ist“, S. 96.

78 Reichel, Heinrich. Die Methoden der Fruchtbarkeitsbeschränkung vom ärztlichen, ethischen und bevölkerungspolitischen Standpunkt. In: Wien Klin Wochenschr 48(35), 1935, 1081–1088 (S. 1086), zit. nach Mayer. „... daß die eigentliche österreichische Rassenhygiene in der Hauptsache das Werk Reichels ist“, S. 97.

79 Mayer. „... daß die eigentliche österreichische Rassenhygiene in der Hauptsache das Werk Reichels ist“, S. 96f.

80 Bartuska, Karoline: Meine Erinnerungen an meinen Vater Prof. Dr. Heinrich Reichel (an seine Erkrankung), Graz, am 2. April 1981.

Abb. 42: Ottilie Derschmidt mit Cäcilie Reichel und Kindern (ca. 1937/38)

gebracht, die sein ehemaliger Kollege Prof. Pölzl leitete: „Das einzige, was er mir immer versichert hat, war, daß er den Papa auf der Klinik behält und nicht auf den Steinhof abschiebt, wohlwissend, daß das wahrscheinlich der sehr schnelle Tod für Papa gewesen wäre."[81] Reichel starb am 31. März 1943. „Der Tod des ehemaligen Hygieneprofessors hatte beim Pathologen Prof. Hermann Chiari (1897–1969) offenbar den Euthanasieverdacht geweckt. Chiari, der innerhalb seines Instituts als Kritiker der NS-Euthanasie galt,[82] obduzierte persönlich die Leiche des bekannten Kollegen — eine ungewöhnliche Ausnahme. Der Verdacht konnte jedoch nicht eindeutig erhärtet werden: Reichel war in ‚schlechtem Ernährungszustand' an Tuberkulose[83] gestorben."[84]

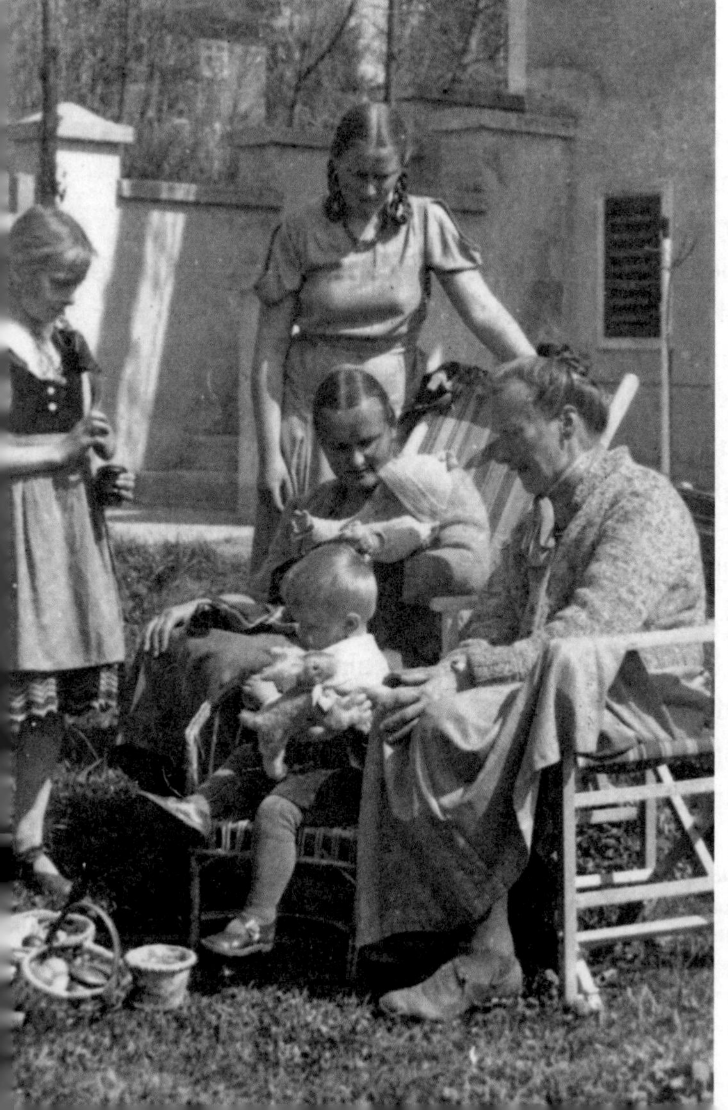

MEINE URGROSSMUTTER

Mein Onkel Rainer zeigte mir während unserer „Grabung" eine Kiste mit einer Überfülle an kleinen, spielzeugartigen Objekten, die im Rahmen des Kriegs-Winterhilfswerkes verkauft wurden. Ich vermute, dass Teile meiner Familie in deren Vertrieb involviert waren —

81 Ebd.

82 Hubenstorf, 1989, S. 260. zit. nach Mayer. „... daß die eigentliche österreichische Rassenhygiene in der Hauptsache das Werk Reichels ist", S. 97.

83 Allg. Krankenhaus Wien, Obduktionsprotokoll Nr. 221075/887 v. r. 4· 1943, Obduzent: Prof. Chiari, Station: Psych. Kl.; zit. nach Mayer. „... daß die eigentliche österreichische Rassenhygiene in der Hauptsache das Werk Reichels ist", S. 97.

84 Mayer. „... daß die eigentliche österreichische Rassenhygiene in der Hauptsache das Werk Reichels ist", S. 97.

sozusagen „Dealer“ derselben waren. Mein Onkel, der Jahrgang 1948 ist, erzählte mir, „dass es das Höchste der Gefühle“ war, bei einem Besuch der Wohnung der Großmutter (meiner Urgroßmutter) mit diesem „Spielzeug“ spielen zu dürfen.

DIE MUTTERKREUZTRÄGERIN

Ich kann mich gut daran erinnern, als mir mein Großvater Hermann Derschmidt einmal sein silbernes Ehrenzeichen für Verdienste um die Republik Österreich zeigte, nahm mich meine Großmutter etwas verschämt zur Seite und meinte, sie wolle mir jetzt ihren Orden zeigen. In der Schachtel, die sie mir in die Hand drückte, befanden sich zwei Mutterkreuze, ein silbernes und ein goldenes. Das silberne war ihr selbst verliehen worden, das goldene ihrer Mutter Cäcilie, meiner Urgroßmutter und Frau des Eugenikers Heinrich Reichel. Mein Vater erzählte mir einmal, dass die Urgroßmutter in den 1950er-Jahren beim Aufräumen auf ihr goldenes Mutterkreuz gestoßen war und dieses dann „halblustig“ meiner Großmutter überreichte.[85] Als der Nachlass meiner Großeltern teilweise unter deren Kindern aufgeteilt worden war, war die Schachtel mit den Mutterkreuzen irgendwie verschwunden. Ich hatte eine Vermutung, welches der Kinder diese an sich genommen haben könnte und rief die entsprechende Person — das Projekt „Reichel komplex“ war schon am Laufen — an. Auf meine freundliche Anfrage, ob die Schachtel da wäre und ich die Kreuze und vor allem das Verleihungszertifikat fotografieren dürfte, erntete ich eine sehr unwirsche Reaktion: „Ich habe ja gewusst, dass das ein unangenehmes Gespräch werden würde.“ und „Was willst du denn damit? So ein Mutterkreuz hat doch eh jede bekommen, die genug Kinder hatte.“ Doch genau das ist ein Irrtum: Das „Ehrenkreuz der Deutschen Mutter“ war „eine Auszeichnung für Verdienste deutscher Mütter um das Deutsche Volk“.[86] Es war einem strengen Ausleseverfahren unterworfen, welche Mütter den rassenhygienischen/eugenischen Vorstellungen der Nazis entsprachen. Eine Frau musste

85 Meine Großmutter hatte während der Nazizeit sechs Kinder geboren. Zwei ihrer Kinder sind nach dem Krieg zur Welt gekommen. Das Mutterkreuz in Gold war von den Nazis an Mütter mit acht und mehr Kindern verliehen worden (vgl. Weyrather, Irmgard. Muttertag und Mutterkreuz — Der Kult um die „deutsche Mutter“ im Nationalsozialismus. Frankfurt: Fischer, 1993).

86 Satzung des Ehrenkreuzes der Deutschen Mutter vom 16. Dezember 1938, Reichsgesetzblatt Nr. 224 vom 24. Dezember 1938, Artikel 1.

Abb. 43: Ottilie Derschmidt mit Kindern (ca. 1937/38)

für das Mutterkreuz entweder vom Bürgermeister, vom Ortsgruppenleiter der NSDAP oder vom Kreiswart des Reichsbundes der Kinderreichen[87] vorgeschlagen werden und wurde dann sowohl auf ihre ideologische als auch auf ihre „rassische" Eignung, ihren „Erbwert" hin überprüft.

Das Mutterkreuz diente sowohl zur positiven Diskriminierung der „arischen", deutschen Frau gegenüber „fremdländischen", jüdischen oder Roma-Frauen als auch gegenüber „asozialen", „minderwertigen" und „erbkranken" Frauen und deren Familien.[88] „Bei den Erhebungen und Untersuchungen im Zuge der Mutterkreuz-Anträge waren auch die tot geborenen Kinder (und das waren damals sehr viele) sowie die Todesursachen anzugeben. Auf diese Weise deckte etwa das Gesundheitsamt Grieskirchen in den über 400 Anträgen in knapp 20 Fällen ‚Erbkrankheiten' auf."[89] Das Mutterkreuz als Teil der sogenannten „positiven Eugenik" (die Förderung „erbgesunder Familien")[90] war das bevölkerungspolitische Gegenstück zur

87 Die Wiener Gesellschaft für Rassenpflege, deren stellvertretender Vorsitzender Heinrich Reichel war, stand in einem Naheverhältnis zu diesem. Vgl. Mayer, Thomas. Akademische Netzwerke um die „Wiener Gesellschaft für Rassenpflege (Rassenhygiene)" von 1924 bis 1948. Diplomarbeit zur Erlangung des Magistergrades der Philosophie aus der Studienrichtung Geschichte eingereicht an der Geistes- und Kulturwissenschaftlichen Fakultät der Universität Wien, S. 144. Reichel war selbst eine Zeit lang Leiter der österreichischen Sektion des Reichsbundes.

88 Vgl. Weyrather, Irmgard. Muttertag und Mutterkreuz — Der Kult um die „deutsche Mutter" im Nationalsozialismus. Frankfurt: Fischer, 1993, S. 55ff.

89 Aus: Goldberger, Josef. „Erb- und Rassenpflege" in Oberdonau. In: Baader, Gerhard/Hofer, Veronika/Mayer, Thomas (Hg.). Eugenik in Österreich — Biopolitische Strukturen von 1900 bis 1945. Czernin, 2007, S. 345.

90 Ebd.

Zwangssterilisierung. Es kam (bei der Beurteilung) nicht auf die einzelne Frau, sondern auf die ganze Familie an, die Frau wurde nur als Teil ihrer „Sippe" gesehen. So war eine Frau des Mutterkreuzes beispielsweise nicht würdig, wenn ihr Mann Alkoholiker, die Familie „unwirtschaftlich und hemmungslos" oder die Vorfahren „fremdblütig" waren (z. B. TschechInnen, DänInnen, KroatInnen, PolInnen etc.).[91]

Zum Muttertag 1939 wurden in der Deutschen Turnhalle Wels die ersten 1.100 „deutschen Mütter" aus sechs Ortsgruppen geehrt. Da zuerst ausschließlich Mütter über 60 Jahren geehrt wurden, gehe ich davon aus, dass meine Urgroßmutter Cäcilie, die ja bereits neun Kinder geboren hatte, in diesem Rahmen geehrt wurde. Im Bericht darüber, in der Tagespost am 22. Mai 1939, wird aus der Rundfunkansprache des damaligen Reichsinnenministers Dr. Wilhelm Frick zitiert:

> „Nur wenige Jahre trennen uns erst von der Zeit, da unter dem schleichenden Gift volksfremder materialistischer Lebensauffassung, die das Jagen nach Genuss, rücksichtsloses Sichausleben des eigenen Ichs als höchstes Glück propagierte und die kinderreiche Mutter dem Gespött preisgab, die Wiegen sich mehr und mehr leerten, die Ehegemeinschaft zu einer Interessengemeinschaft herabsank, und der rassische Tod unseres Volkes sich vor unseren Augen bereits abzuzeichnen begann. Welch ein Wandel seit 1933! Unser Führer war es, der mit eisernem Besen volksfremdes Denken ausfegte und uns lehrte, daß die Zukunft eines Volkes nicht auf äußeren Erfolgen, nicht auf dem materiellen Reichtum des Einzelnen beruht, sondern auf der Zahl seiner gesunden Kinder. In dieser Erkenntnis hat der Führer der Mutter als Hüterin unseres Erbgutes die Stellung im Leben der Nation wieder eingeräumt, die ihrer Bedeutung zukommt, und er hat die Familie in den Mittelpunkt allen sozialen Wirkens gerückt."

Im Oktober 2001 habe ich meine Großmutter zum ersten Mal gebeten, vor der Videokamera zu erzählen. Ich war sehr erstaunt, wie genau sie sich an Ereignisse erinnern konnte, die sie mit mir gemeinsam erlebt hatte.

91 Aus Weyrather. Muttertag und Mutterkreuz, S. 55ff.

Das war insofern doch verblüffend, da sie 30 Enkelkinder hatte. Aus heutiger Perspektive bedauere ich, dass mir damals viele Dinge nicht so klar waren. Ich würde heute auf Basis meines jetzigen Wissens natürlich andere Fragen stellen. Wie im Brief meiner Cousine Luise Wascher für die Ausstellung „Sag Du es Deinem Kinde" in Graz so treffend formuliert, waren es die Frauen, die Ideologie und Haltungen tradiert haben. Wenn meine Großmutter über „die Zeit damals" sprach, drehten sich ihre Erzählungen primär um ihren sicherlich nicht leichten Alltag mit immer noch mehr Kindern, der Abwesenheit ihres Mannes ab dem Moment seines Militärdienstes und um den Zusammenhalt innerhalb der Großfamilie.

Viele Erzählungen konnte ich erst viel später deuten. Wenn sie von den Sing- und Tanzwochen erzählt, wo sie meinen Großvater kennengelernt hat, muss ich unvermittelt an das Fotoalbum über die Fahrten des Linzer Wandervogels 1926 denken, das ihr späterer Schwager Erwin Wascher zusammengestellt hat. Das muss in etwa die gleiche Zeit gewesen sein. In der gleichen Gruppe (Linz) ist zeitgleich Adolf Eichmann Mitglied gewesen.[92] Sie erzählt von Singwochen auf der Edtbauernalm, auf der ich noch drei Singwochen meines Großvaters in den 1980er-Jahren erlebt habe. Wenn sie von der Strafversetzung ihres Mannes 1933 spricht, klingt das so:

> „[…] da war es politisch schon kritisch. Und da ist dem Hermann dauernd irgendwas zugeschoben worden, was er gar nicht gemacht hat […] da haben wir einen Lehrer oben gehabt, der eigentlich ganz nett mit uns war, aber der hat schon ein wenig dazu beigetragen, dass der Hermann solche unguten Sachen zugesteckt gekriegt hat. […] und da sind wir dann kurz bevor der Volker auf die Welt gekommen ist, versetzt worden […] strafversetzt hat das geheißen."[93]

Dass beispielsweise mit der Erzählung vom „Umbruch" eigentlich der „Anschluss" gemeint war und wie der für die Familie ausgesehen hat, wurde mir erst in letzter Konsequenz klar, als mir mein Cousin Eckhart die entsprechenden Fotos vom 13. März 1938 aus Viechtwang schickte. Auf den

92 Laut Birgit Kirchmayer.

93 Interview mit Ottilie Derschmidt am 09. 03. 2003 in Wels, Tape 1 [00:13:23:05] – [00:14:33:16].

Bildern sieht man zwei Frauen mit vier Kindern: Meine Großmutter mit ihren drei Söhnen und ihre ältere Schwester mit deren Tochter spazieren im Dorf umher, unter aufwändig mit Hakenkreuzen und Hitlerbildern verzierten Hausfassaden. Mein ältester Onkel trägt eine relativ perfekt improvisierte „Nazi-Uniform“[94] mit Helm und Armbinde. Er ist auf dem Bild noch keine fünf Jahre alt.

Auch zum ersten Besuch ihres Zwillingsbruders[95] wenige Tage danach gibt es ein Foto. Er konnte nach vier Jahren zum ersten Mal zu Besuch kommen. Auf dem Bild trägt er eine SS-Uniform. Als sie mir im ersten Interview erzählte, wie euphorisch sie war, dass mein Großvater plötzlich einen Posten in Gmunden bekam, hörte sich das so an:

> „Ja, und dann 38 sind wir [...] Da war der Hermann bei der NSDAP, und der Inspektor, der inzwischen da das Schulamt übernommen hat, war der Freund von ihm und hat gesagt: ‚Du, i brauch di unbedingt in Gmunden.‘ Daraufhin bin ich mit dem Wascher am Motorrad etliche Male nach Gmunden gefahren und habe eine Wohnung gesucht. Dort waren 38 Wohnungen, die ich dort angeschaut hab, weil alle Leut' die Sommerwohnungen, die sie im Sommer vermietet haben, melden haben müssen, und die sind vermietet worden [...] Und dadurch haben wir eine sehr schöne Wohnung gehabt in der Wolfsgruberstraße, in einem Haus unten im ersten Stock, und sind am 1. Juli mit Sack und Pack dorthin übersiedelt.“[96] Eine Passage im Interview mit ihrem ältesten Sohn bestätigt eine Vermutung: „Dann relativ rasch, ja, dann sind wir kurz nach Gmunden gezogen. Dort habe ich allerdings heute, damals hatte ich natürlich keinen Verdacht, heute, darf ich das sagen in diesem Interview, oder? Ja, ich habe heute den Verdacht, das könnte vielleicht eine arisierte Wohnung gewesen sein, in Gmunden. Weil das war so eine Villa mit Glasveranda und so. Dass ich mir denke, das könnte das gewesen sein.“[97]

Abb. 44: Geburtsanzeige meines Vaters (1938)

94 Vgl. Videointerview mit Walther Derschmidt vom 30. 09. 2012 in Fallsbach [00:00:50:16] – [00:02:05:12].

95 „Naja ich weiß auch nicht, was ich vom Erwin erzählen könnte. Weil sehr intensiv waren wir nicht.“ Videointerview mit Ottilie Derschmidt am 15. 10. 2001 in Wels, Tape 1 [00:29:23:02] – [00:29:28:19].

96 Videointerview mit Ottilie Derschmidt am 15. 10. 2001 in Wels, Tape1 [00:05:23:19] – [00:06:17:18].

97 Videointerview mit Walther Derschmidt am 30. 09. 2012 in Fallsbach [00:06:35:09] – [00:07:06:06].

Für mich persönlich ist das Wiederanhören der Videogespräche mit meiner Großmutter emotional nicht einfach. Sie war eine sehr warmherzige Frau, obwohl sie anscheinend von einigen ihrer Neffen und Nichten manchmal als unnahbar und sehr machtausübend manchen ihrer Schwestern gegenüber beschrieben wird.[98] Ich persönlich kann diese Wahrnehmung nicht teilen, kann es mir aber vorstellen. Erst in der Rückschau und vor dem Hintergrund meines jetzigen Wissens wird mir zusehends klar, welch starke Rolle sie in der Weitergabe „ihrer Ideale" an ihre Kinder und Kindeskinder (z. B. auch an mich) gespielt hat. Am Schluss meines ersten Videogesprächs stellte ich ihr die Frage, die ich als „die historische" bezeichnet habe: „Was für eine Botschaft würdest du den Enkelkindern meiner [Anm.: damals war ich noch kinderlos] Kinder über diese Kamera senden?" Sie antwortete ganz ruhig und ohne lange nachzudenken, meinte, dass sie das Gefühl habe, dass sie es früher schon leichter hatten als die Menschen heute. Man sei nicht gezwungen gewesen, immer drei Dinge auf einmal zu tun, und man habe Zeit gehabt, sich einer Sache in Ruhe zu widmen.

Sie beginnt in der Folge von neuem zu erzählen. Nur diesmal finden wir uns in den letzten Jahren des Ersten Weltkriegs und in ihrer Jugend in den 1920er-Jahren wieder. Man kann ihre Begeisterung für die Jugendbewegung, für Sing- und Tanzwochen, für das

98 Mathilde Furtenbach bezeichnete sie einmal in einem Telefonat als sphinxhaft.

einfache Leben und für ihren späteren Mann nachempfinden. Ihre Begeisterung war überzeugend. Sie spricht von einer unbeschwerten Zeit auf einem paradiesisch anmutenden Vierkanthof nahe Wels, dem Jägerhof. Ihr Vater hatte ihn im Jahr 1916 gekauft vom Erlös der Firma[99] seines Schwiegervaters,[100] vermutlich mit der Idee, seine „lebensreformerischen Ansätze" im besten Sinne für seine eigene Familie anzuwenden, die er kurz darauf auf der Berliner Tagung der ärztlichen Abteilungen der Waffenbrüderlichen Vereinigung zum Thema „Vermehrung und Erhaltung des Nachwuchses" am 25. Januar 1918 dargelegt und in der Schrift „Die Männerstadt" publiziert hat. Inwieweit sich meine Großmutter und ihre Geschwister der ideologischen Programmatik und Hintergründe bewusst waren, bleibt dahingestellt. Fest steht, dass sie sämtliche Schriften ihres Vaters inklusive diverser Zeitungsausschnitte von Artikeln gesammelt hat. Sie hat sie mit Sicherheit gelesen und Aussagen mehrerer Verwandter zufolge hat Heinrich Reichel auch zu Hause „Vorträge gehalten, bei denen alle andächtig lauschten und keine der anderen anwesenden Personen sprach".[101]

Zwei Begebenheiten möchte ich noch im Zusammenhang mit meiner Großmutter erzählen: Die erste ist eine Kindheitserinnerung. Meine Großmutter hat mich auf den Welser Friedhof mitgenommen, um das Grab der Familie zu pflegen. Auch ihre Eltern Heinrich und Cäcilie Reichel liegen dort begraben. Nachdem wir das Grab ausführlich gepflegt hatten, landeten wir beim Rückweg auf dem Soldatenfriedhof. Ich war auf der Stelle sehr fasziniert von den vielen gleichen Kreuzen in Reih und Glied. Meine Großmutter bemühte sich redlich, mir auf meine Fragen hin klarzumachen, wie schrecklich Krieg sei und dass man alles tun müsse, um zu verhindern, dass es je wieder einen gäbe. Nach längerem Zuhören und vielleicht noch längerem Nachdenken sagte ich zu ihr: „Großmutti, ich weiß jetzt, was ich einmal werden will. Ich werde Soldat und werde alle erschießen, die wieder einen Krieg anfangen wollen."

Die zweite Begebenheit datiert viele Jahre später. Im Zivildienst hatte ich 1996 den 1905 geborenen ehemaligen jüdischen Tänzer Rudolf Schmitz alias Rudy Rudyn kennengelernt. Mit Karin Schneider und Walther Pucher gemeinsam habe ich 1999 den Film „Komm und sieh Rudyn —

99 Audiogespräch mit Brigitta Reichel im Februar 1994, Tape 199402,_Brigitta-FHD-01 [00:15:34:13] – [00:20:13:24]

100 Franz Rosenauer (Eisenhändler und Bankdirektor, 1854–1916).

101 Reinhard Weiß über die Erzählung seiner Mutter Roswitha Weiß, geb. Reichel.

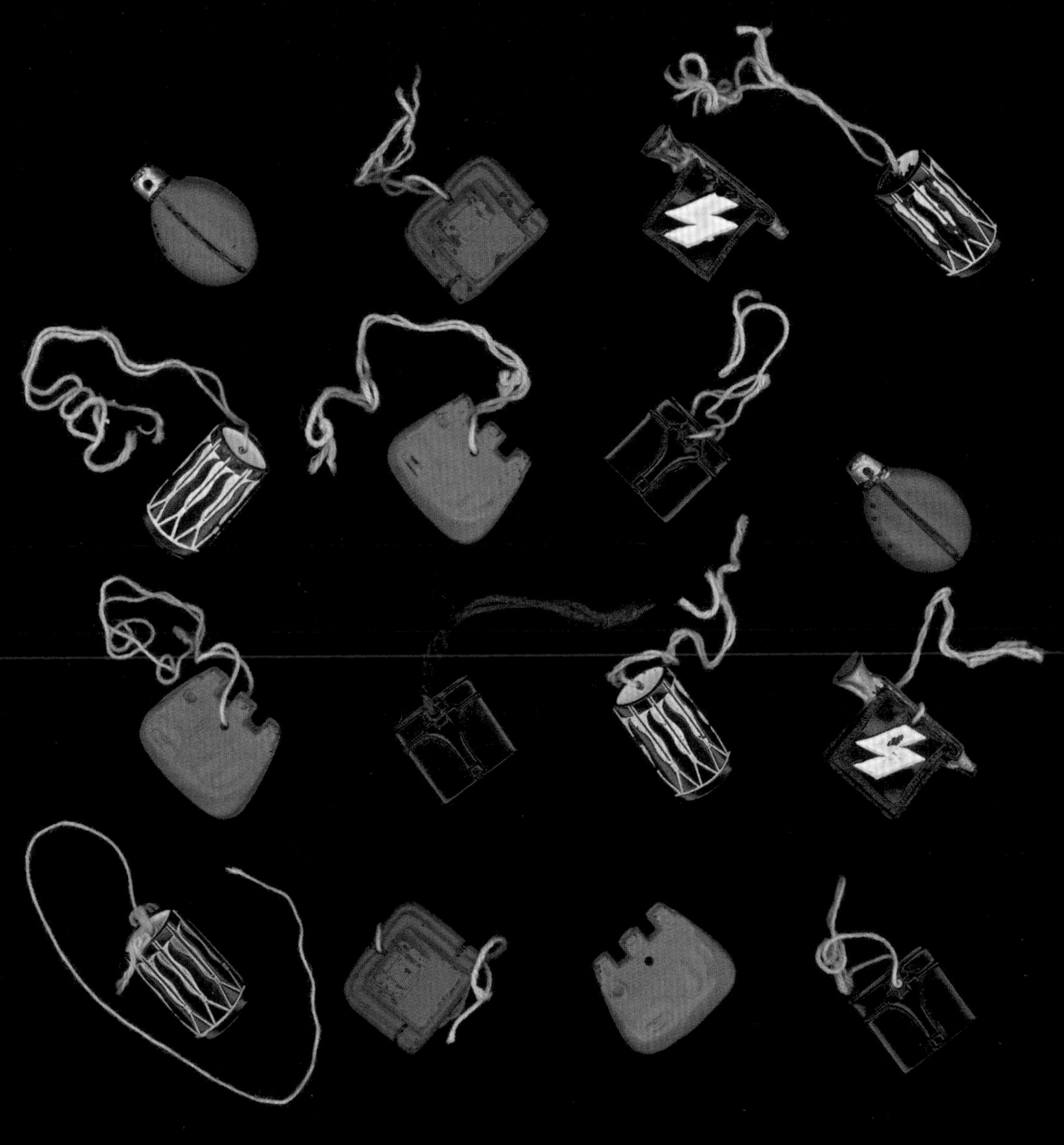

Geschichten eines Tänzers aus Wien“ auf der Diagonale in Graz präsentiert.[102] Rudy war mittlerweile mein engster Freund geworden. Er hatte mir so etwas wie „the missing link“ zu einer anderen österreichischen Erzählung gegeben und mir damit große Räume für meine Identitätsentwicklung eröffnet. Im Rahmen einer Ausstellung in der Galerie „Warum“ in Wels, die wir für ihn organisierten (er hatte mit 90 Jahren begonnen, Collagen anzufertigen), war er mehrere Tage bei meiner Großtante auf dem Bauernhof zu Gast. Dort traf er meine Großmutter nachmittags beim Kaffee. Meine Großmutter hatte ihren Mann vor nicht allzu langer Zeit verloren und es war offensichtlich, dass ihr der immer noch stattliche Rudy gefiel. Man fand auch schnell ein Thema: die Familie. Beide erzählten einander von weitverzweigten Verwandtschaften, von vielen Kindern, Cousins und Cousinen, eigenen Kindheitserinnerungen — und meine Großmutter war voll in ihrem Element, bis zu dem Moment, als Rudy meinte: „Aber bei mir gibt's ein Problem: Die sind alle ermordet worden!“ Ich habe meine Großmutter niemals zuvor und auch später nicht mehr so gesehen, wie sie in diesem Moment ausgesehen hat. Ich glaube, es war das erste Mal, dass sie für einen Moment ansatzweise gespürt hat, was der Holocaust bedeutet.

---

102 Derschmidt, Friedemann/Schneider, Karin/Pucher, Walther. Österreich, Komm und sieh Rudyn — Geschichten eines Tänzers aus Wien. Österreich, 1999. 80' Beta. Kamera: Walter Pucher, Jo Schmeiser; Ton: Volkmar Klien.

Kapitel

Dynamik und Reaktionen der Familie

E

Reaktionen der Familie

Abb. 8: Familienfoto mit uniformierten Männern: „Männer in Naziuniformen“

Friedemann Derschmidt

BILDSTÖRUNG 2

Ein Cousin meines Vaters schrieb einen offenen Brief an alle Familienmitglieder, in dem er mich aufforderte, die Website auf der Stelle zu schließen, und die Verwandten dazu aufrief, mich zu boykottieren. Bei einem Familienfest sprach ich ihn an und bat ihn, direkt mit mir zu reden, statt offene Briefe zu schreiben. Ich fragte ihn, was sein Problem sei. Er forderte daraufhin von mir: „Nimm das Bild mit den Männern in Naziuniform (Abb. 8), die vor meinem Haus stehen, aus dem Internet." Ich fragte ihn, ob er vergessen habe, dass „diese Männer" sein Vater und seine Onkel seien. Es entspann sich ein Dialog über „soldatische Pflichterfüllung" und wir kamen auf Widerstandskämpfer zu sprechen. Er meinte daraufhin: „Während die anderen anständig die Heimat verteidigt haben, sind ihnen diese sogenannten Widerstandskämpfer in den Rücken gefallen." Mein Vater war inzwischen zu uns gestoßen und antwortete statt mir: „Was meinst du mit ‚Heimat verteidigen'? In Stalingrad vielleicht?" Ich musste den Raum verlassen, um Luft zu holen. Als ich zurückkam, war nur mehr mein Vater da und sagte sehr verstört: „Dieser Rassist hat mir soeben erklärt, du wärst von den Juden gekauft worden, um die Familie zu zerstören."

Auftritte und Briefe, wie die von jenem Cousin meines Vaters, haben eher dazu geführt, dass einige Mitglieder der Familie ihre Reserviertheit gegenüber dem Projekt aufgaben und dem Projekt nähertraten. Dennoch werde ich immer wieder attackiert, da es wie immer leichter fällt, dem Überbringer der schlechten Nachricht die Schuld an der Nachricht selbst zu geben. Das Projekt löst viele sehr negative Gefühle und Energien aus, mit denen ich konfrontiert werde. Umso mehr brauche ich dann den Zuspruch von Menschen, die das Projekt unterstützen und sich nicht scheuen, Unangenehmes zu konfrontieren. Ich wurde während des Zusammenstellens dieses Kapitels darauf angesprochen, warum hier fast nur Texte zu finden sind, die von Leuten stammen, die dem Projekt eher positiv gegenüberstehen. Tatsächlich gibt es auch genug Texte, die das Projekt ablehnen und angreifen. Interessant ist, dass bei Anfrage die VerfasserInnen selbst die Veröffentlichung dieser Texte ablehnten oder ich in anderen Fällen von Verwandten gebeten wurde, Texte nicht zu veröffentlichen, weil deren AutorInnen psychische Probleme hätten oder überhaupt psychisch krank seien. Ich weiß von ein paar Familienangehörigen, dass sie tatsächlich mit schwerwiegenden mentalen Problemen zu kämpfen haben, und ich will das sicherlich nicht pathologisierend in dieses Projekt hineinvermischen.[1] Andere sind für mich jedoch schlichtweg nicht mutig genug, sich ihren eigenen Ambivalenzen und der Diskussion über dieselben zu stellen. Als repräsentativ für eine der Gegenpositionen erlaube ich mir aber, hier den oben angesprochenen offenen Brief *inhaltlich* wiederzugeben, inklusive einer Reaktion meines Cousins Ambros Gruber.

1 Die jetzt lebenden Familienangehörigen sind selbst keine TäterInnen und MitläuferInnen gewesen. Sie können das allein aufgrund ihres Alters nicht gewesen sein. Dennoch finde ich folgende Assoziation hier nicht unangebracht: „Auch in der Täterforschung sollten wir uns stärker mit der Tatsache vertraut machen, dass die Grenzen zwischen Normalität und Pathologie fließend sind. Folglich gehören gewisse pathologische ‚Einsprengsel', selbst bis zu psychotisch erscheinenden Verarbeitungsmechanismen, zur Grundausstattung auch halbwegs ‚normaler' Persönlichkeiten unter den herrschenden gesellschaftlichen Bedingungen." (Pohl, Rudolf. Ganz normale Massenmörder? Zum Normalitätsbegriff in der neueren NS-Täterforschung. In: Brunner, Markus/Lohl, Jan/Pohl, Rudolf/Winter, Sebastian (Hg.). Volksgemeinschaft, Täterschaft und Antisemitismus. Beiträge zur psychoanalytischen Sozialpsychologie des Nationalsozialismus und seiner Nachwirkungen (S. 19–56). Gießen: Psychosozial-Verlag, 2011, S. 21).

Ein offener Brief und eine Antwort darauf

In einem offenen Brief an die gesamte erweiterte Familie schrieb Gerd Reichel: Nach einem langen Telefongespräch mit Friedemann und Rücksprache mit Familien-angehörigen habe er sich entschlossen, in einem offenen Brief an Friedemann Derschmidt zu seinem neuesten Internet-Projekt der „Reichel komplex" Stellung zu nehmen. Gleich nach dem ersten Satz wechselt er von der Ich-Form zu einem nicht spezifizierten Wir: Man wehre sich (kollektiv) gegen die Verwendung des Familiennamens für dieses Projekt und fühle sich in den Persönlichkeitsrechten verletzt. Nach eingehender Prüfung sei man der Überzeugung, dass dilettantischer Journalismus (siehe Interview mit Tante Brigitta Reichel) gepaart mit konstruierten Formulierungen (die Gründung einer Familie als Vererbungsexperiment zu bezeichnen) nicht im Einklang mit dem eigenen Namen stehe, und fordere ein sofortiges Einstellen der Homepage. Man fühle sich in der Privatsphäre gestört und fordere die Entfernung des Bildes von Männern in Wehrmachtsuniform vor dem Familiensitz. Man bemerke beim Autor dieser Homepage feindselige und rufschädigende Absichten und weise jegliche Unterstellung einer Verbindung zu einer nationalsozialistischen Gesinnung entschieden zurück. Man bitte die Familienmitglieder, Beiträge zu diesem Projekt zu unterlassen, und Friedemann um einen respektvollen Umgang mit Daten und privaten Erzählungen verstorbener Vorfahren. Man fordere von ihm, von seinem Familien-Experiment mit pseudowissenschaftlichem Ansatz Abstand zu nehmen, und wünsche sich eine friedliche und intime Atmosphäre, um den eigenen Kindern und Kindeskindern die Geschichte der Familie weiterzuerzählen. Man erkläre sich entschieden gegen die Zweckentfremdung der Familie als Forschungsobjekt und gebe kein Einverständnis zur Verwendung des Familiennamens zu diesem Projekt und zur Veröffentlichung privater Daten. Das Ganze ist gezeichnet mit „In familiärer Verbundenheit, Gerd Reichel"

↳ AW: Offener Brief

Lieber Gerd!
Ich bin sehr interessiert an der sehr genauen Aufarbeitung der Vergangenheit meiner Vorfahren — ob sie nun Reichel oder Derschmidt geheißen haben.

Du kannst nichts dafür, was dein Großvater, deine Onkel usw. getan haben. Das ist jedem Menschen, der mehr zwischen den Ohren hat als Hohlraum, wohl sehr klar.

Friedemann wegen seiner Vorgehensweise Pseudowissenschaftlichkeit und Rufschädigung vorzuwerfen, halte ich für stark übertrieben. Und: Meiner Meinung nach ist in Österreich — und da zähle ich „unsere Familie(n)" auch dazu — leider viel zu lang und viel zu oft in einer „friedlichen Atmosphäre" viel zu viel weggeblendet und verdrängt worden. Offenbar ist also eine gewisse provokante Aufbereitung nötig, um überhaupt eine Aufarbeitung der Familiengeschichte beginnen zu können.

Ich für meinen Teil werde also weiterhin Kommentare schreiben — wie auch immer die Homepage von Friedemann dann auch heißen möge.

Nur, wenn ich einmal Zugang zu möglichst vielen Quellen — und die sollen möglichst authentisch sein — habe, kann ich mir selbst ein Bild davon machen, was wer gedacht haben könnte, was ihn/sie dazu bewegt hat, bei der einen oder der anderen Bewegung sich engagiert zu haben und dabei die dazugehörigen Taten begangen zu haben. Eine „friedlich gefilterte" Version ist mir da sicher NICHT dienlich.

Ich bin mittlerweile erwachsen und fühle mich durchaus im Stande, mir selbst ein Bild von der Vergangenheit zu machen. Und in einer demokratischen Gesellschaft ist es meines Wissens durchaus üblich, auch innerhalb einer einzigen Familie, dass die persönlichen Ansichten die Geschichte, die Gegenwart und die Zukunft betreffend ziemlich weit auseinanderklaffen können.

In diesem Sinne wünsche ich dir und den Deinen ein gutes neues Jahr!
Liberté — égalité — fraternité — diversité
Ambros

In meiner Herkunftsfamilie wurde immer wieder gesagt: „Man kann über alles reden." Tatsächlich wurde über vieles nicht geredet. In der Schule hörte der Geschichtsunterricht bei der Ermordung des Thronfolgers auf. Ich bin 1943 geboren, das Wort „Nazi" fiel selten abfällig über einen entfernten Bekannten: „Des is' ja a alter Nazi." Für mich bedeutete das, der hat mit uns nichts zu tun. Jetzt bin ich erschüttert über die ungeheuerlichen Untaten und Gräuel, die Menschen sich gegenseitig angetan haben und wie viele das noch immer nicht wahrhaben. Inzwischen habe ich doch einiges von Zeitzeugen und Historikern gelesen und auch viel mit meiner jüdischen Freundin (18 Jahre älter als ich) über ihre Erlebnisse gesprochen. Ein Beispiel: Für sie waren weiße Stutzen ein Horror und Bild für die Verfolgung der Juden. Bis dahin hatte ich in keiner Weise einen Zusammenhang gesehen, im Gegenteil sie begeistert getragen.

Der Versuch, mit dem „Reichel komplex" die Vergangenheit aufzuarbeiten, hat sicher dazu beigetragen, dass in der Familie mehr über die Zwischenkriegszeit und die Kriegsjahre gesprochen wurde. Mir schien die Idee, die verschiedenen Narrative gleichwertig nebeneinander stehen zu lassen, sehr gut. Das ist nun gar nicht so einfach, wenn man emotional sehr betroffen ist. Ich erinnere mich an Gespräche mit Verwandten in den letzten Jahren, die mich sehr aufgewühlt haben, weil es mir manchmal unerträglich schien, die verschiedenen Wahrheiten nebeneinander stehen zu lassen. Das sind nur ein paar Gedanken, gerne nehme ich mir Zeit für persönliche Gespräche mit allen, die daran interessiert sind.

Irmgard Jiresch (*1943)

Lieber Friedemann und Eckhart,

euren Aufruf habe ich erhalten. Nachstehend schreibe ich euch die erbetene Stellungnahme. Diese Stellungnahme ist zur Veröffentlichung frei — auch im Rahmen der Ausstellung und auch unter Nennung meines vollen Namens. Für die Ausstellung wünsche ich viel Erfolg.

Mein Name ist Herbert Walter Rabl. Ich bin Jahrgang 1953, lebe und arbeite in Deutschland. Mütterlicherseits und väterlicherseits bin ich mit der oberösterreichischen Familie Reichel verwandtschaftlich verbunden, da im 19. Jahrhundert eine Familienangehörige aus der Linie meines Vaters in die Reichel-Familie eingeheiratet hat. Meine beiden Eltern waren sehr früh von der nationalsozialistischen Idee fasziniert und wurden noch vor der Machtergreifung in Deutschland und vor dem sogenannten Anschluss in Österreich Partei-Mitglieder. Beide haben innerhalb des nationalsozialistischen Systems im Rahmen ihrer persönlichen Lebensbiografien Karriere gemacht — meine Mutter vor allem im sportlichen Bereich im Rahmen des Bundes Deutscher Mädel (BDM) und mein Vater in den nationalsozialistisch durchdrungenen staatlichen Strukturen des Deutschen Reiches. Beide nahmen dabei während der Nazi-Zeit herausgehobene bzw. führende Stellungen ein und sind nicht als Mitläufer, sondern als Gestalter der damaligen gesellschaftlichen Realitäten einzustufen.

Das Kriegsende und der Zusammenbruch des Systems waren für meine Eltern ein Lebensbruch mit schweren Konsequenzen. Beiden wurde angesichts ihrer nationalsozialistischen Vergangenheit die Karrierefortsetzung verschlossen, meiner Mutter der staatliche Schuldienst, meinem Vater eine universitäre Laufbahn.

Meine Eltern haben auf diesen Lebensbruch — auch mir gegenüber — unterschiedlich reagiert und sich damit auseinandergesetzt. Als die Dokumentation der Gräueltaten insbesondere in den Konzentrationslagern bekannt wurde, waren meine beiden Eltern nach eigenen Angaben entsetzt und geschockt. Beide erklärten mir gegenüber, dass ihnen die Verbrechen des Systems nicht bewusst waren. Da das Verhältnis zu meinen Eltern gut und vertrauensvoll war, habe ich bis heute keinen Anlass, an dieser Aussage zu zweifeln. Während meine Mutter dazu neigte, den verbrecherischen Aspekt der nationalsozialistischen Herrschaft zu verdrängen, betrachtete mein Vater sein Wegsehen und Mitmachen auch als persönliche Schuld und erklärte dies auf Nachfragen sowohl innerfamiliär als auch öffentlich. Meine beiden Eltern, besonders mein Vater, sind allen meinen Nachfragen in diesem Zusammenhang in oft stundenlangen Gesprächen mit mir als Jugendlichem, Heranwachsendem und jungem Erwachsenen in meiner Erinnerung nie ausgewichen. Dass mein Vater seine Mitwirkung und zugleich seine Verurteilung des nationalsozialistischen Systems in einem Atemzug genannt hat, schadete ihm während seines gesamten Berufslebens in der damaligen Nachkriegsbundesrepublik Deutschland.

Ich bin mir bewusst, dass meine Eltern einem ideologischen Gedankensystem gedient haben, das Ausgrenzung, Diskriminierung und Feindbilddenken als wesentlichen Identifikationsfaktor zum Inhalt hatte. Gerade weil insbesondere mein Vater mich stark dafür sensibilisiert hat, dass ein solches Denken zu verbrecherischem staatlichen Handeln führen kann, ja mit Wahrscheinlichkeit führt, stehe ich heute allen Tendenzen, die diesem Denken nahekommen, in hohem Maße kritisch gegenüber.

Vor dem Hintergrund der vielen Gespräche mit meinen Eltern zu diesem Themenkreis haben mich die Enthüllungen von „Reichel komplex" über unsere Familie und auch ganz konkret über meine Eltern wenig überrascht. Persönlich bin ich meinen Eltern dankbar, dass sie mir auch durch — soweit ich schaue — weitgehend rückhaltlose Offenbarung ihrer eigenen Befindlichkeit und Handlungen in der Nazi-Zeit den Blick dafür geöffnet haben, dass in jedem kleinen Moment das eigene Tun oder Nicht-Tun etwas mit Verantwortung sich selbst und dem Ganzen gegenüber zu tun hat.

Wie sehr es meinen Vater beschäftigt hat, eine solche Haltung nicht mit größerer Konsequenz in seinem eigenen Leben gelebt zu haben, wurde in der von ihm selbst verfassten Todesanzeige deutlich. Er bestand darauf, dass als Nachruf der Satz stand: „Sein Leben war Liebe, Arbeit und Irrtum."

Gruß
Herbert W. Rabl (*1953)

Ein paar der Gedanken, die mich zu Friedemanns Arbeit zur Nazi-Vergangenheit des Reichel-Clans beschäftigen. Ich bedauere es sehr, dass sich in dem Teil der Familie, in dem ich mich bewege, die Diskussion nicht um die Nazi-Vergangenheit dreht, sondern ausschließlich um Friedemann. Er ist zum Sündenbock geworden, den man getrost in die (israelische) Wüste schicken kann.

Auch objektive Kritik an seiner Arbeit wird dadurch extrem schwer — indem man zu seiner Arbeit Stellung bezieht, wird gleichzeitig eine ideologische Position zugeordnet. Das nur am Rande.

Also:

1.
Die Gefahr besteht, dass sich der Familienstolz nur verschiebt: Nun „dürfen" wir also nicht mehr stolz sein auf die „Leistungen" für das NS-Regime, daher suchen wir nun unsere Identität darin, dass unsere Vorfahren die grauslicheren Nazis waren. Ich habe immer mit einem gewissen Zynismus darauf gewartet, dass irgendwo das Bild auftaucht „Mein Onkel mit dem Führer" — und nun ist es also Realität. Wir haben „ganz oben" mitgemischt bei den Oberbösewichten, sozusagen. Auch im Bösen sind wir noch Elite, müssen immer noch beweisen, dass wir die besseren Nazis vorweisen können.

2.
Viel interessanter als Heinrich, den mythischen „Papa" mit Betonung auf der zweiten Silbe, finde ich die Figur der Cäcilie Reichel. Es waren die Cilly-Töchter, die Nazis geheiratet haben, sie waren es, die die vielen Kinder geboren und erzogen haben, Dirndlkleider genäht haben, die Feste und Lieder tradiert haben und ihre Kinder an den Straßenrand brachten, damit sie jubeln und die Hand heben.

Noch bis vor einigen Jahren gab es den „Großmami-Geburtstag", alle versammelten sich um das Grau in Grau gehaltene Bild der Urgroßmutter, die säuerlich-abgehärmt aus dem Porträt herabsah. Einen Großpapa-Geburtstag gab es meines Wissens nicht. Man kam jährlich zum — von den Töchtern organisierten — Fest mit Kind und Kegel (und einem Erdäpfelsalat oder Kuchen) nach Fallsbach, um ihrer zu gedenken.

Angeheiratete Männer absorbiert der Reichel-Clan noch heute, sie gehen auf in dem Mythos, einer angeblich „wichtigen" Familie anzugehören.

Es waren die Cilly-Töchter, also meine Großmütter und meine Großtanten, die die Lehre rein hielten. Die Männer waren im Feld — und ihre Familien auf diversen Höfen am Land. So wie vorher Heinrich in der (Männer-)Stadt lebte — und seine Frau am Lande mit der Kinderschar am Jägerhof. Es waren die Cilly-Töchter, die die Lehren ihres Vaters zunächst an ihre Töchter weitergaben — und dann an ihre Enkelinnen: Sie waren es, die die Dirndlkleider nähten, Kunsthandwerk betrieben, Familientreffen organisierten und den Druck auf die Enkelgeneration ausübten hinzugehen; die Familienrezepte weitergaben, Gretelfrisuren flochten und die Enkelinnen ermahnten, sich nicht zu schminken und Flanellwäsche zu tragen. Die Frauen waren es, die ermahnten, nicht zu rauchen, nicht zu trinken und die richtige Musik zu hören, insgesamt dem deutschen Frauenbild zu entsprechen. „Wasch dir die Hände, dem Papa als Hygieniker war das immer wichtig" (Ermahnung der Großmuttter, „Papa" war da schon gute 25 Jahre tot).

Luise Wascher (*1965)

Als jemand, der in den 60er-Jahren geboren ist, könnte ich sagen, die Nazi-Zeit geht mich nichts an. Ich bin überzeugter Demokrat, ich war nie ein Nazi, und das ist alles so weit weg.

Doch so einfach geht das nicht. Der Grund ist, dass Kinder das Allermeiste durch Nachmachen lernen. Lernen durch Nachmachen heißt, etwas nachzumachen, wie es vorgemacht wird, weil es so geht, ohne zu hinterfragen. Lernen durch Nachmachen heißt, daran zu glauben, dass es so richtig ist.

Die sich in Rede, Handlungen und Verhalten manifestierenden Überzeugungen ihres sozialen Umfeldes, beispielsweise der Eltern, lernen Kinder so durch Beobachtung.

Sie formen sie dabei um in einen unhinterfragten Bestand an Verhaltensweisen, an handlungsbestimmenden Ansichten, an beispielsweise mit der Sprache erlernten Begriffen und Bewertungen. Diesen geben sie später als Erwachsene, falls sie dann nicht darüber reflektieren und sich nicht bewusst ändern, wiederum an Kinder weiter. Auch in den nächsten Generationen manifestieren sich damit unbewusst und automatisiert die Überzeugungen längst vergangener Zeiten.

So trägt jeder in sich als wesentlichen Teil der eigenen Enkulturation einen unhinterfragten Bestand an Verhaltensweisen, handlungsbestimmenden Ansichten, an Begriffen und Bewertungen, der von der sozialen Herkunft und deren Überzeugungen geprägt ist.

Eine bewusste Auseinandersetzung mit den Überzeugungen meiner sozialen Herkunft, der Abgleich mit meinem eigenen Bestand an unbewussten Verhaltensweisen, handlungsbestimmenden Ansichten, Begriffen und Bewertungen und die Auseinandersetzung damit, das bewusste Umlernen, ist also notwendig. Zumindest sobald ich weiß, dass ich die Überzeugungen meiner sozialen Herkunft nicht teile.

Und ja, alles, was ich darüber in Erfahrung bringe, bestätigt mir, dass ich viele Überzeugungen meiner Urgroßeltern und Großeltern und deren sozialem Umfeld nicht teile und dass einiges davon über das soziale Umfeld meiner

Kindheit, zuvorderst meine Eltern — die sich dessen keinesfalls bewusst waren — auf mich gekommen ist. So muss ich mich denn bewusst damit auseinandersetzen, um mich davon zu befreien.

Simon Wascher (*1966)

Wir haben gelernt, Bildern zu misstrauen.

Der vermeintliche Schnappschuss entpuppt sich als perfekt durchkomponiertes Kunstwerk. Die scheinbar klare Aussage eines Fotos wird plötzlich relativiert, wenn der gezeigte Ausschnitt in einen größeren Zusammenhang gebracht wird. Leute, Dinge, sie verschwinden von Bildern, tauchen wieder auf, wie es denen genehm ist, die sie zu ihren Zwecken instrumentalisieren ... und das lange, bevor Photoshop uns das Fürchten lehrte.

Manchmal aber wünschte ich, Bilder würden lügen.

Bilder sind es, die erste Fragen aufkommen lassen. Ausschnitte einer Welt, die wohl schwarzweiß gewesen ist, in der das Licht greller und die Schatten tiefer schienen.

Kinder sitzen da, aufgereiht, die Scheitel streng gezogen, sie blinzeln in die Sonne in ihren kurzen Hosen, du kannst sehen, wie schwer das Stillhalten ihnen gefallen ist, an den schmollend gerunzelten Stirnen, den müden Schultern der Mutter im Zentrum. Der Mutter, die ein großes Kreuz um den Hals trägt. Und die erste Frage ist da, *das Mutterkreuz, man bekam es damals, vom Staat, wenn man viele Kinder hatte,* du findest es nett vom Staat, das Kreuz sieht hübsch aus, sicher freute sich die Mutter der frisch gescheitelten Kinder, deine Großmutter? Andere Bilder sind beunruhigender, ein Mann, *dein Großvater,* den du nie anders gesehen hast als in Hemd und Weste und Jackett, trägt eine Uniform, *damals waren alle Männer Soldaten, sie mussten, Wehrpflicht, es war ja Krieg.* Der Mann sieht anders aus als dein Großvater, und doch wieder nicht, dein Großvater ist ein freundlicher Mann mit weißem Bart, der dich durch die Luft kreisen lässt an seinen Händen und noch mit 70 mit dir auf Bäume klettert, „Grias di Gott, G'scheckerte" sagt, jedes Mal, und du musst lachen, jedes Mal. Der Mann in der Uniform, er ist wohl Soldat gewesen, aber dein Großvater, er hat bestimmt niemandem ein Leid getan, nicht damals, nicht später, keiner sagt jemals etwas anderes, so wirst du wohl recht haben.

Später siehst du die Bilder wieder, mehr davon, siehst Männer in Uniformen, die Brüder der Großmutter, die seltsamen Kleider sehen nicht fremd aus an

ihnen, sie tragen sie nicht wie eine Bürde, und wenn als Pflicht, dann als eine stolze … Du zweifelst vielleicht, ein erstes Mal, kann denn jemand gerne in den Krieg ziehen? Und ja, du lernst über diese Jahre, du weißt, wie Begeisterung aussieht, auch die für die absurdesten Ideen, die falschen Führer, geteilt von Millionen, du hast erfahren, wohin sie führt, wie weit sie geht, und die Bilder beginnen dir unheimlich zu werden. Die Menschen auf den Bildern, es sind nicht die Lieben, die du kennst, zu kennen glaubst, sie sollen es nicht sein. Sie haben wohl den Eid geschworen, *ich glaube an einen Herrgott,* aber nicht nur an den einen, sondern an den anderen, dem sie Treue und Gehorsam zusagten *bis in den Tod.*

Andere Bilder legen sich über die alte, schwarzweiße Welt. Bunte Momente, Familienfeste voller Musik, Tische schwer von Torten, Kinder überall, vergessen sind Schwüre und schwarze Lederstiefel. Andere haben keine Bilder, keine Feste, kein Kindergeschrei füllt ihre Zimmer, aber dies war gestern, wir sind die Nachgeborenen, die Glücklichen.

Es gibt die, die Fragen stellen. Die bohren und stochern und zu den Bildern Texte finden, Listen und Aufsätze, Artikel und Briefe, in Archiven und Schubladen. Die Wörter geben Antwort auf viele Fragen, nicht immer sind es die, die du erhofft hattest, eigentlich nie, und neue Fragen tauchen auf, du beginnst, an allem zu zweifeln, nicht zuletzt an dir selbst: *Was hätte ich geglaubt? Getan? Unterlassen?* Und die Antwort beißt mehr als die Bilder und Texte, denn du weißt es nicht oder ahnst es doch, dass du niemals sagen könntest „Ich nicht!“, du schämst dich allein für die Möglichkeit, sie entsetzt dich, und doch hält sie dich ab davon, zu urteilen, zu verurteilen, vom glücklichen Podium der Spätgeborenen … Andere stellen andere Fragen, nicht an sich selbst, sondern an jene, die graben und nicht Schätze finden, sondern Moder: *Warum? Wozu? Lasst ruhen, was nicht mehr zu ändern ist …*

Es sind nicht die, welche Antworten suchen, die ich fürchte … es sind jene, die sie nicht hören wollen.

Agnes Suda (*1970)

Aus meiner eigenen Geschichte weiß ich, wie sehr mich meine Familie geprägt hat. Schon allein durch meinen Namen, welcher der am häufigsten vertretene über Generationen hinweg ist, spüre ich, wie mich Familienaufträge versuchen einzuengen.

Schon bevor ich mich mit den jungen Reichels auseinandersetzte, habe ich mich gefragt, warum mich drei Themenkreise so sehr beschäftigen:

1.
das Gefühl, schuldig zu sein, und doch eine Faszination, ein wirklich böser Mensch zu sein.

2.
Seit 20 Jahren arbeite ich pädagogisch, therapeutisch und forensisch mit Opfern und Tätern von sexualisierter Gewalt. Ein wesentlicher Teil dieser Arbeit besteht darin, die deviante Sexualität der Betroffenen zu verstehen. Ihnen zu helfen, einen Umgang damit zu finden, ohne sich und/oder andere zu schädigen. Ich frage mich, warum ich so lange und so oft mit der destruktiven Kraft von devianter Sexualität konfrontiert wurde und werde.

3.
das Gefühl, nichts wert zu sein. Nicht wachsen zu dürfen, weil ich bestraft werden würde.

Wenn ich mir die Familiengeschichte der letzten vier Generationen anschaue, denke ich, dass es wohl einiges mit meiner Familie zu tun hat.

Schließlich

1.
ist der Stammbaum voll mit Terroristen, Mördern und Gewalttätern;

2.
sehe ich die Eugenik-Projekte meines Urgroßvaters als eine Pervertierung der menschlichen Sexualität. Statt Gefühle und menschliche Bindungen einzubeziehen, geht es um ein Spalten in „besser" und „schlechter", „lebenswerter"

und „unlebenswerter“. Begriffe, die für mich in keinem Bezug zum menschlichen Leben (und damit zur Sexualität) stehen sollen.

3.
Wie muss es unseren Vorfahren gegangen sein, als sie 1945 vor dem Trümmerhaufen standen, den sie selbst maßgeblich mitzuverantworten hatten? Statt rücksichtslose Gewinner einer neuen Ordnung zu sein, waren sie plötzlich wertlose Täter.

Für mich heißt die Geschichte meiner Familie, Verantwortung zu übernehmen.

Dafür dass sich Geschichte nicht wiederholt, dafür dass der Holocaust nicht geleugnet oder gar legitimiert wird. Dafür Gespräch und Versöhnung zu suchen anstatt Vorwürfe und Ablehnung.

Anton Jiresch (* 1970)

Als Schülerin habe ich oft einen Stapel Familienfotos in die Schule mitgenommen, um sie meinen Freunden zu zeigen. Es waren nicht nur Fotos meiner engen Familie, sondern durchaus auch der weiteren Verwandtschaft. Außerdem kannte ich natürlich einige große Geschichten, die mir von den Generationen vor mir erzählt wurden.

Ich habe mich eigentlich erst relativ spät gewundert, warum andere das nicht getan haben, und mein Stolz als Kind, eine so große und scheinbar auch besondere Familie zu haben, war mir dann auch gar nicht mehr so angenehm. Auch die groß zelebrierten Familienfeste waren für meine Freunde relativ exotisch. Für mich war es scheinbar ein großer Teil meiner Identität als junge Person, all diese Geschichten und die vielen verschiedenen Gesichter dazu.

Nur waren die Geschichten recht einseitig. Der Drang in meiner Familie, etwas Herausragendes geleistet zu haben (nicht unbedingt durch harte Arbeit erzielt), eine großartige Selbstdarstellung darzubieten und dasselbe über den Rest der Familie berichten zu können, ist zwar nicht abnormal oder sehr ungewöhnlich, bekommt aber durch den inzwischen klarer gewordenen Umfang der Familiengeschichte ein anderes Gesicht. Auch wenn ich Fotos zu sehen bekam, wo Männer in Uniform mit bestimmten Abzeichen auf idyllischen Familienfotos auftauchten, wurde eigentlich nichts dazu erwähnt, es ging eigentlich immer nur um die Geschichten, die etwas Tolles, vom Rest sich Abhebendes betont haben.

Ich frage mich, inwieweit meine Vorfahren aus Fremdenfeindlichkeit tätig wurden oder eher durch ihr großes Ego, das Bedürfnis, ihren Geltungsdrang stillen zu wollen, sich von anderen abheben zu wollen oder sogar einfach nur gesehen zu werden. Auch interessant, wie viel von dem transportierten Familienstolz übrig geblieben wäre bzw. wie es sich ausgewirkt hätte auf die kommenden Generationen, wenn die Geschichtserzählung auch die Ambivalenz der Nazi-Vergangenheit inkludiert hätte. Seitdem ich darüber mehr Bescheid weiß, hat sich schon einiges relativiert, an meinem Verhalten, aber auch in der Beobachtung meiner Familienangehörigen. Ich glaube, dass einige auch sehr unter diesem unbewussten Druck leiden, etwas Besonderes leisten/darstellen zu müssen (und es ist meiner Meinung nach kein Leistungsdruck im herkömmlichen Sinn, es ist irgendwie subtiler, vor allem stehen Themen wie Musik, Medizin und Sport im Vordergrund der Achtung; es ist eher ein Mitmachen, um Teil der großen Familie zu sein). Das Individuum ist vor allem da, um das große Ganze zu stärken und zu bestätigen. Familienmitglieder, die nichts damit am Hut haben (vor allem mit der Musik), spielen im wahrsten Sinne des Wortes die zweite Geige, eine Instrumentalisierung der Familienmitglieder, um starken Leidenschaften nachzugehen, wobei sich die Frage stellt, woher dieser Drang kommt. Manche Externe empfinden unser Familienwesen als beinahe unantastbar, wie eine Familienblase, ein Paralleluniversum. Für mich gibt es da einen zumindest gefühlten Zusammenhang — dass, wenn der Platz fehlt, einfach ohne weiteres Zutun da sein und gesehen werden zu können, vielleicht leichter Zustände von Bedürftigkeit bis hin zu narzisstischen Verhaltensweisen oder gar anderen seelischen Problemen entstehen können. Ich finde meine Familiengeschichte insofern relevant, als dass ich jetzt etwas besser verstehen kann, woher eine bestimmte Verhaltensweise kommen könnte, und man eine bessere Chance hat, eventuelle Prägungen zu lockern. Dass niemand es geschafft hat, die Nachkommenden etwas früher aufzuklären, ist nichts, auf das man stolz sein könnte. Im Nachhinein kann man nur mehr vorbeugen und versuchen, es besser zu machen. Und keinen falschen Stolz entwickeln, besonders, wenn man nur die eine Seite kennt. (Und wenn es mir nicht sogar so vorkommt, als entstehe sogar ein gewisser Stolz gegenüber den NS-Tätern, weil die ja auch einiges „erreicht“ haben, wenn auch Furchtbares.)

Und natürlich bin ich sehr traurig darüber, dass ein Teil meiner Familienwurzeln aus Nazis bestand, sich niemand aufraffen konnte oder wollte, dagegen anzutreten — also alle mitsamt Täter, Mitläufer und Verdränger.

Mir persönlich war die Geheimnistuerei etwas zuwider, die es schon Jahre vor der Veröffentlichung dieses Projektes gab, als bei den meisten Familienfesten einige auserwählte „Geheimwissenschaftler“ im Hinterzimmer verschwanden, um sich zu besprechen. Ob dies nun wirklich stimmt, kann ich nicht fix behaupten, jedoch wusste ich schon darüber Bescheid, dass es so einiges Interessantes zur Familiengeschichte zu berichten geben wird, war aber noch nicht eingeweiht und spürte auch ein großes Gefühl der Distanz innerhalb dieser Personen und dem Rest der Familie.

Ich finde es grundsätzlich schwierig, eine solche Familiengeschichte als Kunstprojekt anzugehen, welches doch eine Zur-Schau-Stellung ist (auch wenn mir die positiven Seiten einer öffentlichen Ausstellung soweit bewusst sind, die verschiedenen Möglichkeiten der Darstellung und des Vergleichs und die Information der Familie sowie der Außenwelt ...).

Für mich spießt es sich eigentlich vor allem an dem Punkt, der eigentlich ein relativ persönlicher ist (also dem, dass eine Einzelperson dieses Thema aufgreift und ein nicht ganz uneigennütziges Projekt daraus macht, sich damit profiliert — und die Familie „wieder" instrumentalisiert). So etwas ist vermutlich immer eine Gratwanderung. Es ist definitiv sehr, sehr gut, dass überhaupt mal die ganze Wahrheit ans Licht kommt und alle Angehörigen eine Möglichkeit haben, sich zu informieren!

Es sollte aber vor allem eine Angelegenheit der Familie sein, und ich finde schon, dass „die Familie" an sich auch hier für die Hervorhebung einer einzelnen Person missbraucht wird, vor allem wegen ihrer Größe, Ansammlung von verschiedenen Qualitäten, besonderer Geschichten ... (ähnlich wie die Genetikforschungsvergleichsfotos der Geschwister meiner Großeltern, die allgemein große Kinderanzahl, um ein möglichst großes musikalisches Ensemble zu erschaffen, ... ich sehe hier Parallelen). Auch wenn die Familie durch eine Befragungsaktion wie diese, für die ich diesen Text geschrieben habe, wieder inkludiert wird (genauso wie schon durch die verschiedenen schon existierenden Interviews).

Ich habe von anderen Familiengeschichtsrecherchen gehört, mit unspektakulärerem Herangehen und ohne „Personenkult" (einer neutraleren Positionierung im Sinne von stolzloser, sowohl von dem Recherchierenden als auch den Recherchierten gegenüber), hier liegt meine Kritik. So aber bekommt die gesamte Inszenierung wieder etwas Heroisches, Abgehobenes. Man könnte sich direkt wieder stolz fühlen, weil die Geschichte es letztendlich auch noch in diverse Ausstellungsräume geschafft hat. Es hat mich anfangs sehr gestört, ich kann aber inzwischen sagen, dass es wohl das weitaus geringere Übel ist, eher etwas, das ich etwas schade finde und eine etwas größere Hemmung, mich damit zu konfrontieren, hervorgerufen hat als nötig.

Vielleicht ist es auch notwendig, keine zu neutrale Position zu beziehen, aus familiären Gründen.

Es wird sicher noch dauern, bis alle Dämonen der Vergangenheit sich in Luft aufgelöst haben, das ist bestimmt ein erster Schritt (und ein sehr großer)! Vielen Dank erstmals für diesen!!

(Falls ich in manchen Punkten etwas übertrieben habe, mag sein, es sollte niemanden kränken!)

Wiltrud Derschmidt (*1979)

die familie!

familie ist ein nährboden für identität, ideologie und lügen. je wichtiger die familie wird umso weniger zählt das individuum. umso mehr werden die ideologien und lügen hochgehalten, denn durch diese erscheint das einzelne wichtiger, da ein teil des großen glänzenden.

poliert und tradiert wachsen ideologien, verlieren sich individualität und freidenken. das individuum verkommt zu einer nummer, deren stärke wiederum die macht der familie ausmacht. den stolz.

das „selbst"verständnis als teil des großen.
das wissen um das große, das leuchtende, welches dem einzelnen durch dessen zugehörigkeit etwas strahlkraft verleiht. verminderung des lichtes, des glanzes, der größe, würde auch das individuum entwerten.

beschmutzung des glanzvollen kommt gleich der blasphemie. der tempel darf nicht, ja muss nicht ins rechte licht gerückt werden, denn die wahrheit ist gefährlich für die nummer, gefährlich für das ganze, würde es doch hinterfragen, beleuchten, aufdecken, den einzelnen seines empfundenen glanzes berauben, welcher ja doch sein geburtsrecht sein sollte.
das unwort des jahres 2010: fremdschämen!

mein sprichwort des jahres (jeden jahres): das wetter und die verwandtschaft kann man sich nicht aussuchen!

Bernhard Derschmidt (*1969)

Dear Friedemann,

Thank you for the invitation to Gitti and me to contribute to your publication: "Sag Du es Deinem Kinde". I have given the matter considerable thought and I am happy to make a contribution to the "Reichel komplex" project. Whilst basically agreeing with the idea, I don't find writing about this subject very easy. I will start by quoting the part of the Projektbeschreibung 1, which concerns Gitti and me:

„Der Text der beiden wird zum einen die Sicht eines (außereuropäischen) von außen Kommenden (Robert Brown) erläutern, mit dem ganzen Prozess des Erkennens des politischen Hintergrundes der Familie seiner Partnerin und den Problemen, die sich dabei auftun, während sozusagen dialogisch von der Innenseite her sichtbar gemacht werden soll (Brigitta Brown), wie schwer der Prozess des ‚Hinschauens und des Sichklarmachens' der historischen Verstrickung für die Betroffenen (speziell die Kinder der Nazis) ist."

This a clear task and an interesting subject. In fact it is a matter I am happy to write about if for no other purpose than to clarify and order my own thoughts on this subject, in particular as the process of "des Hinschauens und des Sichklarmachens", which was not only difficult for Gitti but for me too. The task consists of two parts: "das Erläutern mit dem ganzen Prozess des Erkennens des politischen Hintergrundes der Familie seiner Partnerin" and "den Problemen, die sich dabei auftun".

In 1977, when I first encountered my future family-in-law, I was impressed by the openness and the genuine interest and friendliness showed towards other people, especially children, and with the hospitality with which I was received not only by my immediate family-in-law but also by the other branches of the family, i.e. the Derschmidts, the Reichels and later the Weixlers.

Later, after we moved as a family to Austria in 1985, I began to hear sentiments and opinions expressed at family gatherings that struck me as either extreme right wing or overtly Nazi-inspired. It hardly needs to be said that for me this was seriously disturbing, and I recall that this was shortly before the period when the subject of Austria's collective and individual responsibility towards National Socialism was being questioned at both the national and international levels. Another thing that alarmed me was that utterings of this kind caused absolutely no reaction among the next generation, the *68er Generation*, within the family. I rapidly realised that the subject was of no interest to most members of my family-in-law. As a national of a country that had fought against Austria in two world wars, I naturally did not wish to open up old wounds and create ill-feeling, especially after the open-armed hospitality and good will with which I had been received into my wife's family.

On the matter of "erläutern, mit dem ganzen Prozess des Erkennens des politischen Hintergrundes der Familie" there is little more to say. The fact is that a certain degree of sympathy with Nazi ideology and conduct was clearly present among members of the generation that fought the war. What for me was strange was the apparent disinterest in this subject among their children. There were questions that needed to be asked and answered and this wasn't happening.

The question of collective and especially individual responsibility for Nazi atrocities is understandably a very painful and sensitive subject. 70 years later on, however, there are still members of my family-in-law who are very guarded, particularly towards me, and have hardly begun to open up, while others are openly resistant to discussion. The same applies, I would add, to the other branches of the family. There is however another sizeable group within the extended family who treat the subject as any other political subject and with whom discussion is open, honest and productive. There have been, however, some quite provocative, insensitive, even in the view of some people, disrespectful attempts to address the "schmerzvolle Erkenntnis, dass …". I believe this has not been helpful, possibly even counterproductive. It is not our job to judge, and especially not mine. Crimes were committed on both sides. The Holocaust was of course a dreadful thing for which many had to answer in court but so was the carpet bombing of the German and Austrian cities for which none had to stand trial. But I am convinced that to be able to live together in a spirit of trust, openness and mutual respect, the most important thing is that all the facts about the active involvement of members of the family in Nazi activities be known, that responsibility for them be acknowledged, and the appropriate expressions of regret be made. Until this step is made in full and in good faith, this ghost will never be laid to rest.

I would like to conclude with a quotation from the opening speech of last years' Salzburg Festival guest speaker, Christopher Clarke, who wrote that very good book about how Europe went to war in 1914, "The Sleepwalkers":

„Die Katastrophe des Jahres 1914 ist eine Mahnung, wie furchtbar die Folgen sein können, wenn die Politik versagt, die Gespräche versiegen und kein Kompromiss mehr möglich ist. Die Geschichte bleibt zwar nach wie vor — in den Worten Ciceros — ‚die große Lehrerin des öffentlichen Lebens'. Da wir der Zukunft gegenüber blind sind, haben wir keine andere! Aber diese Lehrerin beschert uns keine eindeutigen Ratschläge. Sie gibt nur rätselhafte Orakel auf, über deren Bedeutung für die Gegenwart wir zum Nachdenken verpflichtet sind."

If one replaces the words "Die Katastrophe des Jahres 1914" with "Die Katastrophe des Holocausts", the rest of the quotation falls fairly easily and accurately into place.

I wish you every success with the future of the "Reichel komplex" project,

Yours,
Robert

Zum Thema Nazivergangenheit in meiner Familie

Ein Versuch, Gedanken und Gefühle in Worte zu fassen

Brigitta Brown

Brigitta Brown

Ende 1944 geboren, habe ich vom Krieg nur gefühlsmäßig etwas mitbekommen. Ich habe in meiner Kindheit viele Geschichten von Kriegserlebnissen meiner Mutter gehört, kann mich aber nicht an politische Aufklärungen erinnern, habe auch nie danach gefragt! Auch in der Schule gab es keinen Lehrstoff, der über die beiden Weltkriege informiert hätte. Erst bei meinem Aufenthalt in Frankreich, Ende der 1960er-Jahre, war ich erstmals mit der Täter-Opfer-Frage konfrontiert; aber da hat mich das Thema nicht berührt, denn als Österreicherin wurde ich nicht zu den TäterInnen gezählt. Weder die Waldheim-Affäre noch die intensive Beschäftigung meines Mannes mit österreichischer Zeitgeschichte hat bei mir Vergangenheitsbewältigung ausgelöst.

Ich wollte es nicht wissen. Habe ich intuitiv gefühlt, dass da mehr war als eine Vergangenheit, die sich nicht in Worte fassen ließ? Ich war nie eine große Volkstänzerin, schon gar nicht musikalisch, und dadurch auch gar nicht so verwurzelt in der Großfamilie bzw. bei Festen. Ich ging früh weg von zu Hause, war Jahre im Ausland und habe dadurch meinen Abstand gefunden.

Bewusst habe ich diesen Abstand nicht gesucht. Mit dem Start der Webseite „Reichel komplex“ bin ich in das Thema Familiengeschichte eingetaucht. Obwohl ich Provokation als Aufruf zur Teilnahme akzeptiere und teilgenommen habe, haben mich die Bezeichnung „Reichel komplex“ und der dazugehörige Text sehr gestört.

Ich sehe mich nicht als Teil eines Experimentes! Ich war und bin immer noch hin- und hergerissen zwischen Erinnerung, Erzählungen und Fakten, bin aber hellhöriger geworden bei Sprache und Verhaltensweise, und es fällt mir auf, wie wenig frei im Allgemeinen über diese Zeit geredet wird. Die Webseite habe ich intensiv mitverfolgt und die Fülle von Informationen interessant, informativ, neu und überraschend empfunden. Ich habe gelernt, nicht jede Aussage oder jeden Kommentar zu den Bildern und Kopien aus Auszügen von Archiven persönlich zu nehmen und Friedemanns Definitionen von Opfern und Tätern einfach stehen zu lassen. Mein Wissen ist nicht sein Wissen, seine Interpretation nicht meine. Es gibt keine gleiche Sicht der Dinge — und schon gar nicht zwischen den Generationen. Manche Ansichten müssen einfach bestehen können. Manches sind reine Spekulationen, z. B., warum der Bauernhof von meinem Großvater Heinrich Reichel gekauft wurde ... Die es wissen könnten, leben nicht mehr. Die Aufarbeitung ist mit vielen Emotionen verbunden, sie braucht Distanz — und die muss ich mir mit jedem Beitrag neu erarbeiten. Je mehr ich mich austausche — mit meinen Kindern, Neffen, Nichten und Außenstehenden —, umso mehr gelingt es mir. Ich finde es gut, dass Friedemann sich an die Aufarbeitung der NS-Vergangenheit meiner Elterngeneration gewagt hat. Vieles wurde durch Dokumente ans Licht gebracht. Manches wurde dadurch verständlicher, einiges bleibt verwirrend und unbefriedigend. Besonders am Beginn des Projektes „Reichel komplex" wurde bei der Vorgangsweise zu wenig sensibel vorgegangen. Der PC als einziges Kommunikationsmittel hat einige in meiner Generation bedauerlicherweise von der Teilnahme ausgeschlossen, und doch finde ich es sehr wichtig, dass diese Informationsquelle zur Verfügung steht. Mein idealistisches Wunschdenken geht dahin, dass meine Generation und auch die Menschen in der folgenden Generation, die sich mit der NS-Vergangenheit in der Familie noch nicht auseinandersetzen können oder wollen, über den eigenen Schatten springen, sich — unabhängig von der Person Friedemanns — mit diesem Thema auseinandersetzen und informieren. Mit der Beschäftigung kommt die Bewältigung! Wir alle haben die Verpflichtung, dies zu tun, besonders in Anbetracht aktueller Ereignisse, wie z. B. der Situation der Flüchtlinge, und einigem mehr — der ethischen Fragen, die sich bei der künstlichen Befruchtung oder auch bei der Sterbehilfe stellen —, ist es wichtig, sich mit dem vergangenen Unrecht, vor allem in diesem Sinne, auseinanderzusetzen. Dass dabei Gefühle der persönlichen und familiären Intimität verletzt werden (ich selbst als Beispiel), sollte man akzeptieren lernen. Reifer werden heißt, alte Haltungen abzulegen. Das ist ein schmerzhafter Prozess, vor allem, wenn es Vater/Mutter oder Menschen der unmittelbaren Nähe betrifft.

Ich schließe mit einem Satz von Susanne Scholl: „Alte Denk- und Verhaltensmuster sind hartnäckig, sie lassen sich nur schwer ausrotten. Gerade deshalb muss man sich ihnen stellen, und zwar immer wieder, jeden Tag, überall auf der Welt."[1]

1 Scholl, Susanne. Kolumne. Scholls Welt. Russland steckt leider noch ganz im alten Denken fest. In: Salzburger Nachrichten, 10. 06. 2015.

E

Der Reichelkomplex

Mein Für und Wider

Mathilde Furtenbach

Als mein Neffe Friedemann Derschmidt den Familienblog „Reichel komplex“ eröffnete, rannte er bei mir offene Türen ein, war ich doch seit etwa 30 Jahren auf Spurensuche in der Familie und kam nicht recht weiter, wo es „heiß“ wurde. Aber gleichzeitig war ich entsetzt, wie unsensibel der Blog eingeführt wurde. Es entstanden Fronten und Kränkungen, die es bis heute gibt. Sie haben dem Projekt geschadet, weil sich Familienmitglieder ausgeschlossen fühlten und fühlen. Der provokante Text, nach dem wir 39 Cousinen und Cousins ein Teil des Experiments unseres Großvaters seien, hat manche abgeschreckt. Das Titelbild mit dem Hof des Großvaters und die Bezeichnung „Reichel komplex“ erregten ebenfalls Ärger. Ein weiteres Problem bestand darin, dass meine Generation (die zweite nach dem Großvater) nicht zur Gänze mit dem Computer vertraut ist.

Ich (Tochter von Mathilde Reichel, die wiederum Tochter des Heinrich Reichel war) wusste über meinen Großvater Heinrich Reichel nur aus Erinnerungen der Mutter und deren Geschwister. Es gab jede Menge Erzählungen, ‚G'schichtln', Gerüchte und Mythen, die in der Großfamilie sehr breiten Raum einnahmen, ich möchte fast sagen, gepflegt wurden. Was mir jedoch später fehlte, war eine ernsthafte Auseinandersetzung mit objektiven Fakten. Mein Großvater starb bereits im Jahr meiner Geburt, 1943. Er hinterließ über 200 schriftliche Arbeiten. Ich kannte einige unverfängliche Arbeiten, die ich von meiner Mutter bekam. Sein umfangreiches schriftliches Oeuvre verwaltete seine jüngste Tochter, die alles zusammen und unter Verschluss hielt. Ich konnte von ihr keine der ‚verdächtigen' Arbeiten entleihen, weil sie ja verloren gehen könnten.

Mich plagten sehr viele Fragen, auf die ich vage oder sehr unterschiedliche Antworten bekam: Woran und unter welchen Umständen starb unser Großvater 1943? Welche Rolle spielte der Großvater, der in erster Linie Hygieniker war, als Rassenhygieniker? Warum mussten sein Sohn Erwin und sein Neffe Erasmus in den 1930er-Jahren plötzlich nach Deutschland abhauen? Was machten sie die darauffolgenden Jahre dort? Welche Rolle spielte sein Sohn Erwin im Dritten Reich? Was wurde aus seinem Neffen Erasmus, der dann später als bekannter Anthropologe in Kolumbien wieder auftauchte? Und stimmte es, dass mein Vater der einzige ‚Nazi' in der Großfamilie war?

Ich stellte Friedemann meine bisher gesammelten Informationen zur Verfügung, las mit Neugierde die neuen Einträge und lieferte auch selbst Kommentare. Seit Bestehen des Blogs ist dieser zu einem umfangreichen Archiv herangewachsen, dessen ich mich bediente und das mir viele Einsichten in die Familienchronik und diverse Archive gewährte. Was meinen Vater betrifft, war ich bereits gut informiert. Einseitig und unbefriedigend waren und sind für mich die Definitionen Friedemanns von „Täter" und „Opfer" — dafür hätte es Diskussionen gebraucht. Im Blog gab es für meine Begriffe zu viele Literaturhinweise zu historischen Arbeiten, die wohl in zeitlicher/räumlicher/ideologischer Nachbarschaft standen, aber nicht unmittelbar die Familie betrafen — dies nahm ich eher als eine Überschwemmung mit Informationen wahr.

Es war selbstverständlich in der Großfamilie und ich litt als Kind darunter, dass unser Vater als ‚Illegaler' und ‚Nazi' ein Außenseiter war. In der Familie ermöglichte er uns durch Erzählungen, mit Fotoalben aus der Kriegs- und Gefangenschaft und Prahlereien zu wissen, wie er noch immer dachte — unsere Kinderstube war (leider) voll davon. Das verhinderte zwar das beharrliche Schweigen über die NS-Zeit, unterband aber trotzdem eine wirksame Auseinandersetzung mit dem Thema. Er begriff erst sehr spät, dass es sein größter Fehler in seinem Leben war, „Hitler zu vertrauen", wie er selbst am Ende seines Lebens sagte.

Mit Staunen stellte ich im Verlauf des Blogs fest, dass nationalsozialistisches Gedankengut nicht nur für meinen Vater, sondern für die meisten unserer Familienväter Triebfeder ihres Handelns war: ganz gleich, ob einer als Illegaler in den 1930er-Jahren eine Hitlerflagge am Schornstein der Steyrwerke hisste, ob einer Volkslieder und Volkstänze aufzeichnete oder ob einer irgendeine Karriere anpeilte.

Es war selbstverständlich, dass die erste Generation über ihre eigene NS-Vergangenheit schwieg oder auf Fragen auswich. Über Lebende hat man nur gemunkelt. Von meiner Mutter wurde die Tapferkeit und Heldenhaftigkeit des im Krieg gefallenen Bruders, Erwin, hervorgehoben. Auch der Neffe des Großvaters, Erasmus, der bald nach dem Röhm-Putsch ‚verschwand' und von dem niemand wusste, wo er war, war ein beliebtes Gesprächsthema, soll er doch außergewöhnlich begabt und wie Erwin ein exzellenter Schütze gewesen sein. Offenbar hat es nach dem Krieg niemand gewagt, nach ihm zu suchen, bis er in den 1970er-Jahren in Kolumbien als anerkannter Anthropologe auftauchte und dann als Buchautor mit dem Namen seiner Mutter von der Familie entdeckt wurde. Diese geheimnisvollen Geschichten beeindruckten mich als Kind und noch als Jugendliche und ich war stolz, zu dieser Familie zu gehören. Welche Rolle die beiden im Dritten Reich und davor in Österreich gespielt hatten, darüber gab es zwar Gerüchte und streng gehütete Geheimnisse und Papiere, aber konkrete Hinweise blieben ‚unter Verschluss', bis die erste Generation nach Heinrich Reichel nicht mehr lebte.

Ich glaube nicht, dass unser Großvater im Dritten Reich jene herausragende Rolle spielte, die ihm manche im Blog zuteilen. Er war ein Wissenschaftler seiner Zeit, der sich mit den Themen seines Faches im Jargon seiner Zeit auseinandersetzte und leider nicht begriff, wohin das führen würde. Ab 1938 hielt er/durfte er keine Vorlesungen mehr an der Universität Graz halten. — Warum? Es gibt neben belastenden Schriften von ihm eine Stellungnahme, in der er klar gegen die Tötung unwerten Lebens bei Krankheit eintritt. Leider wurde sie nicht in der Zeitschrift, für die er sie geschrieben hatte, publiziert. — Warum? Seine Beiträge, die ich kenne, sind voll von Widersprüchen, und ich kann keinen persönlichen Willen erkennen, der sich in den Dienst der Tötungsmaschinerie stellt. Von meiner Warte aus beurteile ich allerdings nicht die Auswirkungen seiner Schriften, sondern ich möchte erahnen, was er wollte. Ich glaube auch nicht, dass es in unserer erweiterten Familie eine größere Häufung von Menschen mit nationalsozialistischen Überzeugungen gab als in vielen anderen österreichischen (und

Das digitale Familienarchiv lässt sich fortlaufend erweitern und könnte so ein Nachschlagewerk nicht nur für uns, sondern auch für kommende Generationen sein.

deutschen) Familien, aber bei uns sind sie offen identifiziert. Gibt es darüber Untersuchungen? Mich interessiert nicht nur der Aspekt der NS-Vergangenheit unseres Großvaters und seiner Söhne und Schwiegersöhne, sondern ihre ganze Lebensgeschichte — nicht um sie zu entschuldigen, sondern um zu verstehen, warum sie sich dieser Ideologie verschrieben. Von jenen, die sich davon bewusst oder unbewusst absetzten, wissen wir leider nichts.

Jahrelang hat Friedemann Interviews gemacht, Literatur und Fotos zusammengetragen, Akten in Archiven ausgehoben, Geheimnisse gelüftet, Fakten gesammelt und in den Blog gestellt — zur freien Verfügung! Alle Mitglieder unserer Großfamilie haben die Möglichkeit, ihr Bild von der Familie zu erweitern und nicht nur in Mythen und Erinnerungen zu verharren. Das digitale Familienarchiv lässt sich fortlaufend erweitern und könnte so ein Nachschlagewerk nicht nur für uns, sondern auch für kommende Generationen sein. Es könnte auch das Interesse anderer Familien wecken, die sich mit ihrer eigenen Geschichte dieser Zeit auseinandersetzen wollen.

E

Reichel komplex

Eine Annäherung
in Anekdoten

260

Eckhart Derschmidt

Eckhart Derschmidt

Was mir manchmal so durch den Kopf geht:

Als ich geboren wurde, war der Zweite Weltkrieg gerade mal 17 Jahre Geschichte. Das ist nicht viel Zeit. Wenn ich mich jetzt an Ereignisse vor 17 Jahren erinnere, etwa an die Geburt meines zweiten Sohnes, so sind diese noch so präsent, als hätten sie erst gestern stattgefunden. Der Generation meiner Eltern — und noch mehr der Großeltern — müssen der Krieg und das Dritte Reich also noch in sehr lebhafter Erinnerung gewesen sein. Davon war aber nichts zu merken. Nur indirekt und oft erst retrospektiv wurde mir klar, dass Krieg und Drittes Reich auf die eine oder andere Weise doch ständig präsent waren:

— Im Eingangsbereich meines Elternhauses hängen der Schädel und das Geweih eines Elchs, welchen mein Großvater mütterlicherseits während des Russlandfeldzugs erlegte. Es gibt dazu die Geschichte, dass er, während er in einem russischen Dorf in einem Lazarett stationiert war, diesen Elch jeden Tag beobachtete, und als die Truppe weiterzog, diesen abschoss und nach Österreich transportieren ließ. Angekommen sind letztlich nur die Haut und eben der Schädel.

Auch existierten in meiner Kindheit und Jugend viele Aquarelle, die mein Großvater in dieser Zeit gemalt hatte — Landschaften und Szenen aus dem Dorfleben, die lokale Bevölkerung bei der Arbeit, die reinste Idylle — und die allesamt den Anschein erweckten, als habe es sich beim Russlandaufenthalt mehr um einen Abenteuerurlaub als um einen Eroberungskrieg gehandelt. Auf keinem ist irgendetwas von kriegerischen Handlungen zu sehen oder von Zerstörungen.

— Über meinen damals bereits verstorbenen Großvater mütterlicherseits hörte ich zwar gelegentlich, dass er nach dem Krieg noch längere Zeit in „Glasenbach“ verbringen musste, bevor er zu seiner Familie zurückkehren konnte. Dass „Glasenbach“ auf ein in Salzburg gelegenes Internierungslager der US Army für NationalsozialistInnen verwies, erfuhr ich aber erst viel später.

— Mit etwa zwölf Jahren las ich „Trotz alledem“ von Hans Ulrich Rudel, das ich in unserer Bibliothek fand. Es ist dies die autobiografische Geschichte des Stuka-Piloten Rudel, der im Russland-Feldzug abgeschossen wurde, in russische Kriegsgefangenschaft geriet und von dort auf abenteuerliche Weise fliehen konnte. Mich faszinierte diese Geschichte damals sehr, ich las sie wie einen Abenteuerroman und der Gedanke, dass es sich dabei um einen realen Krieg handelte, ist mir nie gekommen. Erst viel später erfuhr ich, dass Hans Ulrich Rudel bis in die 1980er-Jahre eine Kultfigur für die österreichischen und deutschen Neonazis war.

— Es gab in unserer Bibliothek auch drei aufwändige Bildbände mit herausnehmbaren 3-D-Bildern, die man mit einer Stereobrille ansehen konnte: „München, Hauptstadt der Bewegung", „Der Krieg im Osten", „Der Krieg im Westen". (Wenn ich mich recht erinnere, sind die Bücher inzwischen verschwunden.) Wir Kinder waren fasziniert von diesen Bildern, aber ohne zu wissen oder darauf hingewiesen zu werden, dass es sich dabei um Bilder eines realen Krieges handelte, der vor gar nicht so langer Zeit stattgefunden hatte.

— Mitte der 1970er-Jahre. Ich besuchte die vierte Klasse eines Gymnasiums und wir waren in Geschichte im 20. Jahrhundert angelangt. Im Sommersemester wurde mir als Referatsthema „Konzentrationslager und Judenvernichtung im Dritten Reich"

> zugeteilt. Heute würde man einfach mal „Konzentrationslager“ in Google eingeben und würde sich einer unübersehbaren Menge an Material gegenübersehen (was natürlich auch problematisch ist); aber lange vor Internet und Google war die Materialsuche bedeutend schwieriger. Im damals verwendeten Geschichtelehrbuch wurde das Thema auf gerade einmal eineinhalb Seiten abgehandelt. Was ich dort las, verstörte mich doch einigermaßen, aber es war zu wenig Material, um daraus ein schlüssiges Referat auszuarbeiten. So verfiel ich auf die Idee, meinen Großvater zu fragen, denn der hatte diese Zeit ja miterlebt und musste daher etwas darüber wissen. Beim nächsten Familienfest nutzte ich die Gelegenheit, erzählte von meinem Referatsthema und fragte in die Runde: „Wie war das denn damals?“ Zunächst betretenes Schweigen. Dann, irgendwann: „Davon hat man nichts gewusst.“ Und: „Das haben uns die Amerikaner ...“ Und damit war das Thema auch schon wieder beendet. Ich war noch ratloser als zuvor — und das Referat wurde letztlich eine mittlere Katastrophe.

Gesprochen wurde über die Zeit des Dritten Reichs allgemein meist wenig bis gar nicht. An sich war ich schon immer geschichtlich interessiert, aber gerade die jüngere und jüngste Geschichte kam im Schulunterricht kaum vor, Exkursionen nach Mauthausen o. Ä. gab es nicht. Insofern war mein Interesse am Dritten Reich auch nicht so weit entwickelt, dass ich aus eigenem Antrieb Fragen an meine Verwandten gestellt hätte. Von meiner Mutter weiß ich, dass sie bis heute immer wieder Albträume plagen, in denen sie Szenen aus den Bombenangriffen auf Wels in den letzten Kriegsmonaten wiedererlebt. Ihre Konsequenz aus diesen Erfahrungen ist, dass sie möglichst nichts mehr von dieser Zeit hören und sich auch nicht mehr damit auseinandersetzen will — eine Einstellung, die ich zwar nicht ganz verstehe, aber doch akzeptieren muss.

Mit meinem Vater führte ich während der 1980er-Jahre gelegentlich Diskussionen. Er stand damals stark unter dem Einfluss eines deutschen Neonazis, der ihn mit Propagandamaterial versorgte. Es ging dabei um deutsche Kriegsschuld oder auch um den Holocaust und darüber, „wie weit uns die Amerikaner ihre Version des Zweiten Weltkriegs aufgezwungen haben“. Ich hatte damals auch ein paar Vorlesungen von Erika Weinzierl gehört und war inhaltlich sicher besser gerüstet als zu Gymnasialzeiten.

Abb. 9: Anschluss: Ottilie Derschmidt mit Kindern in Viechtwang (OÖ) am 13. 3. 1938

Die Diskussionen waren lang, intensiv und unfruchtbar, und irgendwann gab ich es um des Familienfriedens willen auf, weiter heikle Themen anzuschneiden. Auch mein Vater verlor mit der Zeit das Interesse an der Materie.

REICHEL KOMPLEX

Mein kleiner Beitrag zum Projekt besteht neben der Rolle des Moderators in den frühen Interviews vor allem im Einscannen und Aufbereiten unendlich vieler Familienfotos. Da es in der Familie immer viele begeisterte FotografInnen gab, ist die gesamte Familiengeschichte seit dem späten 19. Jahrhundert bestens dokumentiert. Viele Familienfotos, wie wir sie (meist anlässlich des Geburtstags meines Großvaters) auch in den 1970er-Jahren noch in langen Shootings anfertigten: die Großfamilie, die einzelnen Kleinfamilien, die Geschwister, die EnkelInnen und, und, und — ein bekanntes Szenario.

Es gab auch andere Fotos — solche, die die Zeit, in der sie entstanden, fühlbar machten. Auf einem Foto von 1938 Häuser in meinem Volksschulort Viechtwang zu sehen (Abb. 9 u. 10), die mit aus Tannenreisig gefertigten Hakenkreuzen geschmückt waren, schockierte mich. (Auch wenn die Tatsache, dass dort der Anschluss freudig begrüßt wurde, keine große Überraschung war, schmerzt der Anblick solcher Bilder der bekannten Umgebung doppelt. Die Volksschule, in der damals mein Großvater als Direktor arbeitete, war selbstverständlich ebenfalls auf diese Weise dekoriert.) Ebenso geben die Fotos von den lachenden Gesichtern der Geschwister meines Vaters, die damals kleine Kinder waren, mit Wehrmachtshelmen sehr unmittelbar die damalige Stimmung wieder.

Da zur Zeit unserer ersten Befragungen (2003) dieses Thema allgemein weitgehend totgeschwiegen wurde, erstaunte es mich sehr, dass alle Verwandten, mit denen wir im Verlauf unseres Projekts sprachen — angefangen mit unserer Großtante Brigitta und ihren Schwestern —, recht bereitwillig und ausführlich über ihre persönlichen Biographien während dieser Zeit Auskunft gaben. Als Interviewer in vielen dieser Gespräche musste ich nur selten eingreifen, um den Erzählfluss in Gang zu halten. Zumindest am Beginn des Projekts, lange bevor daraus „Reichel komplex" wurde, war denn auch die Dokumentation das Hauptanliegen, und es

Abb. 10: Anschluss: Ottilie Derschmidt mit Kindern in Viechtwang (OÖ) am 13. 3. 1938

war gut und wichtig, dass wir zunächst noch völlig ohne konkrete Zielsetzung begannen, Ton- und Videodokumente aufzuzeichnen, da das aufgrund des fortgeschrittenen Alters der Interviewten später nicht mehr möglich gewesen wäre. Für die Dokumentation der Biographien der männlichen Verwandten dieser Generation hätten wir überhaupt zehn Jahre früher beginnen müssen: Sie waren inzwischen schon verstorben. Rückblickend muss ich allerdings sagen, dass auch etwas mehr historisches Wissen meinerseits hilfreich gewesen wäre.

Mindestens ebenso erstaunt war ich über die ablehnenden bis offen feindseligen Reaktionen von Teilen der Verwandtschaft, die jegliches Kratzen am Glanz der Familiengeschichte als Häresie abtaten, Friedemann als „Spalter der Familie“ bezeichneten, gleichzeitig aber jegliche inhaltliche Diskussion verweigerten. So sah ich meine Rolle in dem Projekt, an dem ich inhaltlich aus verschiedensten Gründen wenig Anteil hatte, immer als die des bedingungslosen Unterstützers. Diskussion über die Familiengeschichte muss möglich sein, auch wenn diese in vielen Fällen schmerzhaft ist, ja sein muss. Eigentlich wäre gerade die Familie in vielerlei Hinsicht sogar der ideale Ort, um die jüngere Geschichte erlebbar und verständlich zu machen. „Reichel komplex“ böte dafür eine hervorragende Infrastruktur.

Ein einziges Mal war ich wirklich anderer Meinung als Friedemann, nämlich als er 2013 einen

Screenshot aus einer Nachrichtensendung, der meine Schwester und ihren Mann am Weg zum Akademikerball zeigte, mit vollem Namen auf Facebook stellte. Ich war zwar auch nicht erfreut, dass die beiden diese Veranstaltung besuchten, meinte aber, dass das deren Privatsache sei, die man akzeptieren sollte. Ich meine auch, dass es kein guter Stil ist, Menschen, deren politische Meinung man nicht teilt, zu outen und an den elektronischen Pranger zu stellen.

Kapitel

Reichel ziemlich komplex

– Zwischenruf

F

„and don’t give any information to the jews“

Reichel ziemlich komplex

Die im Rahmen des MemScreen-Projektverbundes (Conserved Memories)[1] verfolgte Künstlerische Forschung „Reichel komplex"[2] mündete bisher in zwei Ausstellungen in Tel Aviv (2014, gemeinsam mit dem israelischen Künstler Shimon Lev)[3] und Graz (2015, mit einem Gastbeitrag von Shimon Lev)[4]:

> „‚Reichel komplex' ist eine Web 2.0 Community Plattform. Von Friedemann Derschmidt als geschlossener Weblog programmiert, soll sie zum Einen dem Sammeln von Erinnerungen und Familien Legenden dienen, zum Anderen soll sie dabei helfen, sich der schmerzhaften Frage nach dem starken Engagement von Teilen der Familie in der NS Zeit zu stellen."[5]

In diesem Sinne knüpft Friedemann Derschmidt an Hannah Arendt an. Die Verbrechen seien nicht von „Gangstern, Monstern oder rasenden Sadisten begangen" worden, „sondern von den angesehensten Mitgliedern der ehrenwerten Gesellschaft".[6]

Das „Art Based Research Project" schließt in verschiedener Weise an kulturwissenschaftliche Debatten an und berührt inhaltliche (in Bezug auf die Erforschung des Nazi-Faschismus) und methodische Fragen[7] (die

1 „MemScreen entwickelt neue künstlerische Methoden zur Darstellung von Erinnerungs-Erzählungen, die mit der komplexen historisch gewachsenen Verknüpfung von Österreich und Israel und dem Holocaust verbunden sind." Zum MemScreen-Projektverbund vgl. die Webseite des „Institute for Research and Creation of Rituals and Ceremonies": http://memscreen.info/de/was-ist-memscreen/ (01. 07. 2015).

2 Webseite „Reichel komplex": http://memscreen.info/de/2011/09/11/der-reichel-komplex-3/ (01. 07. 2015). Die Schreibweisen des Projekts changieren zwischen „Der Reichel-Komplex", „Reichel komplex" und „Reichelkomplex". Dies entspricht einem künstlerischen Vorgehen, das mit unterschiedlichen Bedeutungsebenen experimentiert und spielt. In diesem Sinne ist auch die Überschrift dieses Beitrags zu erklären: Ohne konkreten Bezug zum Text ist diese aus dem Quellenmaterial des Projekts entnommen. Das Zitat hat den Verfasser nicht mehr losgelassen. Es spielt aber für den folgenden Argumentationsgang keine Rolle und findet sich nirgendwo mehr im Text. Eine weitergehende Bedeutung mag sich zwar nicht explizieren lassen, aber das Zitat ist der Fluchtpunkt für die Abfassung dieses Textes, es ist verantwortlich, dass derselbe trotz aller Selbstzweifel und Verzweiflung am Ende doch vorläufig abgeschlossen werden konnte.

3 Webseite „Two Family Archives": http://memscreen.info/de/2014/10/13/two-family-archives-%e2%80%93-shimon-lev-friedemann-derschmidt/ (01. 07. 2015). Vgl. hierzu auch Lev, Shimon/ Derschmidt, Friedemann. Katalog zu „Two Family Archives". Tel Aviv, 2014.

4 „Sag Du es Deinem Kinde — Nationalsozialismus in der eigenen Familie". Online: http://memscreen.info/de/2015/03/22/tell-it-to-your-child-nationalsozialism-in-the-own-family/ (01. 07. 2015).

5 Webseite „Reichel komplex": http://memscreen.info/de/2011/09/11/der-reichel-komplex-3/ (01. 07. 2015). Es wurde bei allen (auch folgenden) Zitaten die Schreibweise der Webseite beibehalten.

6 Arendt, Hannah. Persönliche Verantwortung in der Diktatur. In: Arendt, Hannah/Geisel, Eike/Bittermann, Klaus (Hg.). Israel, Palästina und der Antisemitismus (S. 7–38). Berlin: Klaus Wagenbach, 1991, S. 31.

7 Zum unterschiedlichen wie gemeinsamen Vorgehen in der Künstlerischen Forschung und in den Nachfolge-

ein ethnografisches und historisches Vorgehen verbindet). Der Verfasser war in mehrerlei Hinsicht immer wieder Augen- und Ohrenzeuge bei der Konzeption und Durchführung von „Reichel komplex". Als Quasi-Sparringspartner versuchte er sich im Zwischenrufen, Dazwischenreden und im Dagegenhalten sowie im Bestätigen und Bekräftigen.[8]

Im Mittelpunkt dieser Annäherung stehen Zweifel und differenzierende Nachfragen, aber auch ein großes Interesse und Neugierde an einem Austausch über die Möglichkeiten eines künstlerischen Vorgehens in ethnografischen Settings.[9] Zweifel ob des Anspruchs von Kunst, Forschung in einem kritisch-wissenschaftlichen Sinne zu betreiben. Neugierde und Interesse aufgrund der Aussicht auf ein entgrenztes Forschungsdesign, das beschränkten (ethnografischen) Erkenntnismöglichkeiten zu einem epistemischen Sprung verhelfen könnte.

In „Reichel komplex" ruft der Medienkünstler Friedemann Derschmidt verschiedene Dimensionen eines künstlerisch-ästhetischen und wissenschaftlichen Handelns an: Auf der inhaltlichen Ebene geht es in einem weiten Sinne um die Frage der Verstrickungen Österreichs in die Verbrechen des Nazi-Faschismus und den Umgang mit dem Opfermythos. In einer erkenntnistheoretischen Perspektive stellt sich die Frage nach Grenzen und Möglichkeiten einer Großfamiliengeschichte. Ferner ist auch das Enabling-Potenzial von Social Media eine Anmerkung wert. Methodisch bewegt sich das Projekt im Handgemenge zwischen Künstlerischer Forschung und dessen, was in der volkskundlich-kulturanthropologischen Debatte gegenwärtig als Autoethnografie verhandelt wird.[10] Es ist allerdings weder mit dem einen noch mit dem anderen Begriff angemessen beschreibbar.

disziplinen der Volkskunde — Empirische Kulturwissenschaft, Kulturanthropologie und Europäische Ethnologie vgl. demnächst: Schönberger, Klaus/Hengartner, Thomas u. a. (Hg.). Kunst und Ethnografie — zwischen Ko-Operation und Ko-Produktion? Anziehung– Abstoßung — Verwicklung: Epistemische und methodologische Perspektiven. Zürich: Chronos, 2016 (in Vorbereitung).

8 Der Charakter dieses Textes ist von dieser Situation geprägt und reagiert auch in der Form auf ein künstlerisches „Gegenüber". Insofern ist er ein Beispiel für die an anderer Stelle geforderte Koproduktion von Kunst und Ethnografie. Vgl. hierzu Schönberger, Klaus. Ich sehe was, was Du nicht siehst? Ethnographische und künstlerische Forschung im Prozess der Entgrenzung von Wissensformaten. In: Johler, Reinhard/Marchetti, Christian/Tschofen, Bernhard/ Weith, Carmen (Hg.). Kultur_Kultur. Denken. Forschen. Darstellen. 38. Kongress der Deutschen Gesellschaft für Volkskunde in Tübingen vom 21. bis 24. September 2011 (S. 272–277). Münster et al.: Waxmann, 2013.

9 Vgl. hierzu Holfelder, Ute/Schönberger Klaus. Creativity to go. „Bitte um Kreativität". In: Krusche, Jürgen (Hg.). Labor Mülheim. Künstlerisches Forschen in Feldern zwischen Prekarität und Kreativität (S. 102–112). Berlin: Jovis, 2015.

10 Ploder, Andrea/Stadlbauer, Johanna. Autoethnographie und Volkskunde? Zur Relevanz wissenschaftlicher Selbsterzählungen für die volkskundlich-kulturanthropologische Forschungspraxis. In: Österreichische Zeitschrift für Volkskunde, 116, Heft 3+4, 2013, S. 373–404.

Damit eng verbunden sind — aus einer systematisch kritisch-wissenschaftlichen Perspektive — prinzipielle Fragen zu Nähe- und Distanzverhältnissen gegenüber dem Feld, wenn die eigene Familie involviert beziehungsweise die persönliche Biografie touchiert ist. In einer künstlerischen Arbeit ist dem gegenüber die eigene Subjektivität nicht nur der Ausgangspunkt, sondern geradezu die Voraussetzung für die Produktion. In dieser Hinsicht treffen sich das künstlerische und das mit der Ethnografie verbundene wissenschaftliche Vorgehen, denn auch im ethnografischen Modus wissenschaftlichen Arbeitens ist die Berücksichtigung der ForscherInnen-Subjektivität im Erkenntnisprozess inzwischen State of the Art.[11]

Unsere Debatten nahmen ihren Ausgang immer wieder bei der Frage, was dieses Künstler-Projekt von einem empirisch kulturwissenschaftlich oder historisch (alltagsgeschichtlich) argumentierenden Vorgehen unterscheide: ‚dichte Beschreibung' und theoretische Rahmung versus subjektiv inspiriertes und unsystematisch angeleitetes ästhetisches Experimentieren?

WAHRHEIT UND GENAUIGKEIT

Wer mit Friedemann Derschmidt über seine Projekte spricht, wird laufend mit empirischen historischen Fakten konfrontiert. Ich bin anno 2010 mit ihm im Auto zwischen Tel Aviv und Jerusalem gefahren und war einem unaufhaltsamen Redefluss ausgesetzt, wer oder was sich jeweils diesseits oder jenseits der linken wie rechten Straßenseite zugetragen hat. Friedemann Derschmidt hat die Geschichte der Orte am Wegesrand in sich aufgesogen — und seine Narration zielte jeweils auf die genaue Rekonstruktion der zumeist sehr kontroversen historischen Sachverhalte. Häufig geht es ihm um die wahrheitsgemäße Darstellung bzw. Interpretation historischer Fakten. Der empirische Kulturwissenschafter ist demgegenüber eher an den Varianten und der jeweiligen Funktion der erwartbar unterschiedlich ausfallenden Wahrheiten interessiert.

---

11 Binder, Beate. Arbeiten (an) der Imagination. Einleitende Überlegungen zum Verhältnis von Kunst und Ethnographie. In: Binder, Beate/Neuland-Kitzerow, Dagmar/Noack, Karoline (Hg.). Kunst und Ethnographie. Zum Verhältnis von visueller Kultur und ethnographischem Arbeiten. Berliner Blätter. Ethnographische und ethnologische Beiträge, Heft 46. Berlin: LIT, 2008, S. 10–18.

Dieser Imperativ rahmt auch die Anlage seines Familienprojekts. In der Erläuterung des Projektzwecks verknüpft Friedemann Derschmidt zwei Erkenntnisinteressen. Demnach

> „[...] soll der ‚Reichelkomplex' auch der historischen Wahrheitsfindung dienen und eine Neubewertung der jüngeren Geschichte in Bezug auf unsere Familie möglich machen."[12]

Das Projekt „Reichel komplex" soll über die „historische Wahrheit" die Familiengeschichte rejustieren. Hier verschmilzt ein allgemeines mit seinem persönlichen Interesse: Aufklärung über den Nazi-Faschismus und Selbstaufklärung über die persönliche Prägung im Mikrokontext der aus Oberösterreich stammenden (väterlichen) Familie. Die gemeinsamen Interessen von Wissenschaft und Derschmidts Kunst sind offensichtlich, nämlich die bisher in der österreichischen Gesellschaft skandalös defizitäre Auseinandersetzung mit dem Nazi-Faschismus weiter voranzutreiben. Der Weg über die Mikroperspektive der Familie ist dem alltagsgeschichtlich informierten empirischen Kulturwissenschafter vertraut.

Hier setzen allerdings die grundsätzlichen Fragen an das Projekt an: Wie kann Selbstaufklärung angesichts der komplexen persönlichen Verstrickung funktionieren? Und wieso überhaupt mittels Kunst? Ein Vorbehalt lautet, dass in „Reichel komplex" über Kunst der Weg zum Wissen und zur historischen Erkenntnis unzulässig abgekürzt werde. Dies wies Friedemann Derschmidt stets zurück und beharrte auf den Erkenntnismöglichkeiten (s)eines künstlerischen Vorgehens. Aber was zeichnet dieses künstlerische Vorgehen aus? Und was weiß der oder die KünstlerIn am Ende anderes als der oder die AlltagshistorikerIn oder der oder die empirische KulturwissenschafterIn? Welche blinden Flecken der systematisch wissenschaftlichen Arbeitsweise vermag die Künstlerische Forschung zu erhellen (helfen)? Was kann ich anders erfahren, sehen oder erleben? Gemäß Christoph Schenker ist Künstlerische Forschung eine Forschung, die mehr können sollte, als der Wahrheitsfindung zu dienen. In solch einem Verständnis ist Kunst nicht nur Resultat, sondern auch ein „Niederschlag von Erfah-

---

12 Geschlossener Blog „Reichel eine komplexe Community": http://ritesinstitute.org/newkomplex/faq-haufigste-fragen/ (01.07.2015).

rung" und ein „Instrument zur Ermöglichung von Erlebnis und Einsicht".[13] Trotz eines ähnlichen Erkenntnisinteresses bleibt aus einer wissenschaftlichen Perspektive ein prinzipielles „Aber" ob des Wahrheitsanspruchs bei Friedemann Derschmidts künstlerischem Vorgehen.[14] Selbstkritisch gewendet: Ist ein solcher Einwand von wissenschaftlicher Seite nur eine „déformation professionelle" oder das „Claimen" von Hoheitsansprüchen? Möglich. Dennoch bleibt eine Differenz bestehen. So glaubt ein/e empirische/r KulturwissenschafterIn noch weniger als ein/e HistorikerIn an die Möglichkeit der historischen Wahrheitsfindung. Ihn interessieren Eigensinn, Narrative und insbesondere jene subjektiven Logiken der beteiligten AkteurInnen, die Friedemann Derschmidt mit den historischen Fakten konfrontieren möchte. All diese im Feld auffindbaren Verdrängungen, Verschiebungen und Leugnungen, die Friedemann Derschmidt dekonstruieren oder ans Tageslicht befördern möchte, sind für ihn der Ausgangspunkt für eine kritische Befassung und nicht so sehr ein Verstoß gegen eine wie auch immer geartete historische Wahrheit. Denn die eigensinnigen Wahrheiten der AkteurInnen geben nicht nur Aufschluss über den

Wie kann Selbstaufklärung angesichts der komplexen persönlichen Verstrickung funktionieren? Und wieso überhaupt mittels Kunst?

13 Schenker, Christoph. Public Art als Stadtforschung. In: Krusche, Jürgen (Hg.). Labor Mülheim, S. 62–67.

14 Es gibt sehr verschiedene künstlerische Selbstverständnisse in Bezug auf Künstlerische Forschung, darunter auch jene, die den Wahrheitsbezug der Wissenschaft generell zu dekonstruieren versuchen. Unabhängig davon bleibt das Problem bestehen, warum Kunst dann unbedingt Forschung betreiben möchte und wieso dieses Vorgehen als ‚Art Based Research' bezeichnet werden muss, wenn man wissenschaftliche Erkenntnis als problematisch erachtet?

Umgang mit dem Nazi-Faschismus, sondern auch über die Funktion und die Bedeutung dessen, wie sich die Idee der Großfamilie nach wie vor in soziokulturellen Praktiken konstituiert.

GROSSFAMILIE

> „Die erste Form des Eigentums ist das Stammeigentum. Es entspricht der unentwickelten Stufe der Produktion, auf der ein Volk von Jagd und Fischfang, von Viehzucht oder höchstens vom Ackerbau sich nährt. Es setzt in diesem letzteren Falle eine große Masse unbebauter Ländereien voraus. Die Teilung der Arbeit ist auf dieser Stufe noch sehr wenig entwickelt und beschränkt sich auf eine weitere Ausdehnung der in der Familie gegebenen naturwüchsigen Teilung der Arbeit. Die gesellschaftliche Gliederung beschränkt sich daher auf eine Ausdehnung der Familie: patriarchalische Stammhäupter, unter ihnen die Stammmitglieder, endlich Sklaven. Die in der Familie latente Sklaverei entwickelt sich erst allmählich mit der Vermehrung der Bevölkerung und der Bedürfnisse und mit der Ausdehnung des äußern Verkehrs, sowohl des Kriegs wie des Tauschhandels."[15]

Nicht zuletzt aufgrund der reproduktiven Aktivität von Friedemann Derschmidts Urgroßvater, des Eugenikers Heinrich Reichel (1876–1943)[16], entstand jene Großfamilie, die den künstlerischen Bezugspunkt für sein Aufarbeitungsexperiment darstellt.

> „Der seltsame Widerspruch in dieser Familie zwischen Verheimlichung, Verharmlosung und Stolz, zu verschweigen und dann aber geschönt doch zu erzählen, hat es für mich unabdingbar erscheinen lassen, vorerst einmal alles ans Licht zu holen, was man

15 Marx, Karl. Feuerbach. Gegensatz von materialistischer und idealistischer Anschauung. In: Marx-Engels-Werke (MEW) 3. Berlin: Dietz, 1978, S. 22.

16 Vgl. den Eintrag von Jantsch, Marlene. Reichel, Heinrich. In: Österreichisches Biographisches Lexikon 1815–1950 (ÖBL). Band 9. Wien: ÖAW, 1988, S. 29 f.: „Mit seiner Publ ‚Die Rassenhygiene und ihre Stellung zu Hygiene und Medizin', 1935, war er einer der Begründer dieses Sonderfachs, das in der nationalsozialist. Rassenlehre verhängnisvolle Auswirkungen hatte."

in der Familie und über sie noch wissen kann, um den Horror dieser Vergangenheit unübersehbar zu machen."[17]

Die Skandalisierung („Horror") der Familiengeschichte mittels „Veröffentlichung" und Sichtbarmachung der Verwicklungen ist für die ältere Generation in besonderer Weise schmerzvoll und beschämend; für die spätere, vierte Generation ist es die unabdingbare Voraussetzung, um einen wie auch immer gearteten positiven Bezug zur Großfamilie aufrechterhalten zu können.

Aus kulturwissenschaftlicher Sicht wird hier die anhaltende positive Bedeutung der Familie evident. Selbst in der Negation (hier in der Aufklärung über die familiären Verwicklungen in der Nazizeit) lässt sich die Prägekraft des soziokulturellen Konzepts der ‚Blutsverwandtschaft' nachvollziehen. Hier geht es allerdings weniger um die bürgerliche Kleinfamilie, sondern um die Großfamilie, die ‚Sippschaft' oder den ‚Familienclan':

„Selbst heute noch fühlt sich eine Mehrzahl meiner Verwandten auf die eine oder andere Weise der Idee der Grossfamilie verpflichtet."[18]

Diese ‚dynastische' Version von Familienideologie beruht ebenfalls auf der Formel „Blut bindet stärker als Wasser", die nicht erst von den Nazis erfunden werden musste. Friedemann Derschmidt teilt diesen Bezugsrahmen der Reichel-Derschmidt-Großfamilie, der über die unmittelbare Verwandtschaft (Großeltern, Eltern und Kinder) hinausgehenden Personen. Er weiß inzwischen sehr genau, wer mit wem in welcher Weise verwandt ist, und auch, welcher Teil der Verwandtschaft was getan oder unterlassen hat. Diese investigative Familienbeforschung in „Reichel komplex" ist einigermaßen paradox, denn sie zielt sowohl auf die Desavouierung der eigenen Familie / Verwandtschaft / des eigenen Familienverbunds als auch auf die Wiederherstellung der „Familienehre". Hierfür ist die „Nestbeschmutzung" durch den Künstler eine notwendige und unhintergehbare Voraussetzung. Für eine ‚gelingende Nestbeschmutzung' ist wiederum die quasi wissenschaftliche Herangehensweise und der ethisch sorgsam erfolgte Umgang

17 Derschmidt/Lev. Katalog zu „Two Family Archives", S. 22.
18 Derschmidt, Friedemann. Der Reichel komplex. Intro, S. 11 in diesem Band.

mit den historischen Fakten in diesem Kunstprojekt eine notwendige Voraussetzung. Mit ‚gelingender Nestbeschmutzung' ist gemeint, durch Selbstaufklärung die Deutungshoheit über die familiäre Selbstdarstellung und Narration zu erreichen und die Scham über die historischen Verwicklungen in eine Reaffirmation zu transferieren. Das hierüber erzielbare symbolische Kapital lässt sich vor dem Hintergrund der österreichischen Spezifik verstehen. Eine ‚gelingende Nestbeschmutzung' schadet seinem Urheber auch nicht, weil er — die Zeichen der Zeit erkannt habend — der Garant für eine positive Fortschreibung des Familiennarrativs ist.

FAMILIE — ERINNERUNG — OPFER-METAMORPHOSE

In welcher Weise in Österreich nach 1945 mit dem Nazi-Faschismus umgegangen wurde, hat Margit Reiter an anderer Stelle in diesem Band hinreichend dargelegt. Sie verweist auf den Aspekt der „Opfer-Metamorphose" bzw. auf das „master narrative"[19], welches in Österreich „tief im kollektiven Gedächtnis" verankert sei. Sie beschreibt darüber hinaus das generelle Desinteresse an der Rekonstruktion familialer Verwicklungen. Dies ist ein allgemeiner Topos in der gegenwärtigen Auseinandersetzung um das Fortleben des Nazi-Faschismus, was im Übrigen auch für Deutschland konstatiert wird.[20]

In Deutschland zielt die Forderung nach Beschäftigung mit der eigenen Familie vor allem auf die Diffamierung der 68er-Bewegung. Ihr Ziel war es, die Strukturen von Faschismus und Nazi-Faschismus zu erhellen. Es ging dabei darum, den Zusammenhang von Kapitalismus und Nazismus zu analysieren (Max Horkheimer: „Wer aber vom Kapitalismus nicht reden will, sollte auch vom Faschismus schweigen"[21]). Die 68er-Beschäftigung

19 Mit „Opfer-Metamorphosen" bezeichnet Margit Reiter einen komplexen Prozess von Selbstviktimisierung, öffentlicher Distanzierung, Verdrängung und Beschönigung in Österreich. Vgl. Reiter 2015, S. 17, in diesem Band.

20 Vgl. demgegenüber die Auseinandersetzung von Bernward Vesper mit seinem Vater Will Vesper in: Vesper, Bernward. Die Reise. Romanessay. Ausgabe letzter Hand. Berlin: März-Verlag, 1977. Jüngst hat auch Benedikt Erenz auf die mit der familiären Auseinandersetzung um die Nazi-Zeit verbundenen Erschütterungen hingewiesen: Erenz, Benedikt. Väter und Sühne. Schweigen, bitterer Streit, Abrechnung: Die Aufarbeitung der NS-Zeit war immer auch Familiendrama. In: Die Zeit 3/2013, 10. 01. 2013.

21 Horkheimer, Max. Die Juden und Europa. In: Ders. Gesammelte Werke 1936–1941. Band 4 (S. 308–331). Frankfurt/M.: Fischer, 1988 (1939), S. 308 f. (Erstveröffentlichung in: Zeitschrift für Sozialforschung, Jg. VIII/1939).

zielte vor allem auf die Kontinuitäten[22], wofür sie sich den Vorwurf einhandelte, die Spezifik des Nazi-Faschismus (Antisemitismus) nicht hinreichend berücksichtigt bzw. bewusst ausgeblendet zu haben. Der Vorwurf an die 68er-Generation und ihrer angeblichen Nichtbeschäftigung mit der eigenen Familie[23] beziehungsweise ihre angeblich unbewusste Identifikation mit den Taten ihrer Eltern behauptet wahlweise das Bedürfnis der Reinwaschung der Elterngeneration oder versucht sich an der Konstruktion eines linken Antisemitismus.[24]

In diesem Handgemenge wird allerdings der Umstand vergessen, dass die Auseinandersetzung mit dem verdrängten Nazi-Faschismus generell mit dem Anliegen einer Dekonstruktion von Familie einherging. Das (aus der Kritischen Theorie übernommene) Ziel war nicht die Rettung, sondern die Kritik der Familienideologie in der bürgerlichen Gesellschaft. Denn die Familie ist laut Kritischer Theorie der Ort, an dem der „autoritäre Charakter“[25] ausgebildet wird. Insofern ging es 1968 nicht um die konstruktive Bearbeitung familiärer Verwicklungen, sondern — zumindest in der Lesart von Theodor W. Adorno[26] — immer auch um die Kritik dieser Form von Sozialität, die als Voraussetzung für Krieg, Mord und Totschlag in der bürgerlichen Gesellschaft angesehen wurde.

22 Zur Kritik dieser Gleichsetzungen vgl. Schönberger, Klaus/Köstler, Claus. Der freie Westen, der vernünftige Krieg, seine linken Liebhaber und ihr okzidentaler Rassismus oder wie hierzulande die Herrschaft der „neuen“ Weltordnung als „Krieg in den Köpfen“ begonnen hat. Herausgegeben vom Autonomen Zentrum Marbach und der Fachschaftsräte-Vollversammlung der Ernst-Bloch-Universität Tübingen. Marbach/Tübingen: Autonomes Zentrum Marbach, 1992. Online: http://www.academia.edu/3527945/Klaus_Sch%C3%B6nberger_Claus_K%C3%B6stler_Der_freie_Westen_der_vern%C3%BCnftige_Krieg_seine_linken_Liebhaber_und_ihr_okzidentaler_Rassismus (01. 07. 2015), S. 90–124, insb. S. 97 f.

23 Empirisch hat das niemand untersucht — und nach allem, was der Autor in seinem eigenen persönlichen Umfeld beobachten konnte, trifft dies in vielen Fällen nicht zu. Im Gegenteil: Im Rahmen der Geschichtswerkstattbewegung („Grabe wo Du stehst“), die in der Folge von 1968 entstanden ist, haben sich unzählige Initiativen gegründet, die persönliche und lokale Themen in den Mittelpunkt gestellt haben.

24 Der linke Antisemitismus ist inzwischen ein gängiger Topos und bedient verschiedene geschichtspolitische Bedürfnisse, er ist aber selbst nur eine Version des „Ticket-Denkens“ im Sinne von Adorno, Theodor W. Studien zum autoritären Charakter. Frankfurt/M.: Suhrkamp, 1973. Zur prinzipiellen Auseinandersetzung vgl. Schönberger/Köstler. Der freie Westen, der vernünftige Krieg, seine linken Liebhaber und ihr okzidentaler Rassismus. Zur Rezeption dieser Kritik des Linken-Antisemitismus-Diskurses vgl. auch: http://blog.zhdk.ch/kschoenberger/2013/04/27/antisemitismus-linke-okzidentale-ideologie-ticket-denken-indifferenz-inflationionarer-faschismusbegriff/ (01. 07. 2015).

25 Fromm, Erich. Sozialpsychologischer Teil. In: Horkheimer, Max (Hg.). Studien über Autorität und Familie. Forschungsberichte aus dem Institut für Sozialforschung (S. 77–135). Paris: Dietrich zu Klampen, 1936. Fromm, Erich et al. Zweite Abteilung: Erhebungen. In: Studien über Autorität und Familie. Forschungsberichte aus dem Institut für Sozialforschung (S. 229–469). Paris: Dietrich zu Klampen, 1936.

26 Adorno, Theodor W. Studien zum autoritären Charakter.

Dieses Apriori der Kritik an der Familienideologie ist Geschichte. Sie hat sich zeitgeistbedingt erledigt. Aber an diese Auseinandersetzung wäre zu erinnern, wenn mit den 68ern abgerechnet wird.[27] Auch wenn die Situation in Österreich anno 1968 eine wesentlich andere gewesen ist, erfolgt die nachholende Aufarbeitung des Nazi-Faschismus nicht abseits dieser deutschen Gemengelage. Denn die Begründung für die Beschäftigung mit der eigenen Familie mündet ganz schnell im Fahrwasser einer solchen Psychologisierung.

Die behauptete Nichtbefassung mit den jeweils eigenen Familiengeschichten, die heutzutage von ganz unterschiedlichen politischen AkteurInnen in Stellung gebracht wird, soll eben auch das Verdienst der 68er in Misskredit bringen: nämlich überhaupt erst mal auf strukturelle und ökonomische Voraussetzungen für das Aufkommen des Nazi-Faschismus hingewiesen zu haben.

Gegenüber der Forderung nach Beschäftigung mit der eigenen Familie ließe sich kritisch einwenden: Welches ideologische Interesse wird mit diesem Anspruch an eine „geheilte“ und damit wieder in ihr Recht gesetzte Familie bedient? Gerade in Österreich, wo aufgrund der Opfer-Metamorphosen keine vergleichbare geschichtliche Selbstaufklärung der Zivilgesellschaft stattgefunden hat,[28] wäre kritisch zu fragen, inwiefern diese Beschäftigung mit der eigenen Familie mit einer Aufklärung über die strukturellen Bedingungen dieser Opfer-Metamorphose verknüpft werden könnte? In „Reichel komplex“ wäre zu fragen, ob am Ende nicht nur der Modus der katholischen Beichte droht, der den Gläubigen Buße auferlegt (Offenlegung und Eingestehen von schuldhaften Verfehlungen), sodass die Sünden der Vergangenheit zwar bekannt werden, dies aber vor allem dazu beiträgt, darüber hinausreichende Gründe (Strukturen) für die ‚Verfehlungen‘ nicht ergründen zu müssen?

27 Noch weiter reichend ist der Versuch von 68er-RenegatInnen (zumeist Ex-MaoistInnen, die persönlich viel zu bereuen haben), eine Gleichsetzung der 68er-Generation mit ihren Eltern zu konstruieren. Vgl. die Kampfschrift von Aly, Götz. Unser Kampf: 1968 — ein irritierter Blick zurück. Frankfurt/M.: Fischer, 2008. Diese Schrift wurde auch als Band Nr. 696 in der Schriftenreihe der Bundeszentrale für politische Bildung wieder veröffentlicht. Obskure Vergleiche ziehen zudem KunstprofessorInnen wie Beat Wyss, die suggerieren, dass die aufbegehrenden 68er nur die WiedergängerInnen ihrer Nazi-Eltern gewesen seien; siehe: Wyss, Beat. Nach den großen Erzählungen. Berlin: Suhrkamp, 2010.

28 Die Kinder lernen in der Volksschule immer noch, dass nach dem Staatsvertrag von 1955 „der letzte feindliche Soldat“ Österreich verlassen habe; so der Bericht meiner Tochter anno 2008/09 über die Begründung des Nationalfeiertags durch ihre Lehrerin in einer Wiener Volksschule im vierten Bezirk.

Klaus Schönberger

VERERBUNGSLEHRE

Friedemann Derschmidt begann ganz im Sinne eines künstlerischen Vorgehens mit einem starken Aufschlag und provozierte. Diese Provokation bestand im Verkünden einer Art „Vererbungslehre" der Ideologie (Derschmidt). So habe sich in seiner Großfamilie der Ungeist seines Urgroßvaters Heinrich Reichels (und anderer vom Nazismus affizierter Familienmitglieder), der insbesondere als Verfechter der Rassenlehre reüssierte und es mit seinem rassistischen und verbrecherischen Denken bis zu einer Professur an der Universität Graz gebracht hat, quasi vererbt:

> „Gemeinsam mit meinem Cousin Eckhart Derschmidt habe ich im Oktober 2010 eine Internetplattform auf der Basis von Web 2.0 veröffentlicht und die Familienmitglieder aufgefordert, sich daran zu beteiligen. Der Text der Startseite war zugegeben sehr provokant formuliert, verfehlte daher nicht seine Wirkung. Er lautete sinngemäss so: ‚Hat der Eugeniker Dr. Heinrich Reichel zu Beginn des 20. Jahrhunderts sein ganz persönliches Vererbungsexperiment gestartet? Schliesslich hat er 9 Kinder, 36 Enkelkinder und über 80 Urenkel usw. Sind wir das Ergebnis eines genetischen Versuches? Lasst uns dieses Experiment evaluieren …'"

Friedemann Derschmidts künstlerische „Evaluation" formuliert — provokativ — eine „Vererbungslehre" der Ideologie. Sie nimmt ihren Ausgang in der Quasi-Veröffentlichung zahlreicher historischer Dokumente und Selbstzeugnisse im familiären Blog. Diese Reduktion der Reichel-Familie auf eine Versuchsanordnung, ihre Rekonstruktion und Objektivierung als „Komplex" sowie die Vorstellung einer solchen Verdinglichung berühren die Grundwerte des ordentlichen bürgerlich-katholischen Familiennarrativs und stellen sie auch durch die semantisch mehrdeutige Aufladung des Begriffs „komplex" infrage.

Die innerfamiliäre Gegenerzählung lautete schnell, der Urheber instrumentalisiere die eigene Familie für sein künstlerisches Fortkommen — ein Vorwurf, der schlicht ignoriert, dass der Sinn familiärer Blutsbande (nicht nur in der bürgerlichen Gesellschaft) gerade darin besteht, soziales Kapital in Form von familialen Beziehungen in einen geldwerten oder symbolischen

Vorteil umzuwandeln. In diesem Sinne macht Friedemann Derschmidt genau das, was in jeder „ordentlichen" Familie passiert: Er eignet sich die Arbeit und Kreativität anderer Familienmitglieder an. Das liegt in der Logik des „Systems". Der Künstler bestimmt die Spielregeln, ist aber nicht mehr nur Spielleiter, sondern avanciert zum neuen Familienoberhaupt. Er repräsentiert fortan das ‚offizielle' öffentliche Familiengeschichtsnarrativ.

> „Bei der entscheidenden Rolle, die die Verwandtschaft bei allen wilden und barbarischen Völkern in der Gesellschaftsordnung spielt, kann man die Bedeutung dieses so weitverbreiteten Systems nicht mit Redensarten beseitigen. Ein System, das in Amerika allgemein gilt, in Asien bei Völkern einer ganz verschiednen Race ebenfalls besteht, von dem mehr oder weniger abgeänderte Formen überall in Afrika und Australien sich in Menge vorfinden, ein solches System will geschichtlich erklärt sein, nicht weggeredet [...]"[29]

Normative, emotionale und psychische Variablen innerhalb der Großfamilie wurden und werden gegen eine mehr oder weniger klare Faktenlage explizit wie implizit in Stellung gebracht. Die Teilnahme und Teilhabe von Familienmitgliedern an einem strukturell verbrecherischen Regime ist derart offensichtlich, dass sich die Abwehr nur mehr gegen den Boten richten kann. Hierher rührt das Bedürfnis an historischer Genauigkeit und einer klaren Faktenlage als Voraussetzung für die Auseinandersetzung mit den ErinnerungsverweigererInnen. Die Einsicht in die familiären Verstrickungen ist aber schmerzhaft, insbesondere auch für diejenigen, die dieselben nicht leugnen, sich aber der Erinnerung — aus welchen Gründen auch immer — verweigert haben und auf diese Weise zu impliziten KomplizInnen geworden sind.

Für diese nur langsam bröckelnden „Opfer-Metamorphosen" sind in Österreich vielfältige Gründe anzuführen, die den Rahmen eines Zwischenrufs aber sprengen würden.

Mit seinem Blog nimmt Friedemann Derschmidt einem Teil der Eltern- und Großelterngeneration in paradoxer Weise die Verantwortung

29 Engels, Friedrich. Der Ursprung der Familie, des Privateigentums und des Staats. In: MEW 21, Berlin: Dietz, 1962, S. 36–84.

ab. Das ist ein entscheidender Punkt: Die Großväter- und Großmütter-Generation war unheilvoll in die verbrecherischen Nazi-Machenschaften verstrickt. Warum haben ihre Kinder nicht rebelliert? Warum muss Friedemann Derschmidt dies jetzt in einer ästhetisierten Form aufzeigen? Und daran anknüpfend: Kann dies überhaupt gelingen? Der Generationenkonflikt zwischen der Urenkelgeneration (von Friedemann Derschmidt) und der Enkelgeneration (seiner Eltern) erscheint noch mal anders gelagert.

DIE ENKEL FECHTEN'S BESSER AUS?

„Reichel komplex" setzt die Frage der Erinnerung und der Verantwortung auf die Tagesordnung. Es geht aber mehr um Scham denn um persönliche oder gar um eine kollektive Schuld. Im Sinne von Hannah Arendt wäre auch hier die Frage an die meisten MitläuferInnen nicht: „Warum hast du gehorcht?", sondern: „Warum hast du Unterstützung geleistet?"[30] Die Scham hierüber führt auf die Spur:

> „For people living today it is less a matter of guilt, but probably a matter of shame and I will remain part of the system, if I like it or not — there is no escape."[31]

Es ist das aus der Großfamilienzugehörigkeit rührende Selbstbewusstsein, das alle Familienmitglieder in der einen oder anderen Weise betrifft und das angesichts der offensichtlich aktiven Partizipation am nazistischen Staat nun zur Debatte steht.

Denn es sind mit den Nazis geteilte ideologische Konzepte wie Nation, Rasse, Blut und Boden, die die Idee der Großfamilie an sich implizit infrage stellen. Nur so macht die Behauptung einer Nestbeschmutzung Sinn. Aber die ideologischen Verhältnisse sind widersprüchlich. Heinrich Reichel war gleichermaßen Eugeniker und Katholik, was beispielsweise dazu geführt hat, dass er abweichend zu den sozialdemokratischen EugenikerInnen Abtreibung und andere Maßnahmen der negativen Eugenik abgelehnt hat.

30 Arendt. Persönliche Verantwortung in der Diktatur, S. 31.

31 Webseite „The Two Families Archive": http://www.twofamilyarchives.com/reichel-komplex-friedemann-derschmidt/ (01. 07. 2015).

Auf der Ebene von Familie drohen Auseinandersetzungen um die Erinnerung schnell moralisch aufgeladen zu werden. Im gesellschaftlichen und sozialen Konflikt sind unterschiedliche Interessen legitim und auch vorgesehen. In einem Familienverbund kommen weitere Faktoren ins Spiel: Es geht auch um Vorstellungen und Wünsche nach Zugehörigkeit, Anerkennung, Solidarität und Zusammenhalt. Weit mehr als in Bezug auf die nationalstaatliche Loyalität wird ein solcher Konflikt in der Familie mit einer spezifischen normativen Intensität verhandelt.

UNTER DEN TEPPICH KEHREN / DEN MANTEL DES SCHWEIGENS ÜBER ETWAS BREITEN / VERTUSCHEN

Die stärkere Irritation verursachen weniger einige erschütternde Biografien, wie die des Gestapo-Killers, oder das persönliche Verhalten einzelner Familienmitglieder, sondern der Umgang hiermit im Nachgang. Auch in der zweiten und dritten Generation gibt es in der Derschmidt-Reichel-Großfamilie eine kleine Gruppe bekennender Neo-Nazis und Holocaust-LeugnerInnen. Sie sind bisher nicht Gegenstand von „Reichel komplex", aber aus persönlichen Gesprächen mit Friedemann Derschmidt weiß der Autor, dass hierüber in der Familie durchaus gesprochen wird. Hier stellt sich die Frage, warum diejenigen, die die Holocaust-Leugnung bezeugen könnten, sie wegen Wiederbetätigung nicht anzeigen? Die Wirkmächtigkeit des ideologischen Konzepts „Familie" offenbart sich in der über das Nichthandeln zum Ausdruck kommenden Loyalität. Denn im Familienverbund werden solche kriminellen Handlungen nach wie vor privat und nicht öffentlich verhandelt.

Es lassen sich idealiter drei Modi der Auseinandersetzung beschreiben, wobei die ersten zwei den eigentlichen Ausgangspunkt für „Reichel komplex" darstellen:

1. Eine Minderheit in der Familie ist schlicht unbelehrbar, daher erscheint hier das Mittel des Strafrechts angemessen.
2. Eine größere Gruppe bleibt indifferent oder fühlt sich gestört. Sie handelt analog zum hegemonialen Modell in Österreich. „Reichel komplex" führt aber dazu, dass sich die Deutungshoheit zu verschieben beginnt. Nun bewegen sich auch die bisher ‚impliziten KomplizInnen' sowie ‚Belästigten' und Indifferenten.

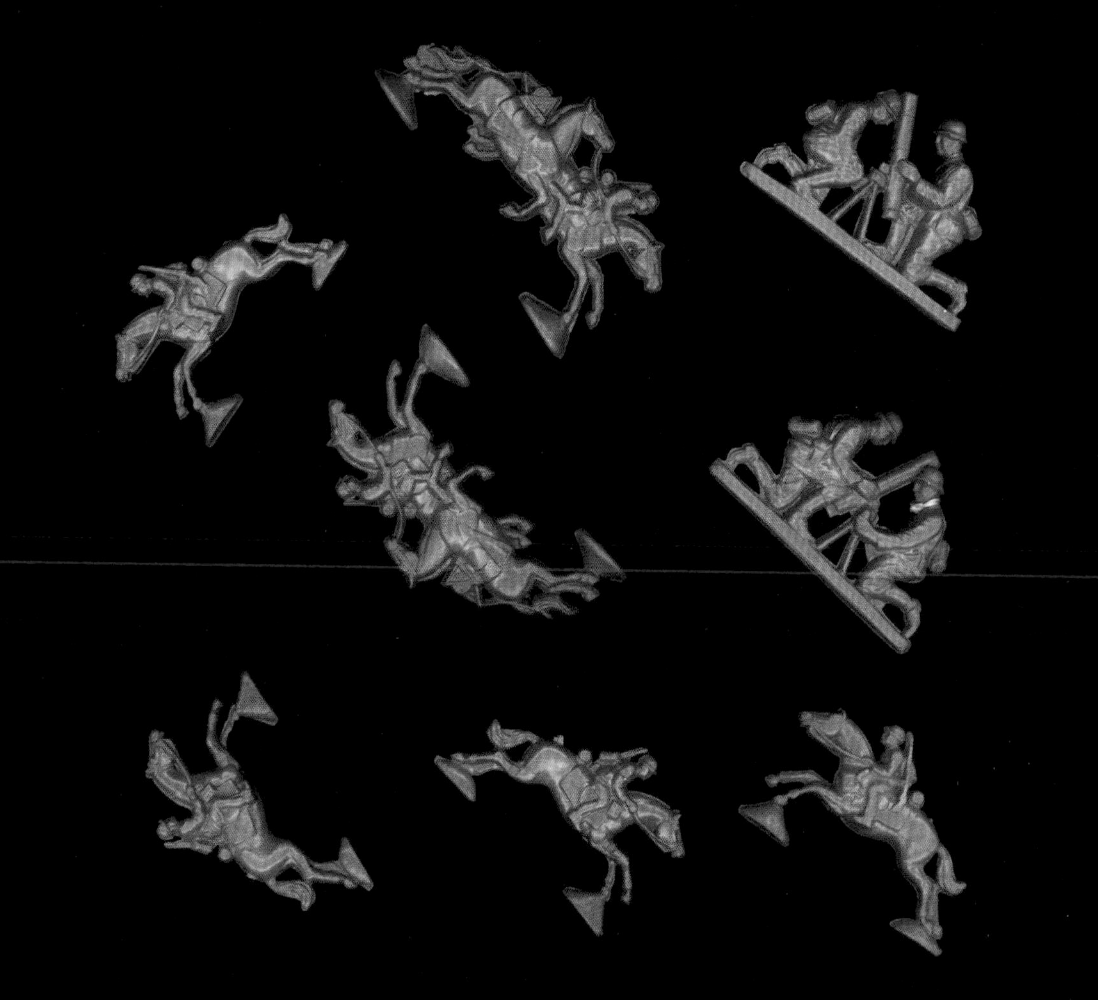

SA Sport u. Wehrwettkämpfe
1.2.3. Juli 1938
Dortmund
W.H.W.

3. Daraus entwickelt sich ein Modus, der die Intentionen des Projekts begrüßt und mittlerweile sogar stolz darauf ist, dass es die eigene Familie ist, die nun vorneweg marschiert und sich diesem Prozess aussetzt. Dies ist eine weitere Paradoxie: nämlich, dass die Großfamilie nunmehr symbolisches Kapital für die Aufarbeitung des familiären Nazismus erwerben kann.

VORSPRUNG DURCH TECHNIK?

Friedemann Derschmidt war fasziniert von den partizipativen Möglichkeiten, die die Medienformate von Social Media bereithalten, und hatte sich davon ein Enabling-Potenzial[32] für sein Familienprojekt versprochen. Dabei war zu Beginn — wie bei allen solch technikgetriebenen Fantasien — die Vorstellung virulent, die beteiligten FamilienakteurInnen quasi technisch zu repräsentieren. Der Blog setzte zudem eine Dynamik in Gang, der sich die Familienmitglieder nicht entziehen konnten. Immer wieder berichtete Friedemann Derschmidt davon, wer sich aus der Familie neu eingeschrieben hatte. Denn wie in Schulklassen erzeugt die bloße Existenz einer technischen Plattform (in Form von Medienformaten wie WhatsApp oder Facebook) den Druck, sich zu beteiligen. Wer nicht angeschlossen ist, kann nicht mitreden oder seine Interessen vertreten, wenn über ihn oder sie ‚geredet' wird. Das Medienformat Blog sollte einen Automatismus in die Familienkommunikation implementieren, um das Schweigen und die Nichtkommunikation aufzubrechen.

SELBSTVERWICKLUNG UND SELBSTVERWIRKLICHUNG — AUTOETHNOGRAFIE UND KÜNSTLERISCHE FORSCHUNG

In der Empirischen Kulturwissenschaft wird gegenwärtig das Konzept der Autoethnografie kontrovers diskutiert,[33] welches einige Ähnlichkeiten zur Künstlerischen Forschung aufweist. Beide Vorgehensweisen —

32 Vgl. hierzu Schönberger, Klaus. Persistenz und Rekombination. In: Zeitschrift für Volkskunde, 115, Heft 2, 2015, S. 201–213.
33 Zur Debatte in den Nachfolgedisziplinen der Volkskunde vgl. Ploder/Stadlbauer. Autoethnographie und Volkskunde?, S. 373–404. Weiters: Timm, Elisabeth. Wissenschaft im Affekt. Eine subjekttheoretische Kritik zu Szenografie und Autoethnografie. In: Schneider, Ingo/Berger, Karl C./Schindler, Margot (Hg.). Emotional Turn? Kulturwissenschaftlich-volkskundliche Zugänge zu Gefühlen und Gefühlswelten. Referate der 27. Österreichischen Volkskundetagung in Dornbirn 2013. Wien: Verlag des Vereins für Volkskunde, 2015 (in Druck).

Autoethnografie wie Künstlerische Forschung — möchten jene Ambivalenzen artikulieren, die sich aus den jeweiligen Verstrickungen im Feld und den hieraus resultierenden Ängsten, Vorbehalten und blinden Flecken ergeben. Für die Wissenschaft gilt es aber immer noch, die Subjektivität der ForscherInnen so weit wie möglich aus der Datenerhebung herauszuhalten (in der Interpretation und Analyse soll sie allerdings reflektiert werden). Für die Ethnografie ist die Reflexion dieser subjektiven Dimension zwar eine lange Tradition, als Selbstzweck hat sie aber wiederholt Kritik herausgefordert. Andrea Ploder und Johanna Stadlbauer[34] zitieren als Referenz der Kritik an einer überzogenen Selbstbezüglichkeit in der Ethnografie die Forderung von Pierre Bourdieu nach „Verfeinerung und Verstärkung der Erkenntnismittel“[35] durch den Einsatz selbstreflexiver Mittel.

Im Fall von „Reichel komplex“ stellt sich die Frage anders. Friedemann Derschmidt startet zwar auch ausgehend vom Eigenen, im Unterschied zur Autoethnografie schreibt er aber nicht als Künstler über sich selbst, sondern sucht nach künstlerischen Formen zur Repräsentation seiner Familienselbstbeforschung, deren Ausgangspunkt die Objektivierung der Familiengeschichte ist. Hierin besteht das eigentliche Paradox dieser künstlerischen Forschung. Sie greift auf nichtkünstlerische Mittel, nämlich historische Methoden, zurück und reformuliert die Familiengeschichte(n) mittels ästhetischer Verfahren wie Ausstellung und Rekontextualisierung historischer Dokumente.

KÜNSTLERISCHE PRODUKTION ODER: DER FAMILIENKRACH FAND NICHT STATT

Aus der ethnografischen Perspektive der Empirischen Kulturwissenschaft ergeben sich einige Fragen an die (bisherige wie künftige) künstlerische Produktion sowie mögliche Schlüsse für einen Umgang mit der sich aus der Logik des Feldes ergebenden Selbstpositionierung.

Friedemann Derschmidt ist kein Historiker und will auch keiner sein. Er sucht eine künstlerische Lösung, und die könnte von seiner familiären Verwicklung handeln und zur Abwicklung der Familie beitragen. Eine

34 Ploder/Stadlbauer. Autoethnographie und Volkskunde?, S. 381.

35 Bourdieu, Pierre. Narzißtische Reflexivität und wissenschaftliche Reflexivität. In: Berg, Eberhard/Fuchs, Martin (Hg.). Kultur, soziale Praxis, Text. Die Krise der ethnographischen Repräsentation (S. 365–374). Frankfurt/M.: Suhrkamp, 1993, S. 66.

künstlerische Arbeit muss keine objektive oder realistische Repräsentation sein, wenn auch in „Reichel komplex" jedes mögliche Resultat als solche gelesen werden wird. Genau hier wäre das andere und erweiterte Wissen einer künstlerischen Forschung zu reklamieren.

Wie lassen sich die oben umrissenen Dilemmata mittels der Methoden der Kunst repräsentieren? Die Familie blamieren? Sie ausstellen, sich selbst als Familienmitglied angreifbar machen? Die Nazis vors Gericht zerren und die Väter- und Müttergeneration öffentlich befragen, warum sie diese Aufarbeitung nicht vorgenommen haben und die Abnahme der Beichte verweigern? Aus einer Familie lässt sich nicht einfach aussteigen, manche desertieren und reißen die Brücken hinter sich ab, die Biografie aber bleibt:

„Ich selbst jedenfalls werde trotzdem immer Teil dieses Systems bleiben, ob ich will oder nicht. Da gibt es kein Entkommen."[36]

Diese Forschung müsste davon handeln, die objektivierbaren Befunde zum Ausgangspunkt einer anderen Form der Auseinandersetzung um familiäre Verwicklungen zu nehmen. Sie müsste zugleich mehr wehtun als die Aufzählung von Fakten und das Insistieren auf Wahrheit und Rechtschaffenheit. Diese Forschung / diese Kunst müsste das System Familie sprengen oder zumindest befragen, und das

Diese Forschung müsste davon handeln, die objektivierbaren Befunde zum Ausgangspunkt einer anderen Form der Auseinandersetzung um familiäre Verwicklungen zu nehmen.

36 Derschmidt, Friedemann. Der Reichel komplex. Intro, S. 13 in diesem Band.

ist unwahrscheinlich und nicht erwartbar. Es ist die Zugewandtheit zur Familie, das Bedürfnis, das System prinzipiell zu erhalten — aber eben rechtschaffener als bisher, die das ganze Projekt in Gang gesetzt hat. Friedemann Derschmidt müsste sich den Boden unter den Füßen wegziehen oder darüber berichten, wie schwer dies ist, dass es vielleicht auch nicht geht, welche Grenzen die Selbstaufklärung errichtet und wie problematisch es ist, außen zu sein, wenn man eigentlich von innen ist. Dieser Familienkrach muss erst noch stattfinden.

An dieser Stelle ist es aufschlussreich, an die Zusammenarbeit von Friedemann Derschmidt mit dem israelischen Künstler Shimon Lev in der Tel Aviver Ausstellung „Two Family Archives"[37] (2014) und in der Grazer Ausstellung „Wie sage ich es meinem Kinde"[38] (2015) zu erinnern. Während Friedemann Derschmidt auf ein vielfältiges und umfassendes Familienarchiv zurückgreifen und dieses auch ausstellen konnte, besteht Shimon Levs Familienarchiv nur aus Spuren, „weil alle aus seiner Familie, außer sein Vater, von den Nazis ermordet worden waren":[39]

> „The dialogue between an Israeli and an Austrian artist searching their families' past, from two extreme opposite sides, is obviously very challenging and sensitive. This joint project deals with the complexities of the conflicting aspects of the history of the Holocaust, together with the question of how we can relate to each other on this subject. It is like walking in a mines field, as every point and subject touched might turn out to be a step which results with one hurting others or himself."

Genau diese Diskrepanz in der Repräsentation zwischen den beiden Familien ist diejenige Provokation, die noch der künstlerischen Bearbeitung harrt. Ein konsequenter künstlerischer Schritt könnte nun darin bestehen, die „Reichel-Familie" aufzulösen und zum Verschwinden zu bringen. Friedemann Derschmidt müsste die Selbstauflösung vorschlagen, Kontaktsperren einrichten und den Verkehr der Familienmitglieder unterbinden. Vielleicht wäre der Familienstreik ein veritables künstlerisches Ziel?

37 Vgl. „Two Family Archives". Online: http://www.twofamilyarchives.com/ (01.07.2015).

38 http://www.twofamilyarchives.com/de/sag-du-es-deinem-kinde/ (01.07.2015).

39 Ebd.

Klaus Schönberger

Der Verfasser bedankt sich bei Ute Holfelder (Zürich) für Ermutigung, Anregungen und Kritik; ohne sie wäre dieser Beitrag nicht fertiggestellt worden. Ebenso bedankt er sich bei Karin Schneider (Wien) für viele kontroverse Diskussionen über Künstlerische Forschung und kritische Einwände gegen die erste Fassung dieses Beitrags.

Kapitel

Befremden

Über das „Hinausgehen“ und den fremden Blick aufs Eigene

Friedemann Derschmidt

Ungefähr seit 40 Jahren beschäftigt mich das Thema nun. Schritt für Schritt ist es mir gelungen, vom „Es beschäftigt mich“ zum „Ich beschäftige mich damit“ vorzudringen. Erst seit 2010 gibt es das ausgewiesene Projekt „Reichel komplex“. Seine Umsetzung war mir erst möglich, nachdem ich aus den Herkunftskontexten weit hinausgegangen war. Der Tänzer Rudyn — Rudi Schmitz (1905–2001) —, der mein Freund war und aus einer assimilierten jüdischen Familie stammte, die austrotschechische, kommunistische Widerstandskämpferin Hedy Pescha (1904–2005), die ich innig geliebt habe, aber auch mein Patenonkel Heinrich Reinhart (1927–2013) ermöglichten mir ein komplementäres Verständnis einer „österreichischen Identität“ zu jenem, in dem ich sozialisiert worden war. Mit meiner damaligen Frau Karin Schneider, deren Mutter aus einer sozialdemokratischen und teilweise kommunistischen Familie kommt, und dem israelischen Künstler Tal Adler organisierte ich seit 2005 Projekte von Kunstschaffenden und Intellektuellen an der Schnittstelle von Israel und Österreich. Das Filmfest „Israel in den Augen lokaler Filmschaffender“ 2007 in Wien, die Ausstellung „Overlapping Voices — Israeli and Palestinian Artists“ im Essl Museum 2008 in Klosterneuburg und das Filmfestival „Oy Vienna“ 2009 in Tel Aviv sind Ergebnisse dieser Arbeit, die letztlich zu den Forschungsprojekten „Memscreen“ und „Conserved Memories“ geführt haben.

Erst dieser Prozess des „Hinausgehens“ sowie der Tod meiner Großmutter und meiner Großtante machten das Projekt in dieser Form möglich. Erst der Tod dieser beiden machte es für viele im Familienzusammenhang möglich, anders über das nationalsozialistische Engagement ihrer jeweiligen Eltern oder Großeltern, Onkel und Tanten nachzudenken und zu diskutieren. Eine gewisse Schonhaltung[1] gegenüber der Nazigeneration hatte sich dadurch erübrigt.

Ich selbst war meinem Empfinden nach bereits ganz weit weg von all diesen Familiengeschichten und erst im Projektzusammenhang bewegte ich mich wieder tief ‚hinein‘. Ich war allerdings immer darauf bedacht, ein mich absicherndes Außen zu haben und die notwendige Distanz zu wahren, was natürlich nicht immer vollständig gelang. Dabei habe ich die Erfahrung gemacht, dass nur das weitestmögliche Hinausgehen aus dem eigenen

1 Wobei man an dieser Stelle auch fragen müsste, wer hier wen schonen wollte. Wollten sich die Nachgeborenen nicht vielmehr selbst schonen — und nicht ihre Eltern?

Kontext ein solches Außen gewährleisten kann. Es ist notwendig, sich buchstäblich zu befremden, um den nötigen Abstand, die nötige kritische Distanz zu bekommen.

Hier möchte ich mich ausdrücklich bei meinen Eltern Ulf und Luitgard bedanken, die selbst ihrerseits ein Stück dieser Reflektionsarbeit für sich und in Folge für mich und meine Geschwister leisteten, und bei all jenen, die mich in dieser Arbeit unterstützten.

Seit 2005 bin ich mittlerweile so oft nach Israel gereist, dass ich — alle Tage zusammengezählt — fast vier Jahre dort verbracht habe. Ich suchte und suche den Dialog mit Opfern und Nachfahren von Opfern des Holocausts.

Die Parallelität von (Gruppen-)Narrativen und (Familien-)Erzählungen vor dem Hintergrund unterschiedlichster Erfahrungshorizonte geriet von da an immer mehr in meinen Fokus und ich sammle seither künstlerische Positionen für mein Langzeitprojekt „Familien Archive". In der Arbeit mit der israelischen Schriftstellerin Ilana Shmueli für den gemeinsamen Film „Das Phantom der Erinnerung" war nicht zuletzt die Frage der Sprache und des „Wer spricht mit wem?" von zentraler Bedeutung.[2] Mit dem israelischen Künstler Shimon Lev arbeitete ich an mehreren Ausstellungen mit dem Titel „Two Family Archives", bis sich die Zusammenarbeit als zu schwierig erwies und wir beschlossen, das Projekt zu beenden.

Im Juni 2018 kuratierte ich dann unter dem Titel „Familien Archive" eine Ausstellung im Kunstpavillon im Alten Botanischen Garten in München mit einer gemischten Gruppe von israelischen, deutschen und österreichischen Künstlerinnen und Künstlern, deren Familien auf sehr unterschiedliche Weise vom Nationalsozialismus direkt oder indirekt betroffen waren. Der in New York lebende israelische Komponist, Musiker und Musiktherapeut Tal Gur war mit seinem multimedialen Performance-Projekt „Mind Crossing", das er mit der israelischen Tänzerin und Choreografin Jasmin Avissar entwickelte, zentraler Teil dieser Ausstellung.

2 Vgl. dazu auch „Das Phantom der Erinnerung" (A 2012), Friedemann Derschmidt mit Ilana Shmueli; Kurt Mayer Film; Diagonale-Preis „Bester Kurz-Dokumentarfilm" 2013.

Mind Crossing

Kfar Samir cemetery, Haifa, Israel. Photo: Meir Gur

Tal Gur

Tal Gur

THE BEGINNING

The cemetery of Haifa is located on the western slope of mount Carmel which falls into the arms of the Mediterranean sea.

Memory has its strange and delicate paths. Which in my case, takes me to the early 90's, at the end of summer, and to that cemetery. My mother's parents, my grandparents, are buried there.

We didn't read the *Kadish*. Instead, my mother read letters that my grandfather ‚Aryeh' had written to his sister who had lived in Palestine prior to world war II. The first letter starts:

"Lodz, 12.2.1946. I greet you, my sister Fruma. I have already sent you several letters, but haven't heard back from you. I was not sure if you know, that I am the only one among our family, who survived. My friends had heard from their relatives, and I was one of the few who had not received any single news. Neither from you, nor from my brother in law, Feivish, whose address I could recall. At the end of October, I've been informed that my wife Sonja is alive and currently in Kovno ..."

One way of telling of my arrival into this world (or at least half of it), is rooted in the few lines written above. Even though my existence was clear, those pieces of information still carried the heavy weight of something that I could not put into

The first letter my grandfather wrote after his liberation. His sister kept it among many others throughout the years and gave them to my mother after he passed in 1981. She blurred some of the text in order to protect my grandmother's dignity.

The nursing home my grandmother was a patient. Today it is a boutique hotel.
Photo from Booking.com

words as a young boy. I guess that a lot of it was rooted in the way my mother was told the story.

Those letters were significant chapters in how my mother tongue was delivered to me. They say you learn your language from your mother. And that language carries its music and its emotion as a result. Something about the way she read it, was about teaching these lessons. But there was an aspect of emotion that was lacking.

The first letter my grandfather wrote after his liberation. His sister kept it among many others throughout the years and gave them to my mother after he passed in 1981. She blurred some of the text in order to protect my grandmother's dignity.

GATHERING INFORMATION, GROWING UP

Over the years more information has been gathered. My mother said how shocked she was to discover that I had had 3 uncles. And that they had all been murdered in the holocaust. I found out when I was in 4th grade . I invited her to tell the story to the class. My grandmother was still alive at the time. She was in a nursing home in Haifa. I remember that the nursing home had 3 stories. When she was "okay", she lived on the top floor. When she was less "okay" she was moved to the first floor. Where she shared it with other mentally ill elderly patients. During our visits she mentioned a few times that my grandfather didn't agree "to put the cross" on my three uncles. My mother told me that once my grandmother told her that one day when they were in the ghetto, my grandfather came back from work; and my grandmother said, "They took the children, let's go and cry". These pieces of information have been gradually woven into a tapestry of sadness and melancholy.

The years passed and I was about to graduate from the Jerusalem Academy for Music. I had majored in Saxophone Jazz studies and I was expected to put together a recital of mainly Jazz standards. However, I insisted on playing original material that I had composed. As well as one piece that contained a collage of two letters that my grandfather had written. Read by a narrator and accompanied by a quartet, playing an arrangement for one of Chopin's Nocturnes. My grandmother loved Chopin. And I had forged a strong connection between myself, the music and her image, her story.

There is a great sadness in Chopin's music, as well as some madness, longing, and passion that came together to form a vivid celebration of my grandfather's life. My arrangement included an improvisation section that enable me to interpret Chopin's music. The music that my grandmother loved. And to express my feelings about the details in the letters as well as all the unspoken dynamics of my mother's relation to them.

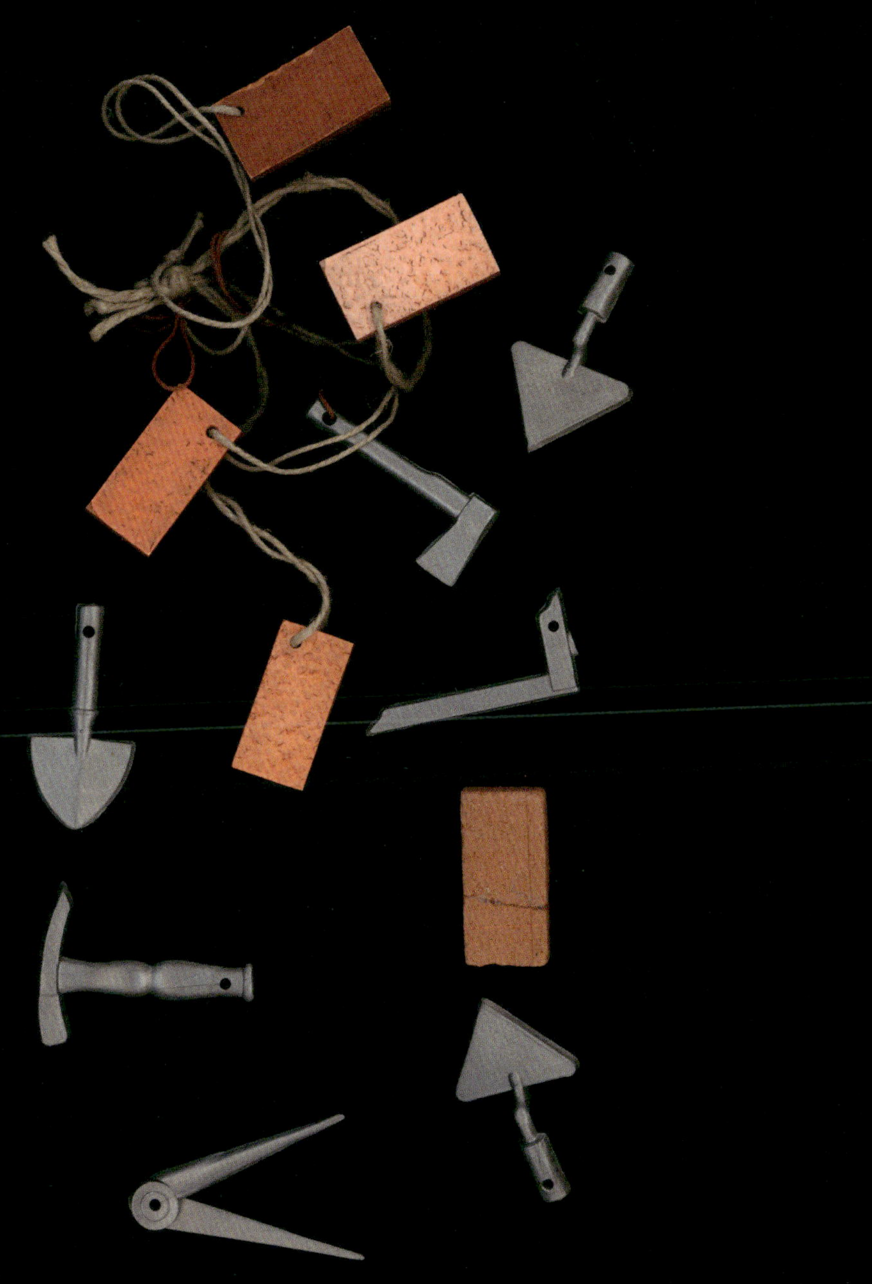

Photo: Tal Gur

My mother, who was in the audience, thanked me for doing that. And I recall that my saxophone teacher told me that I am an artist. I believe that my intuition that led me to the material that was closest to my heart, And my mind was projecting it out to the wider world. It was a definite use of expressive arts to seek a new insight.

THE INCUBATING YEARS

For almost 10 years I didn't achieve much in developing that endeavor. I tried to join forces with a video artist but the response that I got from them was "It is too personal, you should do it yourself". I applied to the Israeli festival and the message I got was that they were not interested in having work about the holocaust. I knew deep down that maybe it was not the time for this piece to grow, and that I needed to mature before I would be able to put something together again. And so, life played out at its own pace. I composed and released a few albums .I studied for a masters in music therapy. It was the continuous search for psychological insights and the love for music that guided me. And I was fortunate enough to combine the two into a meaningful and fulfilling profession.

Then in 2009 I decided to join my partner on her journey to study an MFA abroad. We relocated to the United States. These were very difficult times. I touched the very dark edges of depression. I was an immigrant who felt he had left most of his identity in his homeland. So, I had to reinvent myself from nothing, with very little energy or support.

After my partner graduated, we moved to New York City. Then in 2012 our first daughter was born. The struggles in our relationship and the stress of city life as well as my experience as an immigrant had caused me to start the process of psychoanalysis. It didn't take long until the theme of my grandparents stories returned to my life.

MIND CROSSING

During the course of my psychoanalysis process, I've been asked a few times "What's crossing your mind?". I believe that this question is fundamental and beautiful. It paves the way to the mindset of freedom of thought. It can open a window into the soul and it is authentic. In my life I try to continue experiencing the therapeutic sense outside the therapy room. Once I was in a playground in Brooklyn. And while I was pushing my daughter on the swing I had a thought: "What does it mean to lose a child?".

I'm sure that most parents have had that kind of thought. But, in my case, in my family narrative case, this thing happened during the holocaust. It happened to my grandparents in the ghetto of Kovno. And most likely, it cost my grandmother her mind. She and my grandfather somehow made a new home. And had my mother and her brother. But it was a broken home. It hit me hard, but then I knew that I would make it the focus of my work. Something about that insight immediately made me question, if these were feelings that my mother had as well.

In the summer of 2014 I started to interview and videotape my mother about her memories in relation to her parents. A few of the things she said stood out:

> "This was a home (grandparents home) that no one spoke"
> "I think because of that I didn't learn how to share my feelings"
> "These are people (my grandparents) that had to go through a tragedy that shut them down"

Hearing her saying that so full of authenticity and presence, pushed me to keep going with my research. On top of that by continuing the research I felt that I could "shake up" the dynamics I had with her a little. In a way, I was using the same material she passed on to me (the letters) in order to bring it back and try to open doors to her soul. And maybe by doing that she would become less morbid.

CELEBRATING LIFE

The next step in my creative research was to create a short movie. In it I read the first letter over a video of my daughter playing on a swing. While it was made in 2014, the letter I read was written in 1946. Then I added a song. I had set the lyrics of the poet 'Dan Pagis' to music. He is a holocaust survivor who has written a lot about the shifts of identity that are necessary to survive. And about the paradox of "not remembering" and "never forgeting". I inserted the important details from the first letter:

Rachel Gur (my mother). Photo by Tal Gur

"Finally I found Sonja at Dr. Mezillis's hospital. There were only 5 hebrew women left from the place her liberation. They had to suffer a lot from the drunken soldiers. I consoled her, that she is not the first, that the majority of our Hebrew sisters shared such fate from the savage soldiers. My heart filled me with agony for having to leave her in such condition. I gave her all my money that I had on me, 2000 Rubel. The amount that I transferred and left with her plus the amount she will get for the silk stockings should last for 4-5 months for her expenses. From all of our possessions she found only her piano, and she is expecting to get 7000 ruble for selling it, and that should last for her travel expenses."

My intuition had led me to a point where I knew that I wanted to express that part of the letter through dance. I sent the video I had made to choreographer and dancer Jasmin Avissar. She composed a duet in response to it. I travelled to Vienna to direct the video. When I saw what she had so lovingly done with my work, I was blown away. it was as if I was seeing my grandparents for the first time, not as I remembered them. I saw in them the magical possibilities that lie within a young couple, it reminded me so much of myself and my partner. I was thrilled to realized that these were not only Aryeh and Sonja the holocaust survivors. They were people who had loved life and who had created life. My mission was clear, to celebrate life despite the pain, the trauma and the loss.

LETTING GO/THOUGHTS FOR THE FUTURE

Gradually "Mind Crossing" grew into a performance with many parts. I saw how Jasmin Avissar was getting into the character of Sonja more and more, and how she put her artistic passion into the whole piece. Her father was dying at the time. And I realized that what I had started, she was actually expanding on by putting her own family narrative into the piece. It occurred to me that it was not my piece anymore. It was then that I realized the power that the creative arts and collaboration have to become a web of stories that have the capacity to heal.

When we performed "Mind Crossing" at the fine arts academy in Vienna, I had the opportunity to get to know Friedemann. That encounter was my first one with a person that I saw as coming from another branch of the same tree. I realized how similar our work was. Both in the nature of dealing with our own family histories. And in the creative endeavors undertaken in order to clear the way blocked by mental obstacles. I truly believe in the importance of the family narrative. As it grows and expands its natural web. Since it is, maybe, the most human phenomenon that can bring the opportunity of healing and peace.

Screenshot from “Mind Crossing” chapter one (Meeting in Kaunas)

Kapitel

Reaktionen auf die erste Ausgabe

Email 26/05/2016, 16:34
von meiner Lungenärztin Dr. Cordula Hutter

Die realitätsfernste ärztliche Empfehlung 2016: „… schaffen Sie sich mehr Freiraum …"

Sehr geehrter Herr Derschmidt,

beim Lesen des von Ihnen angekündigten profil-Artikels blieb mir fast die Luft weg; ich fühlte mich wie das Bild, das Sie mir in der Ordination präsentierten.

Als ich dann beim Lesen Ihres Buches Ihren Ansatz begriff, war mein erster Gedanke: In Ihrer Haut möchte ich nicht stecken!

Sie zeigen auf, wie vernetzt und unentrinnbar Familienzusammenhänge sind. Wie ein Pilzmyzel, das unterirdisch die größten zusammenhängenden Organismen der Welt bildet. Egal, wohin man sich wendet, diesem Netz entkommt man nicht.

Zunächst fielen mir viele Parallelen zu anderen Familiensystemen ein, deren Dynamik sich unter diesem Blickwinkel wie von selbst erklärt.

Dann ist aber auch meine Familiengeschichte wieder aufgetaucht, in der die Folgen der Eugenik von Heinrich Reichel nachwirken.

Mein Großvater litt, wie auch weitere Familienmitglieder, unter erblich bedingter Erblindung (x-chromosomal rezessive Retinopathie), wollte Lehrer werden, übernahm dann blind (!) den väterlichen Hof und bewirtschaftete diesen sehr erfolgreich.

Sein aktiver Widerstand gegen das NS-Regime ist belegt. Er wurde Anfang der 1940er Jahre zwangssterilisiert.

Meine Mutter wurde als kleines Kind aus Gründen der Rassenhygiene mehrfach augenärztlich zwangsuntersucht; in letzter Konsequenz weitergedacht, war das der erste Schritt Richtung Hartheim.

Dem anderen Großvater wurde nur die berufliche Existenz als Klinikvorstand im KH [Krankenhaus] der Kaufmannschaft ruiniert, er hat zusammen mit einem jüdischen Kollegen seine Patienten weiterversorgt.

Ich bin mit diesem Wissen (und vielen Augenarztbesuchen) aufgewachsen.

Sie schreiben sinngemäß, jeder möge seine eigene Familiengeschichte hinterfragen, außer man kommt aus einer Opfer-/Widerstandsfamilie.

Ich mußte nichts hinterfragen, denn ich wurde von meinen Eltern schon als Kind mit dem Wissen um Geschehenes und „schuldlose Schuld“ und der sich daraus ergebenden Verantwortung sozialisiert.

Hitlers Aussage vor der HJ 1938 „... und sie werden nicht mehr frei sein ihr ganzes Leben“ gilt immer noch. Für alle.

Respekt für Ihre Arbeit,

PS: Sie erwähnen die Akademie der Bildenden Künste und die Phantastischen Realisten in Zusammenhang mit C. A. Reichel. Dazu kann ich Ihnen ein bißchen erzählen, inhaltlich wäre dies für Sie aber wohl nicht von Belang.

Cordula Hutter

Facebook Messenger 14/04/2017, 07:41 pm
Armin Bajraktarevic

Hallo lieber Herr Derschmidt.

Da steh ich eines Tages vor dem Tiroler Studentenheim in der Neuwaldeggerstraße und erblicke vor der Tür ein komisches Buch. Zuerst fiel mir die alte deutsche Schrift auf und dann dieser kleine lächelnde Junge im Wehrmachts-Outfit. Es zog mich gleich zu diesem Buch, obgleich es vor der Tür (mit anderen sehr alten Büchern) da lag. Dann, die ersten Sätze und meine Liebe zu diesem Buch war geboren.

Dies mal zur Einleitung ☺
Ich danke Ihnen vielmals, dass Sie all diesen harten Weg gemacht haben und mir eine große Innovation für mein eigenes „familiäres" Projekt gegeben haben.

Ich bin die Neuauflage des Völkermordes ... nämlich in Bosnien
Gehöre selber zu den Opfern (obwohl ich auch weiß, dass es auf allen Seiten Gräuel gab, aber laut Literatur eindeutige Zahlen herrschen) und akzeptiere diese nationalistischen Zustände auf dem Balkan überhaupt nicht
Diese Zustände ekeln mich, Herr Derschmidt, und machen mich sehr wütend. Doch will ich, dank Ihrer Inspiration, anfangen, einen Teil meiner engsten Familie (so objektiv wie möglich und wahrheitsgetreu) zu dokumentieren

Ich selber studiere an der BOKU Agrarökologie und bin ein großer Verfechter der Wissenschaft. Faktisch ist die Uhr in Bosnien stehen geblieben und die Konservierung geht in den Familien von Neuem los (denn nach Titos Sieg hat es der neue Staat versäumt, die Vergangenheit aufzuarbeiten, meiner Meinung einer der Hauptgründe des erneuten Konfliktes)

Wünsche Ihnen in Zukunft weiter große Kraft, um die Hürden, die sich Ihnen in den Weg stellen, zu meistern ... denn für mich beginnt das Spiel erst

Armin Bajraktarevic

Email 04/09/2017, 08:25
Martin Schönmayr

Lieber Friedemann,

ich wähle das DU, nicht weil wir uns schon so gut kennen (ich weiß nicht, ob wir uns persönlich schon begegnet sind), aber ich kenne so viele deiner Tanten, Onkel, Cousins und Cousinen, deinen Vater etc., dass mir ein SIE irgendwie komisch vorkommen würde. Ich habe heute dein Buch ‚Sag du es deinem Kinde' gelesen ... eigentlich fast verschlungen ... und es hat mich ziemlich aufgewühlt.

Vielleicht zuerst zu mir: Ich bin eines der 11 Kinder von Hermann Schönmayr, und die Familie Schönmayr ist zwar nicht mit Reichl und Derschmidt verwandt, aber seit Jahrzehnten sehr verbunden. Durch die Welser Rud – meine Eltern waren dort sehr aktiv, ich glaube, auch meine Großmutter Lilli Schönmayr, und auch meine Tante Britti Eiselsberg (Schwester meines Vaters) und ihr Mann Hermannfried, Gerti Odorizzi (auch Schwester meines Vaters) auch, auch mein Onkel Gotthard Schönmayr. Aber auch eine Schwester meiner Mutter, Marianne Huber, zum Beispiel.

Ich muss sagen, als ich mir deine Mindmap angeschaut habe, habe ich mich ganz mittendrin gefühlt. Und da hat das Aufgewühltsein angefangen.

Ich habe 10 Geschwister. Meine Eltern frönten dem Chorgesang (Welser Rud, Bachchor, Kirchenchor, Kleingruppe etc.), liebten die Volksmusik und den Volkstanz. Sie waren (und ich selber war auch einmal) auf Alm-Singwochen (auf der Wamering Alm, nähe Gmunden/Laudachsee).

Mein Vater war Lehrer, Antiraucher und Antialkoholiker und litt unter ‚unkontrollierter Sexualität' und [hatte] daher viele Beziehungen und zwei meiner Brüder sind mit anderen Frauen als meiner Mutter. Ich war beim Turnverein in Wels, spielte dort Faustball (mit Rainer und Volker, deinen Onkeln).

Ich spielte bei der Welser Rud Volleyball (auch mit Rainer, Volker, Otfried und auch mit Friedl Jiresch). Ich bin beim Alpenverein. Habe mit Hermannfried

(Muki, wie ihn alle nennen) Männergesang betrieben. War selber auf einigen Rud-Tanzfesten. War des Öfteren in Fallsbach, bei Brigitta, aber vor allem bei den Derschmidts, da später dann auch Wiltrud bei uns im Frisbee-Verein mitgespielt hat. Auch Vati (so haben meine Eltern deinen Großvater immer genannt) habe ich gut gekannt, schon als kleines Kind, als er meine Schwester Anna auf dem Schoß hopste und sang: „Anamiarl, an Kas an Kas, Anamiarl, an Radi ..." Auch auf besagter Alm-Singwoche auf der Wamering kann ich mich gut an ihn erinnern ... er war sehr streng, und obwohl ich ja kein aktiver Teilnehmer war, sondern als Sohn mitgekommen war, musste ich mich auch streng an die Tagwache, Pausen und sonstige Zeiten halten.

Und als ich den Beitrag von Herbert W. Rabl gelesen habe, wurde es mir irgendwie mulmig: Genau so hört sich die Geschichte von meinem Großvater Franz Schönmayr und meiner Großmutter Karoline (Lilli) Schönmayr an. Meinen Großvater habe ich ja nicht mehr kennengelernt (starb 1949, ich selber bin 1958 geboren) und meine Großmutter hat darüber nie gesprochen, obwohl ich jahrelang in ihrem Haus im Keller gewohnt habe und viel bei ihr oben war.

Mein Vater erzählte immer fast die deckungsgleiche Rabl-Geschichte. Beide waren von der nationalsozialistischen Idee überzeugt und begeistert und sind schon früh als Illegale der NSDAP beigetreten. Franz Schönmayr war während des Krieges Betriebsleiter bei Stern und Hafferl, gegen Ende des Krieges zog die Familie auch nach Gmunden. Und mein Vater sagt, als seine Eltern nach dem Krieg erfahren hätten, welche Gräueltaten im Nazi-Regime passiert sind, wäre für sie eine Welt zusammengebrochen. Großvater verlor seinen Job als Betriebsleiter und wurde als ‚Lehrling' weiter beschäftigt, hat sich von dem Schock angeblich nie mehr richtig erholt und starb dann 1949.

Lilli, meine Großmutter, lebte ja noch bis 1979 ... und von ‚eine Welt zusammengebrochen' habe ich nichts bemerkt. Sie unterstützte die Wandervögel und sie durften immer auf die Wamering Alm, wenn sie wollten. Sie war bei den Singwochen auf der Wamering immer aktiv dabei und kochte. Sie pflegte regen Kontakt zur Familie Reichl und Derschmidt etc.

Andererseits habe ich sie als sehr guten Menschen in Erinnerung, sie war sehr hilfsbereit (zwar nicht warmherzig, aber hat sich um viele Belange ihrer vielen Enkelkinder gekümmert und sie unterstützt). Ich habe sie nie fremdenfeindlich oder rassistisch empfunden, auch irgendwie Neuem sehr aufgeschlossen ...

Aber wie die ganze Geschichte aussieht, welche Rolle sie beide wirklich gespielt haben, ist mir verborgen geblieben. Und das wüsste ich natürlich gerne ... jetzt ist es aber womöglich schon zu spät.

Warum schreibe ich dir das alles? Das weiß ich selber nicht so genau ... aber eines ist gewiss, bei mir hat das Buch einiges ausgelöst, und das wird dich hoffentlich freuen, dass dein Buch auch Echo findet.

Andererseits möchte ich dir gratulieren, dass du den Mut hattest, das aufzugreifen und zu bearbeiten auch gegen große familieninterne Widerstände und Anfeindungen.

PS: Wollte dir noch erzählen, wie ich auf dein Buch gestoßen bin. Gotthard Schönmayr, mein Onkel, hat Ahnenforschung betrieben und die Taufbücher und Sterbebücher abgegrast und sie jetzt innerhalb der Familie zur Verfügung gestellt. Mir gegenüber machte er den Kommentar, dass er das gerne zur Verfügung stellt, aber nicht wünscht, dass, so wie bei den Derschmidts, in der Vergangenheit gegraben wird ... Das hat mich natürlich stutzig gemacht und dank Internet bin ich dann auf dein Projekt und Buch gestoßen.

Liebe Grüße
Martin

Email 10/04/2016, 17:32
Carl Friedrich Classen

Lieber Friedemann Derschmidt, neulich bin ich — Carl Friedrich Classen, geb. 1962 — bei einem Besuch in Wien zufällig auf das Buch „Sag Du es Deinem Kinde“ gestoßen. Ich bin ein etwas entfernterer Verwandter — mein Urgroßvater Carl Rabl (1853–1917) war Onkel der drei Reichel-Brüder Carl Anton, Fritz und Heinrich — mein Großvater Carl Rabl (1894–1982) fühlte sich der Welser Verwandtschaft aber immer sehr verbunden, [...]

Dein Projekt interessiert mich sehr — erstens, weil mich die Geschichte und damit auch die Mentalitätsgeschichte der eigenen Familie sehr interessiert und ich auch die Rabl-Vorfahren ein wenig erforscht habe, zweitens, weil mich als Arzt die Wege und Irrwege medizinischen Denkens beschäftigen, [...]

Email 22/06/2016, 14:12
Carl Friedrich Classen

Lieber Friedemann,
[...]
Ich habe jetzt gerade noch mal in den Mappen geblättert, die mein Großvater Carl Rabl zur Familie zusammengestellt hat. Interessant ist auch bei ihm sein „medizinischer“ Blick auf die Familie. So hat er — das ist vermutlich in den dreißiger Jahren gewesen — sowohl das Vorkommen von Schizophrenie als auch von Tuberkulose in der Familie untersucht (wobei er, sozusagen „eugenisch“ gedacht, zu dem Schluss kommen musste, dass die Familie nicht so ganz richtig gesund war). Und er hat biographische Charakterisierungen von vielen Familienangehörigen verfasst. Dabei hat er mit scharfen Urteilen wahrlich nicht gespart [...]

Email 16/01/2017, 23:56
Carl Friedrich Classen

Lieber Friedemann,
das Reichel-Projekt interessiert mich wirklich weiterhin sehr — gerade weil man die Problematik des Abgleitens in die Diktatur nur versteht, wenn man es aus der Sicht individueller Biographien zu begreifen versucht. Und in den letzten Monaten, finde ich, fühlt man immer wieder merkwürdige Parallelen zu Berichten aus den frühen Dreißiger Jahren ... diese merkwürdig zaudernde, fast schicksalsergebene Haltung von Demokraten angesichts antidemokratischer Bewegungen. […]

Viele Grüße
Carl Friedrich

Choral familial
1A) SAG DU ES DEINEM KINDE, DASS ES ZURECHT SICH FINDE
1B) VERGANGENHEIT IST WICHTIG! UND KEINESWEGS IST NICHTIG,
2A) Zu wis-sen ist schon wichtig! Auch ist es sicher richtig,
2B) Wir dürfen wohl auch staunen, miss-billigend, kritisch raunen:
1A) SAG DU ES DEINEM KINDE, DASS ES ZURECHT SICH FINDE
1B) VER-GANGENHEIT IST WICHTIG! UND KEINES-WEGS IST NICHTIG,
2A) ZU WISSEN IST SCHON WICHTIG! AUCH IST ES SICHER RICHTIG,
2B) WIR DÜRFEN WOHL AUCH STAUNEN, MISS-BILLIGEND, KRITISCH RAUNEN:
1) HÄUSER, GÄRTEN, ... WIR „GEHN" AUCH ERB-LICH AUF DEN FÄHRTEN,
2) uns nicht zu — ! Vergönnen wir ihnen jetzt ihre Ruh —
1) HÄUSER, GÄRTEN .... WIR „GEHN" AUCH ERB-LICH AUF DEN FÄHRTEN
2) UNS NICHT ZU — ! Vergönnen wir ihnen jetzt ihre Ruh —
1) GROSS-EL-TERN, ELTERN, ONKEL, TANTEN!
2) [EIN NARR, WER „WAHRHEIT" z'KEN-NEN MEINT!]
1) Gross-ELTERN, EL-TERN, ONKEL, TANTEN!
2) [EIN NARR, WER „WAHRHEIT" z'KENNEN MEINT!]

per Post von Walther Derschmidt

Kapitel

Ausblick oder zwei neue Projekte

Schluss

I

Ausblick

bzw. FortSetzungen

Friedemann Derschmidt

Friedemann Derschmidt

ZWEI NEUE PROJEKTE

Ich wurde aufgrund dieses Buches eingeladen, mein Projekt „Nationalsozialismus in der eigenen Familie“ in einer Ausstellung im Centro Cultural Kirchner in Buenos Aires[1] zu zeigen. In diesem Zusammenhang sind neue Projekte entstanden, die über die Ausstellung hinaus eine Idee davon geben, in welche Richtung mein Denken und Arbeiten weitergeht. Beide Projekte sind miteinander verknüpft und es handelt sich hier um den Beginn neuer Arbeiten, die keineswegs abgeschlossen sind.

BUENOS AIRES – AIRES BUENOS (DIE GUTE LUFT)

Im Nachlass von Heinrich Reichel fand ich zwei auf den ersten Blick unscheinbare Hefte. Es handelte sich um Sonderdrucke der „Biochemischen Zeitschrift“[2]. In einem der Hefte publizierte mein Urgroßvater gemeinsam mit Ernst Brezina Ergebnisse einer Versuchsreihe über den „Energieumsatz bei der Geharbeit. Über den Marsch auf horizontaler Bahn“ und im zweiten Heft „Die Gesetze des Marsches auf ansteigender Bahn“. Aufgemerkt habe ich dann beim Datum: eingegangen am 10. April 1914 und am 19. Mai 1914! Physiologische „Marschierforschung“ am Vorabend des Ersten Weltkriegs!

Neugierig geworden, beginne ich zu recherchieren. Wie hat das ausgesehen? Wie kann man sich diese Versuchsreihen vorstellen? Im Archiv der Gesellschaft der Ärzte werde ich fündig. Im ebenfalls in der „Biochemischen Zeitschrift“ 1912 publizierten Artikel von E. Brezina und W. Kollmer findet sich eine detaillierte Beschreibung der Versuche. Fasziniert erfahre ich, dass die Versuche am physiologischen Institut der Universität für Bodenkultur in Wien und teilweise in Berlin stattfanden.

1 Die Ausstellung „Dos Archivos Familiares“ fand im Rahmen des Projektes „Vecinos Perdidos“ im Centro Cultural Kirchner – Buenos Aires im November 2018 statt.

2 Brezina, Ernst u. Reichel, Heinrich, Über den Energieumsatz bei der Marscharbeit. III Die Gesetze des Marsches auf ansteigender Bahn, Sonderabdruck aus 65. Band, 1. und 2. Heft der Biochemischen Zeitschrift – Beiträge zur chemischen Physiologie und Pathologie, Berlin, Verlag Julius Springer, 1914 sowie Brezina, Ernst u. Reichel, Heinrich, Der Energieumsatz bei der Geharbeit. I Über den Marsch auf horizontaler Bahn. Sonderabdruck aus 63. Band, 2. und 3. Heft der Biochemischen Zeitschrift – Beiträge zur chemischen Physiologie und Pathologie, Berlin, Verlag Julius Springer, 1914

I

Die Versuche waren die jüngsten einer längeren Reihe von „eingehenden Versuchen über den Energieverbrauch des Menschen und der Tiere bei der Geharbeit [welche] von Zuntz[3] und seiner Schule her[rühren]."

Die Versuche bauten auf drei Komponenten auf: dem Gewicht der Versuchsperson (und dem Gewicht, das sie trägt), der Geschwindigkeit und dem Gasaustausch – sprich, wie viel Sauerstoff bei der Atmung in Stickstoff umgewandelt wird. Für diesen Zweck wurde ein sogenannter „Respirations Apparatus" oder zu Deutsch eine Gasuhr verwendet. In Berlin wurden weiters Versuche auf dem Laufband („Tretbahn") gemacht.[4] Plötzlich wird mir klar, dass diese Versuche eng mit einer Expedition meines Urgroßvaters und seiner Kollegen auf den Monte Rosa verbunden sind. In einem beeindruckend umfangreichen Buch über „Höhenklima und Bergwanderungen", das Zuntz gemeinsam mit drei weiteren Kollegen in ausgerechnet jenem Jahr (1906) herausgab, in dem die Expedition stattfand, an der Reichel teilnahm, finde ich eine Darstellung jenes Respirationsapparates und bin überrascht. Der Apparat ist nämlich schon gut auf jenem Bild zu erkennen, das bereits in der ersten Ausgabe des vorliegenden Buches abgedruckt war – direkt über Reichel an der Wand hängend. Auch Wilhelm Caspari finde ich wieder, als einen der Mitherausgeber. Über den Methodenteil im Forschungsbericht zur Monte-Rosa-Expedition 1906 finde ich heraus, dass man die Gasuhr von einer Firma namens Elster in Deutschland bezogen hatte. Ich bringe in Erfahrung, dass es besagte Firma in Mainz tatsächlich immer noch gibt und rufe dort an. Ich warne den Herrn am Telefon gleich vor: „Hören Sie, ich bin heute sicher der schrägste Anruf, den Sie haben werden." Ich erzähle ihm, dass ich vor einem Forschungsbericht aus dem Jahre 1906 sitze und gerade herausgefunden habe, dass das dort verwendete Messgerät von seiner Firma stammte. Ich frage vorsichtig, ob er glaube, dass es vielleicht noch Zeichnungen oder irgendetwas dergleichen im Firmenarchiv geben könnte. Er winkt lachend ab, um mir zu bestätigen, dass ich tatsächlich der schrägste Anruf des Tages sei, er werde mich aber zu einem Herrn in der PR-Abteilung verbinden. Dort unterbricht mich der überaus freundliche Herr, Werner Mohr, schon nach zwei Sätzen: „Das klingt ja nach Kriegsforschung – gar nicht nach PR!" In seiner Stimme

3 Nathan Zuntz, deutscher Physiologe. Er gilt sowohl als einer der Begründer der modernen Sportmedizin als auch der Luftfahrtmedizin.

4 Beide Geräte (die Gasuhr und die erste motorbetriebene Tretbahn) wurden von Nathan Zuntz entwickelt.

Respirationsapparatus Abbildung aus N.Zuntz, A.Loewi, Franz Mueller, W. Caspari, „Höhenklima und Bergwanderungen" Deutsches Verlags-

ist eine gewisse Ironie zu hören, lachend meint er: „Reden Sie weiter!" Erstaunt erfahre ich, dass die Firma immer noch Geräte aus dieser Zeit im Archiv hat, und ich bekomme die Erlaubnis, mir eines für die Videoarbeit „Buenos Aires – aires buenos" zu leihen, in der ich den Versuch auf der Universität für Bodenkultur reenacte und 107 Jahre nach meinem Urgroßvater in einem Gehrock aus dem Jahre 1911 mit der Maschine am Buckel den Gang entlangmarschiere. In der Ausstellung in Buenos Aires war diese Szene neben Fotos eines Manövers der k. u. k. Infantrie in Galizien von 1908 zu sehen, auf dem sich auch Reichel findet. Den abgebildeten Soldaten konnte natürlich nicht bewusst sein, dass sie sechs Jahre später in den Ersten Weltkrieg marschieren würden, viele von ihnen buchstäblich in den Tod – auf Basis von „Marschierforschungen" begabter und ehrgeiziger junger Männer, Ärzte und Wissenschafter, mit dem Willen, die Welt zu verbessern und die Körper zu optimieren. Was ihnen auch nicht bewusst sein konnte, ist, dass in jenen Wäldern, vor denen sie für das Foto posieren, nur 32 Jahre später das Konzentrationslager Auschwitz errichtet werden würde. Beim Betrachten dieser Fotografie bleibt mir die Luft weg[5] ... Und es ist alles liegen geblieben ...

GUNSKIRCHEN

Viele der Interviews, die ich mit Familienmitgliedern dreier Generationen führte,

5 Siehe den Brief meiner Lungenärztin Dr. Cordula Hutter im Kapitel H „Reaktionen auf die erste Ausgabe", S. 312

nahm ich im Vierkant-Bauernhof auf, den meine Großtante Brigitta 1972 erworben hatte. Dieser Ort war mein kleines (Ferien-)Paradies. Ich verbrachte dort viele Wochen meiner Kindheit und Jugend. Ich wusste zwar bereits seit den Interviews mit meiner Großtante, dass es in Gunskirchen ein Konzentrationslager gegeben hatte, aber erst mein Filmproduzent Kurt Mayer machte mich auf eine Ungeheuerlichkeit aufmerksam.

Das Lager Gunskirchen war als Außenlager Mauthausens erst Ende 1944 vor allem als Sammellager für ungarische Jüdinnen und Juden, die beim Bau des „Südostwalles" an der Grenze zu Ungarn gearbeitet hatten, errichtet worden. Sie wurden in Todesmärschen (sic!) dorthin getrieben. Das KZ war für über 30.000 Menschen die letzte Station ihres Leidensweges. Tausende Tote fanden die amerikanischen Befreier in Massengräbern vor. Mein Produzent, der vor etwa zwei Jahren zum Thema „Todesmärsche" gefilmt hatte, erzählte mir nun, dass er auf dem Gelände des ehemaligen Konzentrationslagers Gunskirchen gedreht und dabei fassungslos bemerkt hatte, dass am Boden im Wald bis zum heutigen Tag – über 70 Jahre nach der Befreiung – Kleiderreste, Reste von Schuhen, Essgeschirr, Besteck und allerlei andere Objekte herumliegen. Einige ‚der Kinder von damals' aus meiner Familie hatten in ganz jungem Alter als Kinder von Nazis am Straßenrand vorbeiziehende Todesmärsche beobachtet. Es ist mir gelungen, ein paar dieser Kindheitsgeschichten aufzunehmen. In diesen wird unmissverständlich klar, dass das System der Konzentrationslager allgegenwärtig war und selbstverständlich in der Bevölkerung wahrgenommen wurde. In der Folge habe ich den israelischen Künstler Yehuda Bacon aufgesucht, um ihn nach seiner Perspektive zu befragen: Er war als Kind am Todesmarsch von Mauthausen nach Gunskirchen dabei und überlebte dort nur knapp bis zur Befreiung. Die Geschichte meines ältesten Onkels Walther, der mir 2013 eröffnete, dass auch er einer der Kinder war, die einen Todesmarsch gesehen hätten, habe ich ja bereits in der ersten Ausgabe in diesem Buch beschrieben. Viele meiner jüdischen Freundinnen und Freunde in Israel gehören der zweiten Generation an, obwohl sie nicht oder nur unbedeutend älter sind als ich. Ihre Eltern waren oft selbst noch Kinder, waren aber eindeutig Opfer der Shoah. Als Kind konnte man Opfer werden, aber sehr schwer ein Täter sein. Mein Vater war zum Kriegsende sieben Jahre alt und meine Mutter überhaupt nur vier. Ich gehöre somit zur dritten Generation. Die Geschichte meines damals zwölfjährigen Onkels zeigt aber die Unschärfe in Bezug auf Tatbeteiligung durch Kinder auf. In einem System wie dem Nationalsozialismus konnten selbst 12-jährige Kinder in die Täterposition gebracht werden. Sein Verhalten hätte leicht eine Ermordung verursachen und ihn, auch wenn er damals nicht strafmündig war, ein Leben lang mit Schuld belasten können.

In seiner Reaktion auf die erste Ausgabe dieses Buches legte Martin Schönmayr die Kopie eines Briefes seines Großvaters an den NSDAP-Ortsgruppenleiter Wels Mitte (Parteigenosse Gangelbauer) bei.[6] In diesem Brief begegnet uns der Todesmarsch von Mauthausen nach Gunskirchen in beklemmender Weise wieder. Der Brief datiert mit 29. 4. 1945. Es ist nicht klar, ob er jemals abgeschickt wurde. Das Datum ist bemerkenswert, wenn man bedenkt, dass sich Hitler am darauffolgenden Tag in Berlin das Leben nahm.

Der offensichtlich privilegierte[7] Nationalsozialist Franz Schönmayr, der seinen Brief mit „Heil Hitler" unterschreibt, berichtet in erstaunlich offenen Worten von „Bildern des Grauens", die er während einer Fahrt von Gmunden nach Linz „auf der Reichsstrasse zwischen Lambach und Wels [...] sehen musste".[8] Es handelte sich hierbei um jenen Todesmarsch, in dem auch Yehuda Bacon von Mauthausen nach Gunskirchen getrieben worden war. Ich finde, dieser Brief ist ein phänomenales Zeitdokument. Ich habe ihn Yehuda Bacon vorgelesen, der ihn auch für bemerkenswert hielt, der in seiner ersten Reaktion aber vermutete, dass der Brief in eines jener Manöver einzuordnen sei, die viele Nazis in den letzten Stunden des ‚Dritten Reiches' unternahmen, um sich von den Verbrechen abzugrenzen. Nur fünf Tage nach diesem Brief, am 4. Mai 1945, befreiten Soldaten der 71 Infantry Division der US Army das Lager. Sie fanden es nur aufgrund des atemberaubenden Gestanks, der aus dem Wald kam.[9]

In Buenos Aires habe ich zwei Wände zu diesen beiden neuen Projekten gestaltet. Einerseits die jungen, ehrgeizigen Wissenschafter mit ihrer militärisch-physiologischen „Marschierforschung", denen die Möglichkeiten der Wissenschaft grenzenlos und die Zukunft großartig scheinen musste, und andererseits die Fotos des dunklen Waldbodens von Gunskirchen, auf

6 Siehe Faksimile Brief Franz Schönmayr an den Ortsgruppenleiter Wels Mitte, S. 333

7 „musste ich mit meinem Dienstwagen ... fahren"

8 ebenda

9 Film USA 2015 Liberation Unit, Adrian Esposito, Espocinema

dem alles liegen geblieben ist und der bis zum heutigen Tag unzählige nicht identifizierte Leichen birgt. Menschen, die zu Nummern ... zu Material gemacht wurden. Zweifelsfrei sind viele Erkenntnisse der (in diesem Fall medizinischen) Wissenschaft bis heute von hohem Nutzen, auch für die zivile Gesellschaft. In der modernen Sportmedizin wird bis zum heutigen Tag im Grunde nach der Methode des Nathan Zuntz vorgegangen, wenn man die Leistungsfähigkeit von AthletInnen messen will. Dennoch muss man aber auch immer wieder die Frage stellen, unter welchen Umständen Wissen generiert wurde oder wird: von militärischer Forschung bis zu den grauenhaften Versuchen der SS-Ärzte in den Konzentrationslagern, von denen wohl einige auch bei meinem Urgroßvater studiert haben mögen.[10] Wie oft wurden auch junge Soldaten, wie beispielsweise in den USA zwischen 1920 und 1975, für Versuche benutzt, bei denen es um chemische Waffen oder radioaktive Verstrahlung ging? Laut dem Bioethiker Jonathan Moreno von der University Pennsylvania in Philadelphia sind die Daten der Versuche im KZ Dachau über den Effekt von Unterkühlung z. B. bis heute die besten, die es dazu gebe.[11] Darf man diese benützen?

10 Die im Jahre 1937 in Berlin gegründete SS-Ärztliche Akademie wurde im September 1940 nach Graz verlegt, wo sie bis zum Kriegsende bestand.

11 http://www.martinballuch.com/medizinische-versuche-an-menschen-resultate-werden-genutzt/ Abgefragt am 17.8.2018.

Abschrift.

Gmunden , 29.4.1945

Ing Franz Schönmayr , Betriebsleiter
Gmunden , Arkadenhaus , früher Wels
Alois Auerstrasse 13

An den
Ortsgruppenleiter Wels Mitte
Pg Gangelbauer

W e l s
Backergasse

Gestern Samstag , den 28.4.45 musste ich mit meinem Dienstwagen zu einem Katastropheneinsatz nach Linz fahren und begegnete am frühen Nachmittag auf der Reichsstrasse zwischen Lambach und Wels einen langen Zug von KZSträflingen , welche gegen Lambach geführt wurden.

Was ich hier an Bildern des Grauens sehen musste , Menschen , die sich kaum mehr schleppen konnten, andere die erschöpft im Grase lagen , dürftigste Bekleidung bei kaltem Regenwetter u dgl hat mich innerlich derart erschüttert , dass ich ganz niedergebrochen war. Als ich dann bei meiner Rückfahrt nach Gmunden in dieser Strassenstrecke noch im Strassendreck zusammengebrochene Menschen und auch Tote sehen musste , war ich so fertig , dass ich keinen Gedanken mehr fassen konnte, und mir das Herz auch weh tat. Zuhaus verfolgten mich die ganze Nacht die geschauten Bilder.

Ich habe schon öfter über die KZ Lager manches gehört , es aber immer als böswillige Gerüchte angesehen. Jetzt aber , da ich mit eigenen Augen dies gesehen habe , kann ich nicht schweigen und muss irgend wie reden oder handeln.

Muss diese Behandlung sein , können wir als Kulturvolk solche Belastung ertragen.

Ich bitte Sie mir einen Weg zu weisen , der es ermöglicht , dass Berichte über diese Zustande an jene Stelle gebracht werden , die eine sofortige Abhilfe schaffen kann. Ich kann es nicht glauben , dass dies alles mit Wissen der Obersten Führung geschieht. Vielleicht finden sich noch andere Männer , die gewillt sind , hier Abhilfe zu schaffen und Sie als Ortsgruppenleiter können dann gemeinsam mit diesen , die gewiss aus rein menschlichen Empfinden kommende Bitte um sofortige Abhilfe weiterleiten.

Heil Hitler.

gez Schönmayr.

Attachement zum Email von Martin Schönmayr an mich vom

Fotos vom Waldboden im ehemaligen KZ Gelände Gunskirchen von Friedemann Derschmidt, gezeigt erstmals in der Ausstellung „Dos Archivos Familiares“ im Centro Cultural Kirchner in Buenos Aires im Nov. 2018 ►

Schluss

AutorInnen der Beiträge

Wolfgang Freidl
Universitätsprofessor und Vorstand am Institut für Sozialmedizin und Epidemiologie der Medizinischen Universität Graz, Forschungsschwerpunkte: soziale Determinanten der Gesundheit sowie Ethik in der Medizin. Er ist Beiratsmitglied des Projekts *Reichel komplex*.

Margit Reiter
Dozentin für Zeitgeschichte und FWF-Research Fellow an der Universität Wien. Zahlreiche Publikationen, u. a. „Die Generation danach. Der Nationalsozialismus im Familiengedächtnis“ (2006). Sie ist Beiratsmitglied des Projekts *Reichel komplex*.

Klaus Schönberger
Univ. Prof. für Kulturanthropologie an der Alpen-Adria-Universität Klagenfurt. Forscht, schreibt und lehrt über Cultural Heritage, Digitalisierung, Protest und den Wandel der Arbeit.

BEITRÄGE AUS DER FAMILIE

Brigitte Brown (*1944)
Brigitta Wascher verh. Brown, aufgewachsen in Kremsmünster, Ausbildung zur Kinderkrankenschwester in Graz, viele Jahre Auslandsaufenthalte in Frankreich und Neuseeland. Verheiratet mit Robert Brown seit 1979, zwei erwachsene Kinder und zwei Enkelkinder. Wohnhaft in Oberndorf b. Salzburg, bis zur Pensionierung Leitung der Hauskrankenpflege Flachgau/Sbg. Sie ist eine Enkelin von Heinrich Reichel.

Robert Brown (*1954)
Robert Brown, geboren in Nottingham/UK, 1967 Auswanderung mit den Eltern nach Neuseeland, Gymnasium und Musikstudium, 1977 Rückkehr nach Europa (Brüssel). Ausbildung zum Orgelbauer, später Spezialisierung auf Hammerflügel in Frankreich. Seit 1984 selbstständig für Restaurierung und Nachbau von Hammerklavieren in Oberndorf b. Salzburg. Er ist mit Brigitte Brown verheiratet.

Bernhard Derschmidt (*1969)
Trainer, Coach und Masseur in selbstständiger Tätigkeit. Er ist mit Heinrich Reichel oder seinen NachfahrInnen verwandt bzw. verschwägert.

Eckhart Derschmidt (*1962)
Studium der Japanologie. Er arbeitet bei einer japanischen Regierungsorganisation und ist mit Heinrich Reichel oder seinen NachfahrInnen verwandt bzw. verschwägert.

Wiltrud Derschmidt (*1979)
ist als Make-up Artist in erster Linie im Filmbereich im In- und Ausland tätig. Sie ist mit Heinrich Reichel oder seinen NachfahrInnen verwandt bzw. verschwägert.

Mathilde Furtenbach (*1943)
studierte Psychologie und Pädagogik, Logopädin seit 1975. 30 Jahre in eigener Praxis tätig, Ausbildungs-, Fortbildungs- und Vortragstätigkeit, diverse Publikationen und Fachbücher. Sie ist eine Enkelin von Heinrich Reichel.

Ambros Gruber (*1967)
Lehrer für Französisch und Deutsch an den Berufsbildenden Schulen Kirchdorf an der Krems und an der Neuen Mittelschule Pettenbach. Publikation zur Orthographie des Okzitanischen (1992), Beschäftigung mit romanischen Minderheitensprachen sowie mit Minderheiten in Europa und den angrenzenden Regionen.
Er ist mit Heinrich Reichel oder seinen NachfahrInnen verwandt bzw. verschwägert.

AutorInnen der Beiträge

Anton Jiresch (*1970)
Psychotherapeut in freier Praxis. Er ist mit Heinrich Reichel oder seinen NachfahrInnen verwandt bzw. verschwägert.

Irmgard Jiresch (*1943)
Dipl. Sozialarbeiterin und Psychotherapeutin. Sie hat mit sieben Frauen vor 24 Jahren ein Elternkindzentrum gegründet, wo sie bis heute mitarbeitet. Sie ist verheiratet, hat vier Kinder und sieben Enkelkinder. Sie ist eine Enkelin von Heinrich Reichel.

Herbert W. Rabl (*1953)
Journalist für Medien und Unternehmen im Raum Heidelberg/Metropolregion Rhein-Neckar (Deutschland). Zahlreiche Medienveröffentlichungen zur gesellschaftlichen Realität und zu Justizthemen in Deutschland. Er ist mit Heinrich Reichel oder seinen NachfahrInnen verwandt bzw. verschwägert.

Agnes Suda (*1970)
arbeitet als Deutschlehrerin in der Erwachsenenbildung und lebt mit ihrer Familie in Oberösterreich. Sie ist mit Heinrich Reichel oder seinen NachfahrInnen verwandt bzw. verschwägert.

Luise Wascher (*1965)
ist im Veranstaltungsmanagement an einem Wiener unabhängigen Institute for Advanced Studies tätig, Mutter eines siebenjährigen Sohnes. Urenkelin Heinrich und Cäcilie Reichels.

Simon Wascher (*1966)
Selbstständiger Musiker, Tänzer, Forscher, Veranstalter. Publikationen im Bereich Volkskultur, unter anderem zur Subsidiarität im Volkstanz, angeregt auch durch die Beschäftigung mit der eigenen Familiengeschichte („Tanzen. Mein Zugang zur traditionellen europäischen Tanzimprovisation“, 2007). Er ist mit Heinrich Reichel oder seinen NachfahrInnen verwandt bzw. verschwägert.

Dietmar Weixler (*1962)
Dr. med. MSc (Palliative Care), Facharzt für Anästhesie und Notarzt. Leiter der AG Ethik der Österreichischen Palliativgesellschaft. Publikationen zur Palliativmedizin, Anästhesie und Notfallmedizin. Er ist mit Heinrich Reichel oder seinen NachfahrInnen verwandt bzw. verschwägert.

BEITRÄGE ZU REAKTIONEN AUF DIE ERSTE AUSGABE

Cordula Hutter,
Fachärztin für Lungenheilkunde, Enkelin von Otto Hugenbusch.

Carl Friedrich Classen,
Kinderarzt; Professor der Universitätsmedizin Rostock und Leiter des Bereiches Kinder- und Jugend-Onkologie, -Hämatologie und -Palliativmedizin.

Martin Schönmayr,
global tätiger Manager im IT Bereich. Spross einer „Welser Rud“ Familie.

Armin Bajraktarevic
unterrichtet Pflanzenbau, Bodenkunde, Ökologie und Naturschutz am BSBZ (Bäuerliches Schul- und Bildungszentrum) Hohenems

Walther Derschmidt (*1932)
ist der älteste Enkel von Heinrich Reichel. Er war bis zu seiner Pensionierung Musikerzieher in verschiedenen Gymnasien u. a.im Werkschulheim Felbertal. Darüberhinaus lehrte er sieben Jahre lang im ORFF Institut / Mozarteum in Salzburg.

Dank

AUTOR

Friedemann Derschmidt (*1967), Filmemacher, bildender Künstler, lehrt und arbeitet an der Akademie der bildenden Künste Wien im Forschungslabor Film und Fernsehen. In seinen Dokumentarfilmen, Ausstellungen und seiner Forschung beschäftigt er sich mit der Frage von Erinnerung und Erzählen, dem Transformieren von Erzählungen zu Geschichte sowie Fragen des nonverbalen Weitergebens. Er ist Urenkel von Heinrich und Cäcilie Reichel.

MIT GROSSEM DANK AN

Alaa Alkurdi, Jasmin Avissar, Miriam und Menachem Avissar, Yehuda Bacon, Eva Blimlinger, Andrea Braidt, Paolo Caneppele, Josef Ecker, Walther Derschmidt, Volker Derschmidt, Dietmar Derschmidt, Rainer Derschmidt, Firma Elster, Karl Fallend, Sören Flachovsky, Mathilde Furtenbach, Bettina Henkel, Jason Gallager, Ambros Gruber, Günter Kaliauer, Ulrike Kammerhofer-Aggermann, Birgit Kirchmayr, Karina Kleiber, Ruth Koblizek, Alexander Litsauer, Sarah Littasy, Anna Luczak, Thomas Mayer, Werner Mohr, Alfred Noll, Friedburg Öfferlbauer, Franz Oplatka, Augusto Oyuela-Caycedo, Hedwig Pescha †, Anne Pritchard-Smith, Johannes Rauchenberger, Brigitta Reichel †, Heinrich Reinhart †, Erda Reisenberger, Reinhard Reisenberger, Richard Reisenberger, Rudolf Schmitz †, Ilana Shmueli †, Karin Schneider, Oliver Schneider, Jérôme Segal, Max Topf, Roy Vilozny, Robert Waldl, Reinhard Weiß, Christine Weixler, Susanna Wing, Osama Zatar

Abbildungsnachweise

Soweit nicht anders gekennzeichnet stammen alle Abbildungen aus dem Archiv des Projekts „Reichel komplex".

Abb. S. 299–301, 302, 307 und 308 sind soweit nicht anders gekennzeichnet aus dem Familiienarchiv von Tal Gur und Abb. 5 und 20 der Österreichische Nationalbibliothek entnommen.

Trotz sorgfältiger Bemühungen ist es uns nicht in allen Fällen gelungen, die jeweiligen Rechteinhaber ausfindig zu machen. Wir ersuchen um entsprechende Benachrichtigung. Berechtigte Ansprüche werden vom Verlag in branchenüblicher Weise abgegolten.

Impressum

2. veränderte Neuauflage

ISBN 978-3-99098-057-6

Lektorat und Korrektorat:
Verena Hauser
Sigrid Nindl
Astrid Fischer
Jason Gallager

Lektorat Robert Brown:
Hugh Brown

Buchgestaltung:
Manuel Radde

Schriften:
Bauer Grotesk Pro Book
Gandur Alte Halbfett

Papiere:
Munken Lynx Rough
GardaMatt Art

Fotografischer Support:
Thomas Freiler
Oliver Topf

Druck:
Generaldruckerei, Szeged

Forschungskooperation:
Forschungslabor Film und Fernsehen
Forschungslabor Fotografie
Österreichisches Filmmuseum

Archive:
- Österreichische Nationalbibliothek
- Bundesarchiv Berlin
- Josephinum – Sammlungen der Medizinischen Universität Wien
- Wiener Stadt- und Landesarchiv
- Oberösterreichisches Landesarchiv
- Simon Wiesenthal Archiv
- Archiv der Stadtgemeinde Wels
- Archiv des Stifts Kremsmünster
- Staatsarchiv München

Fördergeber und Unterstützer

Mit speziellem Dank an
Ingrid und Christian Reder

FWF Der Wissenschaftsfonds.
Recherche im Rahmen von Conserved
Memories und Memscreen (PEEK-Projekte)

RD Foundation Vienna
Research | Development | Human Rights
Gemeinnützige Privatstiftung

KULTUR LAND OBERÖSTERREICH

Gesellschaft der Freunde
der bildenden Künste

]a[akademie der bildenden künste wien